Isabel Wolf-Gillespie
Lloyd Gillespie

Südafrika vom Sattel aus

W0049305

Isabel Wolf-Gillespie
Lloyd Gillespie

Südafrika
vom Sattel aus

Ein Erlebnisbericht

edition fischer

Bibliografische Information der Deutschen Nationalbibliothek
Die Deutsche Nationalbibliothek verzeichnet diese Publikation in
der Deutschen Nationalbibliografie; detaillierte bibliografische
Daten sind im Internet über http://dnb.d-nb.de abrufbar.

© 2013 by edition fischer GmbH
Orber Str. 30, 60386 Frankfurt/Main, Deutschland
Alle Rechte vorbehalten
Schriftart: Times
Herstellung: ef / bf
ISBN 978-3-89950-798-0

Inhalt

Einleitung (Isabel)

Während meiner Krankenschwesterausbildung in Stuttgart, die ich 2008 beendete, überkam mich das überwältigende Bedürfnis, die Welt auf der Suche nach Abenteuern zu bereisen. Meine Beziehung mit meinem damaligen Freund war dem Ende nahe und mein Leben war Routine geworden. Ich vermisste Spontaneität und Flexibilität in meinem Leben und ich sehnte mich nach einer Möglichkeit, diesem Alltag zu entfliehen. Dieses Bedürfnis wurde so stark, dass es sich bald nicht länger ignorieren ließ, und ich stürzte mich Hals über Kopf in die Suche nach einem geeigneten Reiseziel. Ich wollte nicht nur ins Ausland reisen, sondern gleichzeitig etwas Nützliches tun. Der Ort sollte also auch eine Art Freiwilligenprogramm oder Ähnliches anbieten. Ich kann mich noch gut erinnern, wie ich vor meinem Laptop saß und wie die Google-Suchmaschine wie erwartet Hunderte verschiedener Reisemöglichkeiten ausspuckte.

Ohne lange zu überlegen, entschied ich mich für die erste angebotene Homepage, die mir ins Auge stach. Ich landete auf Lloyds Homepage, auf welcher er Folgendes anbot: »Reiten in Afrika – Strandgalopp und Wildtiere hoch zu Ross erleben! Verbringe drei Monate in Südafrika in einem privaten Reservat in unmittelbarer Strandnähe und arbeite und pflege meine Pferde. Führe Ausritte für Touristen in einem Tierreservat mit Nashörnern, Büffeln, Zebras, Giraffen, und und und …!« Ein kurzer Blick genügte und ich war sofort hin und weg. Pferde waren meine Leidenschaft, seit ich ein kleines Mädchen war, aber der Kombination aus Pferden, Südafrika und echten afrikanischen Wildtieren konnte ich einfach nicht widerstehen … Ich bewarb mich und nach zwei langen, frustrierenden Wochen bekam ich eine Zusage! Ich war mir sicher, dass ein lebensveränderndes Abenteuer auf mich wartete, das Ausmaß jedoch ahnte niemand.

Die Neuigkeiten meines spontanen Reiseplans wurden daheim mit gemischten Gefühlen aufgenommen. Aber ich war nicht zu beirren, ich hatte meine Entscheidung getroffen. Die Zeit bis zu meiner Abreise verging schnell, und bevor es mir bewusst war, erwachte ich am Morgen meines Abreisetages. Ich war unglaublich aufgeregt und muss zugeben, auch etwas nervös, als der Flieger in East London, Südafrika aufsetzte.

In einer Email kurz vor meiner Abreise war mir mitgeteilt worden, dass ich von einem gewissen Lloyd vom Flughafen abgeholt werden sollte. Ich hatte aber keine Ahnung, wie dieser Lloyd aussah, doch als ich aus dem Terminal in die Ausgangshalle trat, fiel mir ein groß gewachsener, schlanker Mann mit Hut auf dem Kopf auf. Im selben Moment wusste ich, dass das Lloyd war, und die Tatsache, dass mein Unterbewusstsein ihn zu erkennen schien, traf mich wie ein Schlag. Es ist schwierig in Worte zu fassen oder zu beschreiben, aber es war, als ob ich ihn nach langer Abwesenheit wiedergefunden hätte. Ein Wiedererkennen, das mein Innerstes erschütterte und mich eingeschüchtert und nervös zurückließ.

Zwei verrückte Monate gefüllt mit Wildtieren, Pferden und der wunderschönen und exotischen südafrikanischen Landschaft gaben mir Zeit und genügend Abstand, um meine Beziehung in Deutschland zu beenden. Lloyd war in den zwei Monaten viel unterwegs und wir hatten kaum eine Möglichkeit, uns näher kennenzulernen. Das Gefühl der Vertrautheit zwischen uns jedoch verschwand nie und jedes Mal, wenn wir aufeinandertrafen, schien es, als ob es uns beiden bewusst war. Beide hatten wir eine Beziehung mit schwieriger Trennung hinter uns, aber wir waren bereit, uns eine Chance zu geben. Lloyd erzählte mir, dass seine damalige Freundin am Tag meiner Anreise in Südafrika ihre Beziehung nach neun Jahren beendet hatte.

Kurz vor Ablauf meiner drei Monate in Südafrika unternahmen Lloyd und ich einen zweiwöchigen Ausritt mit vier Pferden entlang der Ostküste Südafrikas. Wir schliefen neben unseren vierbeinigen Kameraden im Zelt am Strand, schwammen in reißenden Flüssen und verliebten uns ineinander. Zur selben Zeit zurück im Tierreservat erkrankten zwei von Lloyds Pferden an der sogenannten Afrikanischen Pferdepest. Die Afrikanische Pferdepest ist in Südafrika auch als AIDS für Pferde bekannt. Lloyd fühlte sich hilflos und gab zu, dass er nicht allzu viel über die Krankheit wusste. Und damit war die Idee zu einem langen Ritt für einen guten Zweck geboren, welche wir später in einen 7411 Kilometer langen Ritt um die Grenze Südafrikas, um über diese Krankheit aufzuklären, weiterentwickelten. Als kleines Mädchen hatte ich immer davon geträumt, mit meinem Pony zur Schule zu reiten. Dieser zweiwöchige Ritt mit Lloyd kam diesem Traum näher als alles zuvor. Es gab mir einen Einblick in ein Leben auf der anderen Seite der Welt und es hatte mich auf den Geschmack gebracht.

Wie geplant lief mein Visum nach drei Monaten ab und ich musste schweren Herzens nach Deutschland zurück. Durch Schicksal haben Lloyd und ich zusammengefunden und ich wusste, dass das nur der Anfang und nicht das Ende von etwas Besonderem war. Südafrika hatte sich in meinem Herzen verankert, ich liebte das Land, die Tierwelt, den Geruch, den Lebensstil und es war klar, dass ich zurückkehren würde. Nach einem tränenreichen Abschied kehrte ich mit nagender Ungewissheit und Traurigkeit nach Deutschland zurück.

Die nächsten drei Monate arbeitete ich in einem Pflegeheim, um wieder finanzielle Unabhängigkeit zu erlangen. Meine Gedanken waren erfüllt mit Südafrika und meinen Erlebnissen dort. Nach Wochen gefüllt mit strategischer Planung und Vorfreude, aber auch immensem Zweifel und Ungewissheit entschied ich nach Südafrika zurückzukehren, um dort ein neues Leben zu beginnen. Meine Familie äußerte ihre Bedenken über diesen Schritt. In ihren Augen hatte ich mich in einen Traum verliebt und vermutlich erwarteten sie das Schlimmste, meine Rückkehr mit gebrochenem Herzen, leerem Geldbeutel und zerstörten Träumen! Ich verstand ihre Sorge, aber ich hatte mich entschieden und es gab kein Zurück mehr.

Nach meiner Rückkehr begannen Lloyd und ich den Ritt um Südafrika zu planen. Die nächsten acht Monate verbrachten wir damit, sein Leben und Geschäft in Kisten zu packen. Die Vorbereitung auf einen Ritt solchen Ausmaßes war schwierig und uns wurde schnell klar, dass es dafür kein Handbuch mit Regeln gab. Wir taten unser Bestes und hofften auf ein bisschen Glück.

Am Tag meiner Ankunft in Südafrika hatte sich Lloyds Partnerin nach einer neun Jahre langen Beziehung von ihm getrennt und nach der Trennung war Lloyd für eine lange Zeit noch auf der Suche nach Klarheit und Gründen dafür. Er glaubte fest daran, dass er dafür Zeit allein brauchte. Also beschlossen wir, dass er den Ritt alleine beginnen würde und ich später dazukommen würde. In der Zwischenzeit wollte ich bei einer Freundin arbeiten, die sich auf die Therapie mit Pferden spezialisiert hatte. Ich war tief verletzt und unsicher über Lloyds Bedürfnis, alleine zu sein, immerhin war es fast schon ein Jahr her seit unserer ersten Begegnung. Ich hatte mein Leben in Deutschland aufgegeben, um unter anderem dieser Beziehung eine Chance zu geben. Aber der Mann, in den ich mich verliebt hatte, wollte ohne mich sein. Meine Gedanken waren mit Zweifel und Ungewissheit gefüllt. Vielleicht hat meine Familie ja recht gehabt? Was passierte, wenn Lloyd ganz glücklich alleine und ihm diese Beziehung nicht wirklich wichtig war? Hatte diese Selbstfindungsmission eine Bedeutung, die nur ihm bewusst war?

Am Morgen seiner Abreise erwachte ich schweren Herzens und mit Tränen in den Augen. Am Strand in Durban verabschiedete er sich von seiner Familie und seinen Freunden und stieg auf. Ich lief für ein paar hundert Meter an seiner Seite, bis es Zeit für meinen Abschied wurde. Nach einer Umarmung drehte ich mich auf dem Absatz um und ein mir wohlbekannter Schmerz schoss in mein Kniegelenk. Ein Knorpelstück hatte sich von meinem Kniegelenk gelöst, wie vor ein paar Jahren schon einmal. Meine Diagnose war Osteochondrosis dissecans und ich hatte deshalb im Jahr 2003 eine große Knieoperation gehabt. Eine Bekannte meinte, dass meine Trennungssorgen sich körperlich ausgewirkt haben könnten und der Knorpel sich deshalb gelöst hätte. Was auch immer der Grund dafür war, meine Planung für die nächsten Monate veränderte sich dadurch drastisch. Ohne mein Wissen war meine Auslandskrankenversicherung abgelaufen und die einzige Möglichkeit für eine Operation war zu Hause in Deutschland.

Ich war ganz allein in einem fremden Land, gestrandet und einsam. Lloyd war mein Anker gewesen, der mich mit Liebe überschüttet und mir immer mit Rat und Tat zur Seite gestanden hatte. Mit seiner Abreise hatte ich all das verloren. Ich fragte mich oft, warum ich nicht einfach mitgeritten war, aber mir war auch bewusst, dass Lloyd das nicht gewollt hätte. Des Öfteren stritten wir später über seine alleinige Abreise, und dann sagte er immer zu mir, dass er das alleine machen musste oder wir beide wären zum Scheitern verurteilt gewesen. Ich wusste, dass er sich auf eine Selbstfindungsreise begeben hatte, die ihm sehr wichtig war, und ich wollte nur das Beste für ihn.

Vor meiner Abreise nach Deutschland und der Knieoperation verbrachte ich so viel Zeit wie möglich mit Lloyd, manchmal zu Pferd und manchmal mit dem Auto. Ich wusste nicht, was die Zukunft bringen würde, und wollte jeden Moment zwischen Durban und Mosambik ausschöpfen. Südafrika ist wahrlich ein faszinierendes Land, voller faszinierender Menschen und atemberaubender Tier- und Umwelt und nicht ein einziges Mal bereute ich meine Entscheidung, hier ein Leben aufzubauen. Hier in Südafrika sah ich unzählige Abenteuer und diverse Möglichkeiten für meine Zukunft!

Einleitung (Lloyd)

Es war ein unglaublicher Start zu einer unglaublich aufregenden Reise! Auf dem Rücken eines Pferdes mit der offenen Straße voller Abenteuer und Freiheit vor mir liegend verließ ich Durban. Im reifen Alter von 38 Jahren, mit langen, schmerzenden Beziehungen hinter mir, sehnte ich mich nach Klarheit und Bedeutung im Leben und ich hoffte, eine lange Reise mit meinen geliebten Pferden würde mir helfen diese zu finden.

Eine ungewisse Zukunft lag vor uns und nach Isabels Knieverletzung und bevorstehender Operation in Deutschland wollten wir beide noch Zeit zusammen verbringen. Sie ritt manche Teile der Strecke von Durban nach Mosambik mit mir oder sie fuhr das Auto mit den Vorräten. Die Wochen bis zu Isabels Abreise waren schön und ich genoss ihre Gegenwart, aber mein Wunsch, für eine Weile alleine zu sein, war nicht vergessen. Ich brauchte diese Zeit, um Sinn aus vergangenen Beziehungen zu machen, in der Hoffnung, dass meine existierende Beziehung mit Isabel davon profitieren und nicht auch zerbrechen würde.

An der Grenze zu Mosambik nahmen Isabel und ich Abschied und ich wünschte ihr viel Kraft für ihre bevorstehende Operation. Dann beobachtete ich, wie sie in das Auto meiner Eltern stieg und weg war sie.

Jetzt war ich allein ... Die Strecke zwischen Mosambik und Jozini mit meinen zwei Jungs Big Ben und Nguni war hart und ich musste mich oft durchbeißen. Jede Nacht bewachte ich Big Ben und Nguni, für die ich 24 Stunden am Tag verantwortlich war. Ihr Wohlergehen war meine höchste Priorität. Ich muss zugeben, dass die Reise komplett anders war, als es mir vorgestellt hatte. Extrem lange, einsame Tage und Nächte; die Herausforderung, ein Pferd vom Rücken eines anderen zu führen; wenig Nahrung und noch viel weniger Schlaf. Doch trotz all der Schwierigkeiten oder gerade deshalb war ich in meinem Element und es schien, je schwieriger es wurde, desto mehr liebte ich es!

Kapitel 1

ZULULAND

KWAZULU-NATAL-PROVINZ – Die Reise beginnt
10. Juli 2009 – 13. Oktober 2009
Gereiste Entfernung: 1013 Kilometer
Pferde: Big Ben und Nguni
Courtney und Ballantyne

Nola Steele (Lloyd)

Die Welt ist ein magischer Ort, voller Wunder und Abenteuer. Nach vier Jahren als Campleiter in einem Tierreservat in Botswana hatte ich Europa, Neuseeland und Amerika ausgiebig bereist. Ein großer Teil der Inspiration für diese Reise und »Riding for Horses« kam von meinen Reisen und zum Teil auch durch meine Grundeinstellung zum kontinuierlichen Auf und Ab des Lebens.

Während meinen Reisen durch die Südinsel Neuseelands kam ich zufälligerweise bei Freunden von Freunden aus Südafrika unter. Sie zeigten mir das »Afrikazimmer« im Keller, welches sie als Erinnerung an ihr reiches und schönes Leben in Südafrika errichtet hatten. Ich saß in dem Zimmer auf dem Boden auf einer Ngunikuhhaut und hatte unglaubliches Heimweh. Der Geruch der Tierhaut unter mir, die Stachelschweinlampe mit echten Stacheln auf dem Nachtkästchen, Bücher voller afrikanischer Erlebnisse und Erinnerungen anderer, im Besonderem ein Buch mit dem Titel »Taking a horse into the wilderness« (Nimm ein Pferd mit in die Wildnis) von Nick Steele. Nick war ein leidenschaftlicher Wildtierhüter in den Tierreservaten Zululands gewesen. Seine Arbeit war hauptsächlich Anti-Wilderei, Tierüberwachung, und er hatte die Art der Nashorngefangennahme zu Pferd zur Umsiedlung der Tiere in den Fünfzigerjahren perfektioniert. Mit seinem Pferd unternahm er unzählige Gehegepatrouillen und war einfach eine Legende in seinem Arbeits-

15

feld. Nick Steeles Buch berührte mich zutiefst und ich saß allein und unter Tränen in dem Afrikazimmer, in einem Land Tausende Kilometer von zu Hause. Die Temperatur um mich herum war weit unter Null, und ich saß einfach da und träumte von der Zukunft. Eines Tages würde auch ich etwas Heroisches mit meinen Pferden unternehmen, schwor ich mir. Mir war damals nicht klar, dass Träume doch wahr werden ...

An einem kalten Wintermorgen Jahre später, am 10. Juli 2009, begann unser lang geplanter Ritt »Reiten für Pferde« eher auf eine besondere Art und Weise. Es war halb sieben am Morgen, die Sonne war noch nicht komplett aufgegangen und meine Eltern und Isabel begleiteten mich zum Abschied zum Strand. Bei meinem Vater war vor Kurzem Prostatakrebs diagnostiziert worden. Trotzdem unterstütze er mich, wo er konnte, egal ob er einen guten oder schlechteren Tag hatte, und ich war ihm so dankbar dafür.

Wir wurden von zwei älteren Damen im Badeanzug abgelenkt, die plötzlich aus dem Ozean durch den morgendlichen Nebel erschienen. Die beiden waren eher neugierig über mein kleines Gefolge und sehr bald waren wir in eine nette Unterhaltung vertieft. Nola, die Jüngere der beiden, erzählte mir, dass auch sie eine begeisterte und leidenschaftliche Reiterin sei. Sie erzählte, dass sie oft ihren verstorbenen Ehemann entlang der Nordküste Zululands begleitet hätte, der jahrelang ein Mitglied des Zululand Parkausschusses gewesen war. Ich dachte zurück an meine Zeit in Neuseeland und an das Buch von Nick Steele, dass ich unter Tränen gelesen hatte. Aus einem spontanen Impuls heraus fragte ich Nola, ob ihr der Name Nick Steele bekannt war. Nola schaute mir in die Augen und erwiderte, dass Nick ihr verstorbener Ehemann sei. Die Bedeutung ihrer Worte überzog mich mit einer Gänsehaut. Es fühlte sich an wie die Bestätigung für die Reise durch höhere Kräfte, und mir wurde klar, dass ich auf dem richtigen Weg war. Damals wusste ich noch nicht, dass wir während der Reise um Südafrika unzählige Koinzidenzen und Zufälle erfahren würden und dass dies nur der Anfang war ...

Tugelaüberquerung (Lloyd)

Jede Reise hat ihre Herausforderungen und die Flussüberquerung über den Tugelafluss war nicht anders. Als junger Mann hatte ich viel Zeit beim Angeln in den Gewässern Zululands verbracht. Ich wusste, dass mit denen nicht zu spaßen war. Die Flüsse sind gefährlich und das Wasser rast durch den Kanal in den Ozean. Die Einheimischen, die ich um Rat gefragt hatte, waren nicht sehr hilfreich und sahen schwarz für die Überquerung. Sie erzählten mir Geschichten von riesigen Menschen fressenden Krokodilen, listigen Zambezihaifischen, Raubüberfällen und Morden entlang des Tugelas. Ich hörte zu, ließ mich aber nicht weiter beirren. In meinen Augen war meine größte Herausforderung, dass ich ein Pferd vom Rücken des anderen durchs Wasser führen musste. Big Ben und Nguni waren beide noch nie mit einem Reiter geschwommen und ich war etwas nervös und wusste, dass eine gute Vorbereitung zu diesem Unterfangen wichtig war. Ich verbrachte zwei Stunden mit den zweien im Ozean und spritzte vorsichtig Wasser auf ihre Beine und Bäuche. Dies gab ihnen die Möglichkeit, sich an den Geschmack und die Geräusche des kalten, salzigen Meerwassers zu gewöhnen.

Nach einer rastlosen Nacht erreichten wir den Fluss wie geplant bei Ebbe. Ich hatte eine Chance, mit Pferd und Ausrüstung in einem Stück hinüberzuschwimmen. Ich ritt Nguni in das eisige Flusswasser, da ich mir sicher war, dass Big Ben ohne Zögern folgen würde. Die steile Sandbank gab unter dem Gewicht von Nguni und mir nach und wir waren sofort bis zum Hals in kaltem, braunem Wasser. Wie gedacht, Big Ben folgte uns ins Wasser und ich trieb Nguni weiter gegen den Strom an. Wir erreichten das andere Ufer ohne Zwischenfälle und Nguni spazierte lässig aus dem Wasser, so als ob wir das täglich machen würden. An diesem Tag war ich sehr stolz auf meine zwei großherzigen Vierbeiner, ins besondere auf Nguni.

Nicholas Ray (Lloyd)

Innerhalb kürzester Zeit wurde klar, dass man auf so einer Reise auf viele erstaunliche Charaktere und Menschen trifft. In den ersten Wochen trafen wir auf zwei Männer der besonderen Art. Beide kämpften tagtäglich ums Überleben.

Einer dieser Charaktere, Nicholas Ray, einstmals ein leidenschaftlicher Reiter, war während eines Polospiels von seinem Pferd gefallen und hatte eine schwere Rückenmarksverletzung erlitten. Nicholas war seit seinem Unfall bettlägerig, konnte kaum Sprechen und war an ein Beatmungsgerät angeschlossen. Ich nahm mir Zeit, ihm zu erklären, warum wir auf dieser Reise waren und was wir damit erreichen wollten. Während ich mit ihm sprach, wurden meine Augen von einem Gemälde mit vier freien, galoppierenden Pferden an der Wand hinter seinem Bett wie magnetisch angezogen. Ich tat mich schwer meine Gefühle im Zaum zu halten. Nicholas konnte nur noch in seinen Gedanken mit diesen wunderschönen Pferden frei rennen, da seine Verletzungen ihn in Gefangenschaft hielten. Mit einem Schlag begriff ich, was für eine Ehre es war, so eine Reise unternehmen zu können. Die Wand gegenüber seines Bettes war mit Bildern von glücklichen Zeiten mit seiner Familie, seinen Kindern und seinen geliebten Pferden bedeckt. Der Knoten in meinem Hals wurde mit jedem Versuch, zu schlucken, größer. Dieser wundervolle junge Mann, etwa 45 Jahre alt, hatte einen enormen Preis für seine Freiheit gezahlt. Eine Freiheit, die ich immer für selbstverständlich gehalten hatte. Nicholas hatte eine Stiftung gegründet, um anderen, die sich in der gleichen Situation wie er wiederfanden, zu helfen. Es war eine Stiftung, für die ich gewaltigen Respekt empfand, und beim Abschied wünschte ich Nicholas Kraft und das Beste für seine weitere Zukunft. Ich war verwöhnt mit Freiheit und freiem Willen und es war eine Ehre, Nicholas getroffen zu haben.

Paul Louw (Isabel)

Zwei Wochen später trafen wir auf einen frechen, eher ungewöhnlich fleißigen Paul Louw in der Nähe von Hluhluwe. Paul war wie Nicholas Ray seit seiner Kindheit ein begeisterte Reiter gewesen, bis ein Unfall an einem Neujahrsabend sein Leben für immer veränderte. Er war auf einer Party bei Freunden eingeladen und spät in der Nacht tauchte er kopfüber in den Swimmingpool und brach sich das Genick. Als er aus dem Koma erwachte, war Paul vom Hals an gelähmt. Glücklicherweise behielt er etwas Bewegung in seinem rechten Brustmuskel, was ihm die Möglichkeit gab, einen elektrischen Rollstuhl zu benutzen. Paul lebte auf einem kleinen landwirtschaftlichen Betrieb und verbrachte seine Tage damit, den Betrieb zu erhalten. Jeden Morgen hoben seine treuen Mitarbeiter seinen Rollstuhl auf die Ladefläche des Pick-up und fuhren ihn auf dem Hof herum, sodass er seine Mais- und Zuckerrohrfelder begutachten konnte.

Ein Ereignis während unserer Zeit mit Paul stach jedoch heraus. Dem Hofesel mussten die Hufe geschnitten werden und Lloyd bot seine Hilfe an. Es war jedoch ein schwierigeres Unterfangen, als Lloyd sich bestimmt vorgestellt hatte. Der Esel wollte einfach nicht auf drei Beinen stehen und tanzte und hüpfte im Kreis herum. Obwohl Paul sich körperlich an dem Tanz nicht beteiligen konnte, war er mündlich ganz mit dabei. Von seinem günstigen Aussichtspunkt aus gab er Rat und wurde nach einer Weile frustriert und ungeduldig. Seine Frustration, dass er nicht helfen konnte, war offensichtlich und ich hatte Mitleid mit ihm; ein junger, 36 Jahre alter Mann im Rollstuhl. Aber Paul war wirklich eine außergewöhnliche Persönlichkeit und eine Inspiration für Lloyd und mich.

An einem unbeschwerten Morgen erwachten wir mit unseren Pferden knietief in zerschnitzeltem Zuckerrohr! Paul hatte einen seiner Mitarbeiter damit beauftragt, Big Ben und Nguni einen 50-Kilogramm-Sack zum Frühstück zu geben … Am Tag unserer Abreise sagt Paul zu mir:»Isabel, weißt du, warum ich diesen kleinen Ziegenbart habe? Komm her und fühl mal … So fühlt sich ein richtiger Mann an!« Es war Zeit für unseren Abmarsch und Paul fragte, ob wir Big Ben und Nguni für einen letzten bewundernden Blick noch einmal vor seiner Veranda vorbeiführen könnten.

Meine Krankenschwesterausbildung hatte mir einen gewissen Umgang mit Menschen mit Behinderung, und wie man es emotional verarbeitet, beigebracht. Lloyd jedoch kämpfte mit seinen Gefühlen. Paul war ein Pferdenarr wie er selbst auch, und Lloyd fühlte tiefe Verbundenheit zu Paul. Uns beiden war bewusst, wie viel Glück wir hatten und dass das Leben sehr zerbrechlich ist. Beide Männer, Nicholas Ray und Paul Louw, inspirierten uns und gaben uns Kraft und Mut für die weitere Reise.

Die Imfoloziflussüberquerung und der Bauchbeutel (Lloyd)

Nachdem ich Richards Bay hinter mir gelassen hatte, wollte ich den Tag alleine verbringen und mich später mit Isabel und meinen Eltern in St. Lucia wieder zu treffen. Der allmächtige Imfolozifluss stand zwischen mir und meiner Ankunft in St. Lucia. Mein Bauchbeutel, gefüllt mit Ausweis, Geldkarte, Navigationsgerät, Kamera und Tagebuch, zählte zu den wichtigsten Bestandteilen meiner Ausrüstung. Nach einer kurzen, rastlosen Nacht im Mapelanereservat kam ich um ca. halb elf am Imfolozifluss an und hatte meinen Bauchbeutel um meine Taille geschlungen. Einheimische Angler hatten meine Idee, den Fluss zu durchschwimmen, als Selbstmord erklärt, da die Strömung einfach zu stark sei. Die Ebbe war noch Stunden entfernt und die Pferde und ich warteten ungeduldig, während dunkle, drohende Sturmwolken über unseren Köpfen aufzogen.

Gegen 13 Uhr mittags kamen Isabel und meine Eltern in St. Lucia an und liefen bis zum Fluss am Strand entlang. Über den Fluss hinweg, der knappe 40 Meter breit war, konnten wir uns gut unterhalten. Wir waren so nahe und doch so weit voneinander entfernt. Ich war erschöpft und müde und die geplante Pause in St. Lucia kam zur rechten Zeit. Big Ben hatte die letzten Tage härter gearbeitet, weil Nguni sich die Fußsohle verletzt hatte, und ich wollte ihn schonen und er trug deshalb nur die Satteltaschen mit der Ausrüstung. Beide Pferde brauchten und verdienten eine Ruhephase und meine Nerven für die bevorstehende Flussüberquerung wurde dünner und dünner.

Der Imfolozifluss wirkte durch die sprudelnde, schnelle Strömung und die turbulenten, schokoladenbraunen Wellen sehr bedrohlich. Obwohl ich schon viele Flüsse mit meinen Pferden durchschwommen hatte, beunruhigte dieser Fluss mich. Matschiger Treibsand machte es schwierig, sich überhaupt dem Flussrand zu nähern. Ich war besorgt, dass Big Ben und Nguni stecken blieben oder sich bei einem Versuch, sich aus dem Treibsand zu befreien, verletzen konnten. Nach langem Nachsinnen und noch längeren Auseinandersetzungen in meinem Kopf war die einzige Option immer noch die Überquerung. Die Alternative war eine 55 Kilometer lange Umrundung des Flusses durch das Inland und einheimische Angler hatten mir auch davon abgeraten, da es dort einfach nicht sicher für mich wäre.

Mit wenig Selbstbewusstsein und müden Knochen zog ich meine Badehose an und hing meinen Bauchbeutel über den Sattelknauf. Zuerst musste ich den Fluss an unterschiedlichen Stellen testen, um einen geeigneten Platz für die Überquerung zu finden. Als es drei Uhr schlug, hatte ich genug Mut gefasst, um auf die andere Seite zu waten. Dort wurde ich von Isabel und meinen Eltern mit herzlichen Umarmungen begrüßt. Isabel war mutig genug und watete mit mir auf die andere Seite zurück, um Big Ben durch den Fluss zu führen. Der klebrige Matsch und die tobende Strömung obendrauf machten die Überquerung recht abenteuerlich, aber schließlich, mit beiden Pferden auf der anderen Seite, atmeten wir alle erleichtert auf. Ich war einfach nur unglaublich froh diesen Fluss hinter uns zu lassen …

Nach all der Aufregung verbrachte ich eine unruhige Nacht auf einer Einzelmatratze mit ultraweichen Federn, die ich auch noch mit Isabel teilen musste. Der Sonnenaufgang war wahrlich eine willkommene Sicht. Beim Aufräumen und Säubern meiner Satteltaschen konnte ich meine Bauchtasche nicht finden. Mein Vater durchsuchte den Pick-up von oben bis unten und nach Ein- und Auspacken des Pick-up fanden wir leider nichts. Ich versuchte die Ereignisse des vorherigen Tages wieder in mein Gedächtnis zu rufen und dabei stellte ich mit Schrecken fest, dass ich meine Bauchtasche das letzte Mal auf der Südseite des Imfoloziflusses gesehen hatte. Mein Tagebuch, meine Karten, die Adressen und Telefonnummern von Menschen, die uns geholfen hatten, waren unersetzlich. Verzweifelt eilten wir zurück zum Strand und fragten jeden, dem wir begegneten, ob sie eine grüne Bauchtasche gesehen hätten.

Am Flussufer angekommen graute es mir vor der bevorstehenden Überquerung, um auf der anderen Seite zu suchen. Im selben Moment entdeckte ich einen Angler auf der anderen Seite, wie er mit Leichtigkeit durch das starke Flusswasser watete. Seine Oberschenkel waren so dick wie Baumstämme und er erinnerte mich an einen Rugby-Vordermann. Ich rannte auf ihn zu und rief ihm über das Dröhnen des Flusses zu, ob er sich nach meiner Bauchtasche umsehen könnte. Ohne weitere Umschweife lief er zu der Hochwassermarke, wo ich gestern stundenlang mit Nguni und Big Ben gestanden hatte. Wir beobachteten, wie er sich bückte und mit einer fließenden Bewegung meine grüne Bauchtasche aus dem Wasser zog! Unter großem Jubel und Applaus trug der Angler meine Bauchtasche zu uns auf die andere Flussseite. Ich hatte den Inhalt in wasserdichte Plastiktüten gepackt und bis auf die Tasche selbst war alles im Innern trocken. Was für ein Wunder ... Meine Bauchtasche war im allmächtigen Imfolozifluss geschwommen, war von reißenden Wellen umhergeworfen worden, nur um von der Flut zurück an die Sandbank gerettet zu werden.

Ein Zeltplatz neben dem Musibecken (Isabel)

Auf der Strecke zwischen Hluhluwe und Sodwana verbrachten wir unzählige Nächte im Zelt, mit Großwildtieren wie Nilpferden, Nashörnern, Elefanten und Büffeln in unserem direkten Umfeld. An eine der Nächte kann ich mich klar und deutlich erinnern. Wir hatten beschlossen unseren Zeltplatz neben einem Becken voller Nilpferde und Krokodile aufzuschlagen. Lloyd, ein erfahrener Naturführer, hatte einen Lagerplatz mit sicherem Abstand von unterschiedlichen

Tierpfaden ausgesucht. Es war eine wunderschöne Stelle mit ungetrübtem Blick auf das Becken. Wie jede Nacht errichteten wir unseren tragbaren Zaun für die Pferde um das Zelt herum und ließen uns für die Nacht nieder. Mitten in der Nacht wurden wir von lautem Geraschel und Gegrunze hinter unserem Zelt aus dem Schlaf gerissen! Mit aufsteigender Panik flüsterte ich Lloyd zu: »Hast du das gehört?« Er flüsterte atemlos zurück: »Ja, hört sich wie ein Nilpferd an!« Wie er das ohne Sicht im Stockdunkeln feststellen konnte, war mir ein Rätsel. Das »Monster« außerhalb unseres Zelt hatte unser Geflüster gehört und war plötzlich mucksmäuschenstill. Wie auf ein Zeichen schnappten wir uns gleichzeitig unsere Taschenlampen, schlüpften in unsere Schuhe und flogen mit Adrenalin, das uns in den Adern pumpte, aus unserem Zelt, um nach den Pferden zu sehen. Das »Monster« hinter uns erschreckte sich dermaßen, dass es grunzend auf dem Absatz umkehrte und durch die Büsche davonrannte. Der Schrecken saß uns für eine Weile in den Gliedern und es dauerte einige Zeit, bis wir unseren rasenden Herzschlag beruhigt hatten.

Ein weiteres Ereignis, das in unserem Gedächtnis verankert ist, war eine Nacht in einem alten Naturführerlager innerhalb des iSimangaliso Wetland Parks. Der Park ist ein UNESCO-Weltnaturerbe und die Landschaft ist einfach nur spektakulär. Mit über 200 Kilometer unberührten, weiten Sandstränden, riesigen 300 Meter hohen bewaldeten Sanddünen, die über 65 000 Jahre alt sind, und dahinter ein weites System von Süß- und Salzwasserseen, gesäumt von tropischen Sumpfwäldern mit Lianen, uralten Bäumen, farbenprächtigen Orchideen und verzweigten Wasserläufen. Die offene Savannenlandschaft wechselt sich mit Busch, Strand und Wald ab und man kann die größte Biovielfalt von Südafrikas Flora und Fauna finden. Über 500 Vogelarten, die größte Population an Breitmaul- und auch den seltenen Spitzmaulnashörnern, riesige Lederschildkröten sowie Krokodile und vieles mehr können hier bewundert werden.

Unser Lager im Park, war von einem kaputten Zaun umgeben und wir verbrachten den Rest des Nachmittags damit, den Zaun so gut wie möglich zu reparieren. Um den Pferden genügend Platz zu verschaffen, wurden Zweige, Reisig oder Stricke mit Begeisterung als

Zaunersatzmaterial eingesetzt. Im selben Moment, in dem die Sonne hinter dem Horizont verschwand, fing auch schon das Geheule an. Eine ganze Herde Hyänen war dem Geruch der Pferde bis zum Lager gefolgt. Der Geruch der nahen Raubtiere war Big Ben und Nguni fremd und sie liefen unruhig im Lager umher. Alle halbe Stunde schauten wir aus unserem Zelt heraus und leuchteten mit unseren Taschenlampen in Richtung Zaun. Raubtieraugen leuchten im Dunkeln rot, und jedes Mal, wenn meine Taschenlampe auf ein Paar Augen traf, lief mir ein Schauer über den Rücken. Trotzdem liebte ich die Anwesenheit wilder Tiere in unmittelbarer Nähe und versuchte einen besseren Blick auf die Hyänen zu erhaschen. Es schien als ob Nguni und Big Ben sich in unserer Nähe sicherer fühlten, und nach einer Weile ließen sich beide, zum ersten und letzten Mal, direkt neben unserem Zelt zur Rast nieder, während die Hyänen unser Lager die ganze Nacht über umrundeten. Beim Aufbruch am nächsten Morgen sahen wir Abdrücke von mindestens fünf Tieren bis auf ein paar Meter von unserem Zelt entfernt. Automatisch stellten wir uns die Frage, wer wen in der Nacht beschützt hatte: Wir Big Ben und Nguni oder die beiden uns? Wierum auch immer, Teamsicherheit war höchste Priorität für alle.

Abschied in Kosi Bay (Isabel)

Meine Knieoperation in Deutschland rückte immer näher und schließlich dämmerte der Tag der Abreise. Ich hatte die Zeit mit Lloyd unglaublich genossen und mit einer ungewissen Zukunft vor uns war der Abschied traurig und tränenreich. Zu diesem Zeitpunkt war ich voller Zweifel über meine bevorstehende Knieoperation und meine weitere Zukunft in Südafrika. Lloyds Eltern holten mich ab und fuhren mich zum Flughafen in Durban. Ich wusste nicht, ob ich jemals nach Südafrika und zu Lloyd zurückkehren würde. Meine Beziehung mit Lloyd und mein Leben in Südafrika waren ungewiss und die Worte meiner Familie klangen mir in den Ohren. Vielleicht waren ihre Sorgen und Bedenken von damals begründet gewesen? Ist mein

Traum zerbrochen und das alles war ein großer Fehler gewesen? Nichts und niemand konnte mir eine Antwort darauf geben. Das Einzige, das klar und gewiss vor mir lag, war ein langer Flug und eine Knieoperation, die alles verändern würde.

Tembe-Elefantenpark & Ndumo-Tierreservat (Lloyd)

Jemand hatte mir erzählt, dass die Distanz von Kosi Bay zum Tembe Elefantenpark nur 36 Kilometer betrug. Sehr bald aber stellte ich fest, dass dies nicht der Fall war und das Tembe eher 67 Kilometer von Kosi Bay entfernt lag. Meine zwei Kameraden und ich verbrachten einen langen, ermüdenden Tag an der Grenzstraße entlang bis zum Tembe Elefantenpark. Ich hatte mich mit Terryn, der Reservatleiterin, im Voraus in Verbindung gesetzt, und sie hatte zugestimmt mich beim Eingangstor zu treffen. Mein Zeitplan stimmte natürlich nicht mehr und ich erreichte das Tor spät am Abend und in kompletter Dunkelheit. Das Reservat war dafür international bekannt, ein Zuhause der größten Elefanten der Welt zu sein, und zusätzlich wimmelte es hier nur so von nachtaktiven Raubkatzen, Büffeln und Nashörnern. Terryn fuhr mit ihrem Pick-up vor mir her und leuchtete den Weg für unser Trio. Der Gedanke, dass ich blind durch dieses Reservat und seine Einwohner ritt, machte mich nervös und ich hielt Big Ben und Nguni dicht im Schein der Rücklichter.

Nach einer gefühlten Ewigkeit erreichten wir endlich Terryns Haus und somit den Pick-up mit meiner Ausrüstung und Vorräten. Isabel und meine Eltern hatten das Auto vor ihrer Abfahrt hierher gebracht und nach einem Extremeinkauf meiner Mutter hatte ich genügend Essensvorräte für eine Horde hungriger Löwen. Meine Mutter ist von Geburt an taub und es ist immer schwierig für sie, mit mir in Kontakt zu bleiben. Sie war ständig besorgt und brachte meinen Vater dazu, mich soft wie möglich anzurufen um herauszufinden, ob alles in Ordnung war. Terryns Haus war mit einem drei Meter hohen Gehegezaun eingezäunt und das beruhigte mich etwas. Hier waren Big Ben und Nguni auf jeden Fall vor Raubkatzen und anderem sicher.

Die nächsten Tage verbrachte ich mit erstaunlichen Wildhütern, die ihr Leben dem Natur- und Tierschutz gewidmet hatten. Manche hatten einen bewundernswerten Wissensschatz, und als Gleichgesinnter verstand ich mich unglaublich gut mit ihnen. Einer der Wildhüter, Ross, teilte mir mit, dass der Baum, der in Terryns Garten stand, anscheinend giftig für Pferde sei. Geschockt bedankte ich mich und errichtete einen Zaun drum herum, um sicher zu gehen, dass Big Ben und Nguni nicht auf falsche Gedanken kamen. Die Reservatsleitung gab mir Erlaubnis, meinen weiteren Weg in Richtung Ndumo durch das Reservat zu machen. Im Tageslicht, war der Park alles andere als beängstigend und beim Verlassen des Reservats genoss ich einige Wildtierbesichtigungen auf der Strecke. Die Reservatsleitung hatte das Westtor für mich aufgeschlossen, und als ich gerade dabei war, das Tor hinter mir zu schließen, bemerkte ich, wie Nguni sich wie von der Tarantel gestochen aus dem Staub machen wollte. Ich rannte ihm nach, aber erst nach langer und frustrierender Suche fand ich ihn und fing ihn wieder ein.

Es war Sommer und die Sonne brannte auf meiner Haut. Ich verbrachte den Tag im Schatten sitzend oder zu Fuß, um es den Pferden leichter zu machen. Wie Tembe die Nacht zuvor, erreichten wir auch Ndumo im Dunkeln. Dieses Mal aber hatte ich nur grobe Richtungsanweisungen zum Übernachtungsplatz übers Telefon bekommen und war quasi auf mich allein gestellt. Mit einer Schotterstraße vor mir, von schwarzen Büschen gesäumt, machten wir uns auf den Weg durch den Park. Ndumo war für große Herden schlecht gelaunter Büffel sowie Breit- und Spitzmaulnashörner bekannt. Ein paar Mal trampelten wilde Tierherden durchs Gebüsch direkt neben uns oder über die Straße direkt vor unserer Nase. Nguni und Big Ben waren an die Geräusche und den Geruch des Umfelds gewöhnt, da sie die meiste Zeit ihres Lebens in einem Tierreservat in der Ostprovinz verbracht hatten. Sie scheuten kein einziges Mal, ganz im Gegensatz zu mir, und als der Geräuschpegel des Busches stärker und lauter wurde, gab mir ihre ausgestrahlte Ruhe Kraft. Ich vertraute ganz auf ihren sechsten Sinn und wie durch ein Wunder fanden wir unseren Übernachtungsplatz in kompletter Dunkelheit.

Am nächsten Morgen erwachte ich mit einem komischen Gefühl im Bauch. Ein Anruf von der Tembe-Reservatsleitung bestätige das ungute Gefühl. In meiner Eile, Nguni zu folgen, hatte ich einfach vergessen das Tor hinter mir zu schließen. Glücklicherweise lügen Spuren im Sand nicht und keine Tiere waren durch das offene Tor entkommen, nichtsdestotrotz kam ich mir wie ein kompletter Idiot vor. Das Reservat war so gut zu mir und den Pferden gewesen und mir war so ein blöder Fehler unterlaufen.

Zu den fernen, blauen Bergen und auf diejenigen, die ihnen entgegenreiten (Lloyd)

Meine Familie und enge Freunde trafen sich zu einem Abschluss-essen kurz vor meinem Abschied in dem Haus meines Bruders. Jeder hatte die Möglichkeit für ein paar Worte des Abschieds und jemand fragte, ob ich ein Gewehr zur Selbstverteidigung bei mir tragen würde während der Reise. Mein Bruder lachte und zog eine kleine Bibel aus seiner Tasche und hielt sie mit folgenden Worten in die Höhe:»Das ist die einzige Waffe, die du brauchen wirst!« Jeder hatte sich Zeit genommen und ein paar Worte der Unterstützung auf die erste Seite der Bibel geschrieben und in schwierigen und einsamen Momenten habe ich diese oft gelesen und die Worte gaben mir Kraft für die Dauer der Reise. Mein Bruder ermutigte mich, die Bibel wie einen normalen Roman zu lesen und sie bei meiner Heimkehr durch-gelesen zu haben. Ich muss zugeben, ich habe darin kläglich versagt. Leider ist die Bibel nicht mehr als ein Buch für mich und hat nichts mit meiner Beziehung zu unserem Schöpfer zu tun.

An dem Tag saß ich in Gedanken versunken auf einem Felsen in den Lebombobergen. Diese Gebirgskette ist etwa 800 Kilometer lang und formt eine natürliche Grenze zwischen Südafrika, Mosambik und Swasiland. Mit etwas übriger Zeit bis zu meinem Aufbruch ent-schied ich, mehr aus Schuldgefühlen meinem Bruder gegenüber, dass ich eine Weile in der Bibel lesen würde. In den letzten Tage hatte ich in dem Kapitel 22 Genesis gelesen und mit der Bibel auf meinem

Schoss überblickte ich die Schönheit des Tales unter mir, die perfekte Möglichkeit für ein Foto. Kapitel 23 erwähnt Höhlen außergewöhnlich oft und dann kam mir, dass ich in einem Gebiet war, das »Grenzhöhlen« genannt wurde. Spontan entschied ich mich, diese Grenzhöhlen zu besuchen und erst den nächsten Tag durchs Tal weiterzureiten. Die Höhlen waren faszinierend und interessant und Big Ben und Nguni genossen einen freien Tag.

In der Nacht aber blieben Ruhe und Schlaf für mich fern, da der Wind die ganze Nacht durch die Gebäude pfiff. Big Ben und Nguni waren nicht eingezäunt und ich war extrem besorgt, dass die beiden während der Nacht zu weit weg wanderten und jemand sie stehlen würde. Deshalb schlief ich recht wenig und die meiste Zeit mit einem offenen Auge. Als die Sonne aufging, waren wir nach einer sehr kurzen Nacht schon auf dem Weg ins Tal. Der Pfad war leicht zu begehen, wenn man nur zu Fuß unterwegs war, aber mit zwei 600 Kilogramm schweren Pferden mit Packsätteln im Schlepptau wurde der nur knapp einen Kilometer lange Pfad zum Albtraum. Der Pfad war felsig und mit Büschen und Sträuchern fast komplett zugewachsen und sechs Stunden waren nötig, um den Weg für meine Kameraden begehbar zu hacken …

Der Lavumisafluss im Tal brachte uns willkommene Abkühlung und wir rasteten für eine Weile, um neue Kräfte zu tanken. Beim Wiederaufbruch kamen wir zu einer Abzweigung, und nur mit meinem Bauchgefühl gerüstet, entschied ich mich für die rechte Seite. Nach einer Weile trafen wir auf ein junges Mädchen, dass Wasser vom Fluss geholt hatte, und ich fragte sie nach dem Weg. Amüsiert stellten wir fest, dass ich ohne mein Wissen in Swasiland gelandet war, aber das Mädchen sagte, das dies kein Problem wäre. Ich solle einfach dem Pfad den Berg hinauf folgen, den die Swasi-Kinder nutzten, um in Südafrika zur Schule zu gehen. Der Gedanke an »illegale Grenzüberschreitung zu Ausbildungszwecken« brachte mich zum Schmunzeln. Ich dankte ihr herzlich und wir machten uns wieder auf den Weg. Es war wirklich manchmal ein wahres Glücksspiel, um den einfachsten und sichersten Weg für mein Trio zu finden. In einem voll ausgestatteten Pick-up ins Blaue zu fahren war etwas total anderes. Ein Navigationsgerät konnte Klippen, Gestein, reißende Flüsse oder undurchdringliches Gebüsch einfach nicht anzeigen, deshalb war ich meistens auf Einheimische und mein Bauchgefühl angewiesen.

Wir folgten dem Zickzackpfad, der von vielen kleinen Kinderfüßen den Berg hinauf getrampelt worden waren. Der Pfad war unglaublich steil und ich führte Big Ben und Nguni zu Fuß und mit der heißen Sommersonne, die auf uns herabbrannte, mussten wir alle paar Meter anhalten und eine Verschnaufpause einlegen. Weiter, weiter, weiter ... immer weiter den Berg hinauf. Endlich erreichten wir das Plateau und nach ein paar Minuten Verschnaufpause fing ich ein Gespräch mit ein paar Zulujungen an. Sie schienen neugierig, wo ich hergekommen war. Nachdem ich ihnen erzählt hatte, dass ich vom Tal des Lavumisaflusses gekommen war, begannen sie nervös zu kichern und sich umzusehen. Ich fragte, warum, und alle zogen gleichzeitig ihren Zeigefinger über ihre Hälse. Sie sagten, dass das Tal des Lavumisaflusses eine schlimme Gegend sei und dass Räuber, Wilderer und Mörder dort Unterschlupf fänden. Niemand sei deshalb dort sicher ... Sie waren absolut überrascht, dass ich ohne ein gekrümmtes Haar von dort gekommen war. Für eine ganze Stunde, während derer ich Big Ben führte, liefen sie neben mir her und wiederholten, wie froh ich sein konnte am Leben zu sein. Plötzlich sprangen mir die Bibel und Kapitel 23 in Erinnerung und ein Gedanke ließ mich erschauern. Hätte ich nicht Kapitel 23 gelesen, wäre ich vermutlich nicht geblieben, um die Grenzhöhlen zu besuchen und hätte höchstwahrscheinlich die Nacht im Lavumisatal verbracht ...

Eine Zulufamilie (Lloyd)

Während des Abschnitts in den Lebombobergen hatte ich die Ehre, von einer armen, aber gleichzeitig reichen Familie für eine Nacht aufgenommen zu werden. Von Sonnenaufgang bis -untergang hatte ich Big Ben und Nguni, ohne jegliche Zeit im Sattel verbracht zu haben, zu Fuß durch die Hitze geführt. Um neun Uhr nachts machte sich unser erschöpftes Gespann auf die Suche nach einem Übernachtungsplatz. Aus der Dunkelheit tauchte urplötzliche eine junge Zulufrau mit einem Säugling auf dem Rücken auf. Sie fragte mich zurückhaltend, ob ich weiß wäre, da sie in der Dunkelheit mein Gesicht nicht erkennen konnte. Sie schien um mein Wohlergehen besorgt zu sein, als ich mit Ja antwortete. Die Pferde und die Dunkelheit um uns herum überbrückten die Kommunikationsschwierigkeiten zwischen uns und auf ihre Frage, ob ich Hilfe benötigen würde, erzählte ich ihr von der Reise, auf der ich war, und dass ich für jede Art Hilfe sehr dankbar wäre. Sie lud mich höflich zum »Kraal« (das afrikaanse Wort für einen Hof) ihres Vaters ein, da er die Entscheidung treffen musste, wie und ob mir geholfen würde.

Es war schon recht spät, und als ich die Hütte betrat, sah ich, dass der Vater schon im Bett lag. Seine Frauen und Kinder saßen im Schneidersitz auf dem Boden um sein Bett herum und jemand brachte mir einen Stuhl und ich wurde höflich aufgefordert Platz zu nehmen. Der älteste Sohn der Familie nahm am Bettende Platz und übernahm die Übersetzung vom Englischen in Zulu und Zulu zum Englischen. Im weichen Licht einer brennenden Kerze entschied der Vater, dass ich die Nacht in der Hütte des ältesten Sohnes verbringen durfte. Die Tochter, die mich draußen im Dunkeln angesprochen hatte, wurde geschickt, um Wasser für uns zu holen. Nach etwa einer Stunde kehrte sie mit einem 25 Liter großen Eimer auf ihrem Kopf zurück. Ihr selbstloses und freundliches Geschenk an mich und die Pferde zu solch später Stunde rührte mich zutiefst. Als ob das nicht schon genug wäre, organisierte die Familie einen Gaskocher vom Nachbarn für mich, sodass ich eine warme Mahlzeit zubereiten konnte. Big Ben und Nguni grasten friedlich zwischen den Hütten umher, und ohne dass es ihnen bewusst war, hatten sie es wieder einmal geschafft, Freundschaften zwischen verschiedenen Rassen und Kulturen zu knüpfen. Die Großzügigkeit, Freundlichkeit und Wärme dieser Familie überwältigte mich und ich empfand tiefe Traurigkeit über Isabels Abwesenheit. Dieses Erlebnis war etwas, das ich so gern mit ihr geteilt hätte.

Jozini Dam – Umtausch Big Ben und Nguni (Lloyd)

Die Lebomboberge machten mir klar, das ich niemanden hatte, mit dem ich die Erfahrungen dieser unglaublichen Entdeckung Südafrikas teilen konnte. Die Herausforderungen, die Magie und der Zauber eines richtigen Abenteuers, die Stille der Einsamkeit, die unerwartete Freundlichkeit Fremder und die enge Beziehung, die sich zwischen den Pferden und mir entwickelte, bedeuteten alleine nicht viel. Während ich in die Ferne über Swasiland hinausblickte, wurde mir mit aller Klarheit bewusst, dass Isabel fehlte … Sie war das fehlende Objekt, das alles komplett machen würde!

Nach zwei gemeinsamen Monaten wurde es Zeit, Nguni und Big Ben auszutauschen. Beide hatten ihren wertvollen und unvergesslichen Teil zu »Reiten für Pferde« beigetragen. Nguni hatte seine Hufsohle etwas gestaucht, und um ihn zu schonen, führte ich beide zu Fuß zum Mlatikulu-Waldreservat wo ich ein paar Stunden damit verbrachte, einen Anhänger für den Transport zurück zu meinem Safarigeschäft in der Transkei zu organisieren. Glücklicherweise war ein nahe gelegener Bauer dazu bereit, mir seinen Anhänger auszuleihen, und damit brauchten wir nur noch eine Unterkunft für die Nacht, bevor wir auf die 2000 Kilometer lange Rundreise von den Lebombobergen bis in die Transkei aufbrachen. Am Tag des Nilpferdzwischenfalls hatten Isabel und ich durch Zufall Kemp Landman kennengelernt und Kemp hatte uns damals angeboten bei ihm zu übernachten, falls wir jemals in der Umgebung seien. Heute brauchte ich seine Hilfe und nach einem kurzen Telefonat waren Big Ben, Nguni und ich schon auf dem Weg zum Pongola-Tierreservat, Kemps Zuhause.

Nach einer rastvollen Nacht verlud ich Big Ben und Nguni im Anhänger und wir machten uns auf den Weg nach Durban. Dort rasteten wir eine Nacht im Hause meiner Eltern und Nguni und Big Ben verbrachten die Nacht im Garten meiner Eltern. Die Untermieterin bekam einen wahren Schrecken, als sie am Morgen aus dem Fenster schaute und zwei Pferde entdeckte, die sich an den Blumen labten. Nach 15 Stunden Autofahrt kamen wir endlich beim Havenhotel in der Transkei an, wo ich Big Ben und Nguni gegen Courtney und Ballantyne austauschte. Courtney and Ballantyne sind zwei kleine, aber fleißige Füchse und ich hatte mich für die zwei entschieden, da der Sommer in vollen Zügen vor uns lag und kleinere Pferde die Hitze besser vertragen. Sie haben weniger Eigengewicht zu tragen und können deshalb auch Berge und Hügel leichter bezwingen.

Meine Knieoperation in Deutschland und Rückkehr nach Südafrika (Isabel)

Ich saß frustriert und deprimiert in Deutschland, während Lloyd mir Berichte und Bilder seiner Reise um Südafrika für die Homepage schickte. Es war meine Aufgabe, das Internettagebuch regelmäßig auf den neuesten Stand zu bringen und mit jedem weiteren Tag, den ich unter Schmerzen auf die Besserung meines Kniegelenks wartete, trübte sich meine Stimmung. Mein Herz war an Lloyds Seite und reiste zu Pferd um Südafrika! Ich fühlte mich wie ein verwöhntes Kind, das angebunden und ohne Erlebnisse in Sicht in einem hohen Schloss gefangen gehalten wurde. Fünf Wochen kamen mir vor wie eine Ewigkeit, aber als letztendlich der Morgen meiner Abreise dämmerte, war ich nervös und aufgeregt zugleich. Lloyd hatte in einem unserer wenigen Telefongespräche erwähnt, dass er gewisse Dinge mit mir besprechen wollte, und diese Ankündigung beunruhigte mich etwas, da ich nicht wirklich wusste, was er damit meinte.

Bei meiner Ankunft in Südafrika erzählte Lloyd mir noch im Auto von seiner Begegnung mit sich selbst auf den Lebombobergen, und wie ihm klar geworden sei, das er genügend Zeit alleine verbracht hätte. Ich war überglücklich, mein Traum, mit Lloyd zusammen um Südafrika zu reiten, war der Erfüllung nahe. Die Tatsache, dass mein Knie noch nicht genug verheilt war, versetze meiner Begeisterung jedoch einen kleinen Dämpfer. Leider war mein Knie nicht in der Lage, den körperlichen Strapazen so einer Reise standzuhalten, und für den Anfang musste ich mich damit zufrieden geben, den Pick-up als Assistentin zu fahren, bis mein Knie genügend verheilt und wieder »reittauglich« war.

Jozini über Pongola zur Mpumalanga-Provinzgrenze (Isabel)

Mit einem Hochgefühl und Courtney und Ballantyne im Gepäck, verabschiedeten wir uns für eine lange Zeit von Durban. Dieses Abenteuer von jetzt an gemeinsam zu bezwingen erfüllte uns beide mit Begeisterung und Ungeduld. Lloyd hatte die Reise in Pongola unterbrochen und von dort aus ging es mit Courtney und Ballantyne wieder weiter. Durch die Anwesenheit des Autos, das bis zur Decke mit Ausrüstung beladen war, konnte Lloyd sich etwas entspannen. Zwischen Durban und Mosambik war die Hilfe durch seine Familie und Freunde reichlich gewesen, aber je weiter wir uns von Durban entfernten, desto mehr wurden wir auf die Hilfe Fremder und uns selber angewiesen.

Während unseres Aufenthalts bei der Familie Landman im Pongolareservat entschieden wir Hufschuhe für Courtney und Ballantyne aus dem Rohleder eines Gnus herzustellen. Wir wussten, dass steiniges Gelände vor uns lag, und wir wollten sichergehen, dass wir die Hufsohlen der Pferde schützen konnten, falls es notwendig würde. Der Rest des Rohleders wurde auf dem Dach des Autos verstaut für den Fall, dass wir mehr Hufschuhe machen mussten.

Pongola lag im Norden der Natal-Provinz und die Weite des Reservates war ein Paradies für Vögel und Wildtierarten zugleich. Erstaunliche Tierbesichtigungen, Gerüche und Geräusche begleiteten unseren Weg durchs Reservat. Die Überquerung des krokodilverseuchten Pongolaflusses war mehr als interessant und nur ein kleines bisschen einschüchternd, da wir nicht genau wussten, wie tief der Fluss eigentlich war oder ob wir auf Krokodile stoßen würden. Doch wie zahllose Überquerungen zuvor verlief auch diese ohne Zwischenfälle. Am nächsten Tag führte unsere Route uns durch ein benachbartes Reservat und über eine SMS hatten wir dem Besitzer des Reservates mitgeteilt, dass wir durch sein Gebiet ziehen würden. Die geschockten Jäger, auf die wir später trafen, waren offensichtlich nicht gewarnt worden und wussten nichts von unserer Anwesenheit im Reservat. Der Besitzer hatte ihnen das Reservat zur Jagd freigegeben, und an ihren Gesichtern war der Schock über unser plötzliches Auftauchen klar abzulesen!

Kapitel 2

DAS BUSCHFELD

MPUMALANGA-PROVINZ
13. Oktober 2009 – 24. November 2009
Gereiste Entfernung: 1669 Kilometer
Pferde: Courtney und Ballantyne

Isabel als Assistentin – ein Tagebucheintrag

»Das Auto ist zu unserem Daheim geworden, einem Daheim auf vier Rädern, das ständig von einem Ort zum nächsten unterwegs ist. Ich mag unser Daheim sauber und ordentlich und verbringe Stunden damit, es sauber zu halten. Manche Tage sind recht frustrierend und langweilig, da ich gern beschäftigt bin und mich nützlich mache, wo immer es geht. Manchmal frage ich mich, warum Lloyd mich als Assistentin braucht. Es scheint so, als ob er auch ganz gut ohne mich zurechtkommt. Aber manchmal sind die Tage auch wirklich abenteuerlich für mich. Ich fahre den Pick-up Abhänge hinauf, die so steil sind, dass ich manchmal sogar Angst habe, dass das Auto es nicht packt oder rückwärts überkippt. Jeden Tag baue ich das Lager ab, nachdem Lloyd sich auf den Weg gemacht hat, dann mache ich sauber, bringe das Internettagebuch auf den neuesten Stand und später treffe ich mich mit Lloyd zum Mittagessen irgendwo auf der Strecke oder bei unserem nächsten Übernachtungsplatz. Je mehr die Zeit vergeht, desto mehr sehne ich mich danach, wieder in den Sattel zu steigen. Ich habe das starke Gefühl, dass mein Knie mich zurückhält, und mit jedem Tag werde ich unglücklicher. Ich habe den untrüglichen siebten Sinn meiner Mama immer bewundert und oft, an extrem schwierigen Tagen, ruft sie mich an, und allein den Klang ihrer vertrauten Stimme zu hören baut mich wieder auf.«

Lloyds Tagebucheintrag

»Ich mache mir ständig Sorgen um Isabel. Oft baut sie ganz allein unser Lager in abgelegenen Orten, neben einem Staatskrankenhaus oder in der Nähe einer Township auf und ab. Mit einem Pick-up voller Wertsachen und allein ist sie ein leichtes Angriffsziel für jeden. Ich bin nur ein armer, einsamer Reiter und nicht wirklich ein Ziel. Ihre Hilfe mit dem Auto aber hat alles so viel einfacher für mich gemacht. Isabel kümmert sich einfach um alles, sie kocht, putzt, wäscht, sie hält unsere Homepage auf dem neuesten Stand und sie teilt die Verantwortung der Pferdepflege Tag und Nacht mit mir. Aber das Wichtigste ist, dass ich die Erlebnisse des Ritts mit ihr teilen kann und dass wir zusammen sind. Wunderschöne Sonnenuntergänge, Mondaufgänge, die extreme Hitze, schöne Orte und Ausblicke, freundliche Fremde ... und noch vieles mehr.

Die Zeit vergeht und ich weiß, dass Isabel es kaum erwarten kann, als Reiterin hinzuzustoßen. Wir streiten uns des Öfteren, da ich denke, dass ihr Knie den Strapazen einfach noch nicht standhalten kann. Isabel muss noch bis zum Limpopofluss als Assistentin, die das Auto fährt, durchhalten, aber von dort aus wird sie endlich als Reiterin hinzustoßen können. Ich wünsche mir nur, dass sie die Momente bis dahin genießt und nicht vergisst, wie besonders diese Reise ist.«

Tannies (Isabel)

Die Afrikaans sprechenden europäischstämmigen Einwohner Südafrikas und Namibias werden heute im Deutschen als Afrikaaner, früher auch als Kapholländer oder Weißafrikaner bezeichnet. Afrikaans ist eine der elf Amtssprachen Südafrikas und entstand unter anderem aus *Englisch, Hochdeutsch, Niederländisch, Jiddisch, Niederdeutsch, Jenisch, Afrikaans* und *Friesisch* (Informationsquelle: wikipedia.de).

In der afrikaansen Sprache ist der Gebrauch respektvoller Anreden für jemanden, der mindestens zehn Jahre älter als man selbst ist, sehr tief verwurzelt. Ein älterer Herr wird mit *Oom* angesprochen, was wörtlich übersetzt *Onkel* heißt, und eine ältere Frau wird mit *Tannie,* übersetzt Tante, angesprochen. In meiner Zeit in Südafrika sind wir bei so vielen Afrikaans sprechenden Familien untergekommen, dass ich es geschafft habe, die Sprache zu verstehen. Ich kann mich recht gut auf Afrikaans verständigen, aber eine politische Diskussion führen werde ich wohl nie!

Jeden Tag gegen den späten Nachmittag machte ich mich auf die Suche nach einem geeigneten Lagerplatz für die Nacht. Unsere tägliche Durchschnittsdistanz betrug an die 30 Kilometer und nach einiger Zeit konnte ich recht gut einschätzen, wo wir abends ankommen würden und nach einem Übernachtungsplatz suchen mussten. Trotzdem ging leider nicht immer alles glatt und wie geplant, und wir mussten oft weiter ziehen als gedacht auf der Suche nach einem geeigneten Platz. Nicht selten klopfte ich an verschlossene Türen, um Fremde um Hilfe zu bitten im Schutz der Dämmerung. Während ich unsere Situation kurz erklärte, schaute die Hausherrin oftmals über meine Schulter in die Dunkelheit hinaus und der Blick, der zu mir zurückfand, zeigte offensichtlich Sorge. Jedes Mal wurde ohne zu zögern ein Arm schützend um meine Schulter gelegt und ich damit in die sicheren Wände des Hauses geführt. »Maar natuurlik. Kom binne in meise! / Aber natürlich, Mädchen, komm herein!«

Die warme Gastfreundschaft der Afrikaaner begleitete uns von der kleinen Stadt Pongola, knappe zehn Kilometer von der Swasigrenze, bis nach Melkbosstrand an der Westküste Südafrikas außerhalb Kapstadts. Ob Tag oder Nacht, die Afrikaaner halfen uns, wo und wie sie konnten. Ein Mädchen, sehr weit weg von zu Hause, schätzte die offenen, liebevollen Arme der Tannies zutiefst. Lloyd und ich haben oft die Möglichkeit einer Reise zu Pferd um Deutschland besprochen. Ich stellte mir oft die Frage, ob wir genauso viel Hilfe und Unterstützung von den Einheimischen dort bekommen würden.

Piet Retief (Lloyd)

Eines späten Nachmittags, ein paar Stunden außerhalb Piet Retiefs, empfing ich eine SMS meines Vaters. Er erwähnte, dass sein Cousin Norton in Piet Retief lebe und ich ihn doch aufsuchen solle, wenn wir dort durchritten. Nach einem langen und harten Nachmittag auf der Suche nach einem Lagerplatz legten wir uns schließlich auf einem Campingplatz kurz vor Piet Retief nieder. Am nächsten Morgen rief ich Norton an und er lud uns ein, ein paar Tage bei ihm und seiner Frau Ada zu verbringen. Nach einem köstlichen Abendessen erzählte Norton mir, wie er und mein Vater als Kinder Weihnachten auf Omas Farm hier in Piet Retief verbracht hätten. Es war Tradition, dass die Familie am Anfang der Ferien einen Ochsen schlachtete und Biltong und Trockenwurst für den Rest der Ferien herstellte. Übrig gebliebenes Fleisch wurde am Ende der Ferien gerecht auf alle Familienmitglieder verteilt.

Ohne dass es mir bewusst gewesen war, war ich am Vortag an Omas Farm vorbeigeritten. Die Farm war jahrelang im Besitz der Familie gewesen, aber ein enormes Feuer hatte alles zerstört und Norton musste die Farm aufgeben. Seine Augen leuchteten, während er in Erinnerungen an die vergangenen Kricketspiele mit seinen Cousins schwelgte. Er vermisse die Weite der Farm und die Stille, die einen umgab. Niemals hätte er sich erträumen lassen, dass er den Rest seiner Tage in einem Stadthaus mit lauten Nachbarn verbringen würde. Das sei etwas, an das er sich bis heute nicht gewöhnt hätte. Ich verbrachte viele Stunden auf dem Ritt, in denen ich über meinen Vater und seine akute Krankheit nachdachte. Nortons Geschichten hatten mir meinen Vater trotz der körperlichen Distanz, die zwischen uns lag, nähergebracht. Mein Vater war ein unglaublich trainierter und gesunder 68-Jähriger und mit einem Schmunzeln stellte ich ihn mir als kleinen Buben vor, wie er auf dem Kricketfeld seiner Oma gegen seine Cousins spielte.

Songimvelo-Wildtierreservat – die Ruhe nach den Sturm (Lloyd)

Wir ließen die hügelige Landschaft der Swasigrenze in Richtung des Songimvelo-Tierreservats hinter uns. Vor ein paar Jahren hatte ein Freund von mir ein Safariunternehmen in diesem Reservat betrieben und deshalb war mir die Umgebung recht vertraut. Die Mitarbeiter am Eingangstor des Reservates waren etwas überrascht, als ich zu Pferd am Tor hielt und durchs Reservat passieren wollte. Ich sagte, dass ich mich mit jemandem auf der anderen Seite des Reservates treffen musste, und nach einer Weile gaben sie nach und ließen mich passieren. Ich wusste ungefähr, welche Richtung ich einschlagen musste, und folgte dem Mkomatifluss und meiner Nase und hoffte auf das Beste. Am Fluss entlang entdeckte ich zu meiner Aufregung frische Nilpferd- , Elefanten- und Büffelspuren und wir folgten den Schlangenlinien des Flusses durch das Reservat. Einige Male muss-ten wir den Komati überqueren und Courtney und Ballantyne waren dabei souverän und zuverlässig wie immer. In der Transkei hatten wir viele Flüsse gemeinsam durchschwommen, aber das war etwas anderes. In brusthohem Wasser mussten wir durch Stromschnellen waten und die beiden ertasteten sich vorsichtig einen Weg durch Felsen und Geröll unter der Wasseroberfläche. Krokodile und andere Wildtiere wie Zebras, Giraffen, Elenantilopen und Zobelantilopen waren reichlich im Reservat und wir wurden mit mehreren Sichtun-gen belohnt. Ich vermisste Isabel, und obwohl wir uns später auf der anderen Seite des Reservats treffen würden, wünschte ich mir, dass sie diese Schönheit des Landes zu Pferd miterleben könnte.

Am Horizont bildeten sich dunkle Sturmwolken und die drücken-de Hitze kündigte einen gewaltigen Sturm an. Ich versuchte eine Route im Schatten der Bäume zu suchen, aber wie es schien, waren wir nicht die einzigen, die dort Abkühlung suchten. Courtney und Ballantyne gaben sich keine Blöße, als wir um eine Ecke bogen und prompt in eine Gruppe Nashörner prallten. Beide waren an diese kurzsichtigen, stämmigen Kolosse durch die Jahre in einem Tier-reservat gewöhnt und die Nashörner waren in der drückenden Hitze so entspannt, dass sie sich kaum rührten.

Mit feurigen Blitzen und tiefem Donner war der Sturm gegen 15 Uhr in vollem Gange! Es war furchteinflößend ... Kurz bevor der Sturm losgebrochen war, hatten wir uns eine Rast gegönnt und ich hatte Courtney und Ballantyne frei gelassen, damit sie grasen konnten. Der Sturm war so urplötzlich über uns, dass ich in dem Tumult keine Zeit gehabt hatte, sie wieder einzufangen, und jetzt rannten sie in Panik von einem Baum zum nächsten. Die Blitze waren feurig und kamen alle paar Sekunden und ich hoffte, dass die Pferde und ich verschont blieben ... Ich warf mich flach ins Gras und hielt meinen Kopf in den Händen vergraben als Isabel anrief. Um den rollenden Donner zu übertönen, musste sie ins Telefon brüllen: »Ist alles in Ordnung? Wo zum Henker bist du?« In meiner eher ungemütlichen Lage antwortete ich etwas ärgerlich: »Woher soll ich denn wissen, wo ich bin? Irgendwo zwischen einem Termitenhügel und einem Grashalm!« Dann legte ich einfach auf, es war sinnlos, in so einem Gewitter zu telefonieren. Nach ein paar erschreckenden Minuten zog das Auge des Sturms weiter und ich traute mich zurück auf meine zwei Beine. Courtney and Ballantyne waren zum Glück nicht allzu weit geflohen, und nachdem ich meine Siebensachen eingesammelt hatte, machten wir uns auf den Weg zum Eingangstor, um Isabel zu treffen.

Isabels Gewitter (Isabel)

Nachdem Lloyd sich von mir verabschiedet hatte, fuhr ich wie besprochen auf die andere Seite des Reservates. Der Plan war, dass ich ins Reservat auf der anderen Seite des Mkomatiflusses fuhr und wir uns quasi in der Mitte zur Rast und zum Mittagessen treffen wollten. Als ich beim Tor ankam, erregte der beladene Pick-up aufsehen unter den Parkwächtern. Sie durchsuchten das Fahrzeug und fanden schließlich das Gnurohleder auf dem Dach des Autos! Damit hatte ich natürlich den ganzen Trupp in Aufregung gebracht und mir wurden alle möglichen Fragen gestellt. Die Wächter konnten sich untereinander nicht entscheiden, ob ich wie ein Wilderer aussah oder nicht und ob ich verhaftet werden sollte oder nicht! Ich hatte mich schon seit Wochen bei Lloyd über den Gestank des Rohleders beschwert und er hatte in typischer »Lloydweise« mit den Achseln gezuckt und gemeint, ich solle mich nicht weiter darüber aufregen. Ich wusste, dass dieser stinkende Lederhaufen mich irgendwann heimsuchen und zu meinem Fall werden würde!

Nach zwei Stunden Streiterei mit Zeitungsberichten als Beweisunterlagen schaffte ich es, die Parkwächter davon zu überzeugen, dass ich kein Wilderer, sondern nur eine harmlose junge Frau (mit verrücktem Partner) auf einer Reise um Südafrika war. Als ich durch das offene Tor fuhr, machte ich den fatalen Fehler, nach einer Wegbeschreibung zu fragen. Lloyd hatte mir nicht einmal einen Namen für unseren Treffpunkt nennen können, er hatte nur gesagt, dass irgendwo in der Nähe des Mkomatiflusses ein großer Baum sei und dass er sich dort mit mir treffen wollte … Hier saß ich nun in eines weiteres Gespräch mit jemandem, der nur gebrochenes Englisch sprach, verwickelt und wir suchten nach einer Wegbeschreibung zu Treffpunkt X! Man konnte es dem Parkwächter nicht wirklich übel nehmen, aber ohne Zweifel gab er mir die schlechteste Wegbeschreibung meines bisherigen Lebens und ich fuhr ziellos im Reservat umher, ohne die leiseste Ahnung, wo Lloyd oder unser mysteriöser Treffpunkt war.

Als der Sturm einzog, wurden aus den Straßen Flüsse und ich konnte so gut wie nichts durch meine fleißigen, doch nutzlosen Scheibenwischer erkennen. Ich war verängstigt und machte mir Sorgen um Lloyd, der da draußen dem Sturm ausgesetzt war. In meiner Not rief ich Lloyd an und musste in den Hörer brüllen, sodass er mich verstehen konnte. »Ist alles in Ordnung? Wo zum Henker bist du?!« Die Antwort kam leicht irritiert, auch gebrüllt und kaum zu verstehen: »Woher soll ich denn wissen, wo ich bin, irgendwo zwischen einem Termitenhügel und einem Grashalm!« Und dann legte er einfach auf! Dieses Gespräch war total nutzlos gewesen und ich hatte immer noch keine Ahnung, wo er war und ob er in Ordnung war! Nach einer Weile ließ der Sturm nach und damit auch mein Groll auf Lloyd. Ich fuhr zum Eingangstor zurück und wartete dort auf ihn, Courtney und Ballantyne. Nach einer unerwartet kurzen Wartezeit erschien Lloyd wie aus dem Nichts aus den Büschen um mich herum und in der kurzen Diskussion, die folgte, stellten wir fest, dass ein neuer Zaun in der Mitte des Reservates errichtet worden war, der das Reservat in zwei Hälften trennte. Der Grund, warum wir uns gegenseitig nicht gefunden hatten, war ganz einfach der, das ich auf der einen Seite des Zaunes herumgeirrt war und er auf der anderen!

Bald traute sich auch die Sonne wieder heraus und der Tag machte eine 180-Grad-Drehung zum Besseren. Wir hatten für die Nacht eine Unterkunft im Unkomazi-Tierreservat gefunden, aber leider war das noch ein ganzes Stück weit weg. Als die Dunkelheit hereinbrach, kehrte der Sturm mit voller Wucht zurück und wir verbrachten vier weitere Stunden in strömendem Regen. Die Scheinwerfer meines Pick-up erleuchteten den Weg an einer Teerstraße entlang für Pferde und Reiter. Der Verkehr auf der Straße war einfach nur erschreckend. Unter normalen Umständen war so ein Unterfangen eine Herausforderung, aber unter den jetzigen Umständen war es geradezu wahnsinnig. Wenn größere Fahrzeuge wie Lastwagen oder Busse auf uns zukamen, versuchten wir so weit weg vom Straßenrand wie möglich zu gehen, aber die Unmengen an zerbrochenen Glasflaschen im Gras wurden zum Verletzungsrisiko für die Hufe der Pferde. Im Licht der Scheinwerfer sah ich zu meinem Entsetzten, wie Ballantyne im Dunkeln in ein Maulwurfsloch trat und er und Lloyd kopfüber im Gras landeten. Zum Glück war niemand verletzt und nach einer kurzen Verschnaufpause ging es weiter, bis wir immer noch im strömenden Regen beim Unkomazireservat ankamen.

Die Leitung des Fünf-Sterne-Betriebs führte uns zu einem komplett leeren Haus ohne irgendwelche Möbel oder andere Notwendigkeiten, welches uns als Quartier für die Nacht dienen sollte. Es gab keine heiße Dusche und keine Betten, das Haus war einfach nur ein Dach mit vier Wänden drum herum, doch eine Beschwerde war das Letzte, woran wir dachten, da wir einfach nur froh waren aus dem Regen heraus zu sein. Sogar die Windschutzscheibe des Pick-up gab unter dem hämmernden Regen nach, und Regentropfen fanden ihren

Weg ins Innere des Fahrzeugs. Unsere Regenjacken waren unsere einzige Verteidigung dagegen und wir hofften, dass der Regen bald nachlassen würde.

Über Berge nach Kaapsehoop

Wir verließen Badplaas in der Annahme, dass es knappe 30 Kilometer über die Kaapsehoopberge in das Dorf Kaapsehoop waren, aber wie zuvor wurden 30 Kilometer zu zwei vollen Tagen … Wir erreichten Kaapsehoop, das auf 6000 Fuß über dem Meeresspiegel lag, um Mitternacht des zweiten Tages und wieder einmal in strömendem Regen mit winterlichen Temperaturen. Gemeinsam waren wir die letzten Stunden durch eisigen Nebel und Dunkelheit gestolpert und der Tag schien nicht zu Ende gehen zu wollen. Während wir durch den undurchdringlichen Nebel ritten, fühlte es sich an, als ob uns jemand oder etwas beobachtete. Die Pferde waren sich der unsichtbaren Anwesenheit mehr bewusst als wir und schnaubten nervös in die Richtung der Nebelwand und immer wieder einmal hörten wir die Bewegungen großer Tiere durch die Büsche um uns herum. Eine kleine Lücke tat sich im Nebel auf und erlaubte uns einen Blick auf die Silhouette eines der wilden Pferde der Kaapsehoopberge. Diese prächtigen Wildpferde streunten in dieser Gebirgskette frei und ungezähmt und waren zu unseren Hirten durch diese geisterhafte Nacht geworden.

Wir kamen bei Freunden, Christo und Linda, den Besitzern der Kaapsehoop Pferdesafaris, unter und hatten erst ein paar Tage später die Möglichkeit, einen weiteren Blick auf die Wildpferde zu werfen. Im Tageslicht hatten sie ihre geisterhaften Züge abgelegt, aber trotzdem war ihre sonder- und wunderbare Gegenwart spürbar. Die Nachkommen verlorener und gewonnener Kriege und Schlachten streunten frei und ungebunden durch das Dorf und die Umgebung und verliehen Kaapsehoop einen besonderen Glanz.

Am nächsten Tag entschieden wir uns dazu, einen Rasttag einzulegen und einen Ausflug zum Krüger-Nationalpark zu machen. Wir hätten es wissen sollen, als der Geist des Rohleders auf dem Dach des Pick-up uns wieder heimsuchte. Zusätzlich erregten dieses Mal die zwei Ballen Luzerne großen Verdacht und Misstrauen unter den Parkwächtern. Elefanten lieben Luzerne und eine heiße Diskussion entfachte, ob wir Wilderer wären, die Wildtiere mit der Luzerne anlockten, um sie dann zu erschießen, oder ob wir die Tiere nur für bessere Fotomöglichkeiten anlocken wollten. Dieses Mal war kein Streit nötig, das Rohleder wurde bei der nächstbesten Gelegenheit weggeworfen.

Eine Spur aus Zweigen nach Pilgrims Rest (Lloyd)

Mein Ziel für die Umrundung Südafrikas war, so nah wie möglich an der Grenze zu bleiben. Ich hielt immer Ausschau nach Spuren und Wegen, die uns so nah wie möglich an die Grenze heranbrachten. Mein innerer abenteuerlicher Pioniergeist konnte einer Herausforderung einfach nicht widerstehen und falls ich die Wahl zwischen einer einfacheren oder einer schwierigen Route hatte, entschied ich mich generell für die schwierigere. Isabel konnte einfach nicht verstehen, dass wenn ich die Wahl zwischen einer Zwei- oder Fünftagesroute hatte, ich mich immer für die längere, schwierigere entschied. Natürlich kam die Sicherheit unserer Gruppe immer an erster Stelle, und wenn es unsicher, illegal oder gefährlich für uns wurde, ließ ich selbstverständlich mit mir reden. Gleichzeitig wollten wir uns mit so vielen Gleichgesinnten wie möglich austauschen und die gewünschte Aufmerksamkeit auf das Problem der Afrikanischen Pferdepest lenken.

An diesem bestimmten Tag hatte ich eine besonders schwierige Route von Sabie nach Pilgrims Rest ausgesucht. Straßen und Wege liefen kreuz und quer durch den Wald und ich hatte keine Ahnung, welche Richtung ich einschlagen musste. Falls wir einen falschen Weg einschlagen sollten, mussten wir den gleichen Weg, den wir gerade gekommen waren, zurückgehen, und nichts ist demotivierender für Pferd und Reiter, als umkehren zu müssen. Es war meine

Verantwortung, die Pferde und mich unversehrt und ohne Verletzungen zu unserem nächsten Übernachtungsplatz zu führen. Oft bedeutete das eine Rast unter einem Baum, um der Mittagshitze zu entfliehen, oder stundenlanges Führen zu Fuß. Heute kamen wir, wie
schon Hunderte Male zuvor auf dieser Reise, wieder einmal an einer
Kreuzung an. Ich stellte mir die übliche Frage: rechts oder links? Im
selben Moment tauchte aus dem Nirgendwo ein blauer Lieferwagen
auf und ich nutzte die Gelegenheit, um den Fahrer nach einer
Wegbeschreibung zu fragen. Der Fahrer sagte, dass wir noch eine
lange Strecke vor uns hätten und dass man sich in diesem Wald leicht
verirren konnte, falls einem die Umgebung nicht bekannt war.
Obwohl er nicht auf dem Weg nach Pilgrims Rest war, bot er an einen
Umweg zu fahren und die richtige Strecke für uns zu markieren, und
wie die berühmten Brotkrümel aus dem Märchen legte er uns eine
Spur aus Zweigen auf die Straße bis nach Pilgrims Rest. Wie gewöhnlich erreichten wir Pilgrims Rest in der Dunkelheit, aber wären
der Lieferwagenfahrer und die Zweige nicht gewesen, würden wir
vermutlich immer noch planlos durch den Wald irren.

Graskop nach Hoedspruit (Isabel)

Zwischen Graskop und Hoedspruit wurde es bitterkalt und wir waren
auf diesen Kälteeinsturz einfach nicht vorbereitet. Das Wetter auf 6
000 Fuß über dem Meeresspiegel war unberechenbar und konnte sich
schlagartig von einem zum anderen wenden. Wir hörten Berichte
vom Krüger-Nationalpark, die bestätigten, dass dieser Kälteeinbruch
nach dem langen harten Winter das Ende für viele Wildtiere bedeutet
hatte. Laut Arztnotiz ging der Heilungsprozesses meines Kniegelenks
gut voran, aber für meine Verhältnisse war es einfach zu langsam.
Jeden Morgen beobachtete ich mit Frust, wie Lloyd sich in den Sattel
schwang und auf und davon ritt. Ich war frustriert und hatte das Gefühl, dass ich etwas verpasste, die wahre Bedeutung und Besonder-
heit dieser Reise schien vor mir davon zu rennen! Ich wollte Südafrika vom Rücken eines Pferdes aus entdecken und erleben und

nicht von einem Autositz! Die Freiheit, die man nur auf dem Rücken eines Pferdes fühlte, lag so nah und doch so fern und ich sehnte mich so sehr danach.

Unsere Route führte uns von der Drakensbergkette bis ganz ins Tal, ins sogenannte Busch- und Grasland hinab. Kurz vor Hoedspruit wurden wir von zwei Reitern kontaktiert, die Lloyd mit ihren Pferden für drei Tage begleiten wollten. Das war meine Chance … Lloyd und ich besprachen, dass ich mit zwei weiteren Reitern vielleicht auch die Möglichkeit hatte, als Reiterin hinzuzustoßen. Die zwei Reiterinnen hatten einen Freund mit eingeladen, der unseren Pick-up als Assistent fahren würde und mir somit eine Auszeit vom Auto gönnen konnte. Ich war so aufgeregt und freute mich riesig! Doch am Tag vor ihrer Anreise entschied sich der Freund im letzten Moment dagegen und meine Chancen auf ein paar schöne Stunden zu Pferd waren in einem schmerzenden Moment vom Winde verweht. Lloyd sagte, dass es schon irgendwie gehen würde und ich einfach mitreiten solle, aber es machte einfach Sinn, dass ich weiterhin das Fahrzeug fuhr. Ich war bitter enttäuscht und meine Stimmung war dem Nullpunkt nahe. Es war nicht nur die verpasste Möglichkeit, zu reiten, sondern die Tatsache, dass zwei total Fremde, die wir noch nie zuvor getroffen hatten, an Lloyds Seite ritten und ich mich so sehr danach sehnte, genau das zu tun.

Sobald wir die hohen Drakensberge hinter uns ließen und weiter ins Tal rückten, nahm die Hitze wieder zu. Für die nächsten fünf Monate waren wir unnachgiebiger Hitze, Schwüle und Sommergewittern mit Temperaturen über 40 Grad ausgesetzt und damit wurde auch die Afrikanische Pferdepest zur realen Bedrohung für unsere vierbeinigen Kameraden.

Courtney & Ballantyne (Lloyd)

Ich bin recht romantisch und als Kind habe ich sämtliche Bücher, die ich über die Pioniere Afrikas finden konnte, gelesen und jedes Buch, das jemals von Wilbur Smith geschrieben worden war, habe ich quasi

45

verschlungen. Die zwei Pferde Courtney und Ballantyne, die ich in der Karoo gekauft hatte, waren selbst wahre Pioniere und nach ein paar Tagen auf einer kleinen Koppel ließ ich sie im Fort D'Acre-Reservat frei. Fort D'Acre war 1200 Hektar groß und Courtney und Ballantyne verschwanden für ein paar Tage komplett aus meinem Sichtfeld, um das Reservat zu erkunden. Jeden Tag war es eine Mühe, sie fündig zu machen, und das ist der Grund, warum ich sie Courtney und Ballantyne genannt habe. Die Familiennamen der zwei Hauptcharaktere aus Wilbur Smiths Büchern waren Courtney und Ballantyne. Die beiden waren sich sehr ähnlich, ihr Aussehen, ihr Charakter, und sie waren fleißig und willig und immer zur Arbeit bereit. Sobald sie für eine Weile keinen Kontakt mehr mit Menschen hatten, wurden sie wieder wild, da sie ihre Freiheit und Unabhängigkeit mehr als alles andere liebten. Beiden waren in ihrem ganzen Leben noch nie in einem Stall gewesen und in ihren Herzen sind sie so wild wie eine afrikanische Antilope.

Es regnete für drei volle Tage ununterbrochen und wir kamen in einem Reitstall in Hoedspruit für ein paar Nächte unter. Ballantyne und Courtney waren auf einer Koppel neben den Stallgebäuden untergebracht und bei einem unserer morgendlichen Besuche konnten wir sie nicht finden. Etwas beunruhigt fragten wir die Stallarbeiter, ob sie die zwei kleinen Füchse gesehen hätten. Die Mitarbeiter tauschten einen merkwürdigen Blick und zeigten beide gleichzeitig in die Richtung des Stallgebäudes. Ohne unser Wissen und unsere Zustimmung hatte jemand Courtney und Ballantyne einfach in einem Stall untergebracht! Als wir uns den Ställen näherten, erkannten wir klar und deutlich, wie unglücklich die zwei in ihren »Käfigen« waren! In Situationen wie diesen taten wir uns sehr schwer den Mund zu halten und obendrauf war es anscheinend ein Kampf gewesen, die beiden in die vier Wände zu zwingen … Der Reitstall war sehr gastfreundlich zu uns gewesen und wir wollten nicht undankbar erscheinen, trotzdem hegten wir heimlichen Groll auf die Person, die das Ganze veranlasst hatte.

Kapitel 3

DORT, WO DREI LÄNDER AUFEINANDERTREFFEN

LIMPOPO-PROVINZ
24. November 2009 – 26. März 2010
Gereiste Entfernung: 2708 Kilometer
Pferde: Courtney und Ballantyne
Fever und Tarwood
Himba und Roan

»Wait a little« Reitsafaris (Isabel)

Beim Limpopofluss wollten wir zwei Pferde für mich besorgen, aber ich wusste einfach nicht, wie ich es bis dahin als Autofahrerin aushalten sollte. Zwei Tage später tat sich überraschenderweise eine Möglichkeit auf, um Lloyd zu Pferd zu begleiten. Mein berühmt-berüchtigtes Knie fühlte sich gut an und ich war bester Laune, als wir gemeinsam zu »Wait a little« Pferdesafaris im Karongwe-Tierreservat ritten. Für die Nacht dort mussten Courtney und Ballantyne mit den Pferden der Safaris in einem Gemeinschaftsstall untergebracht werden, da das Reservat nur so von Löwen wimmelte. Löwen sind opportunistische Jäger, und falls man ihnen eine Chance dazu gibt, zögern sie nicht, aus einem Pferd eine Mahlzeit zu machen.

Am nächsten Morgen begleitete ich die Safaribesitzer und deren Freunde auf einen Ausritt in das Reservat. Lloyd war schon zum Aufbruch bereit, da die brennende Morgensonne einen weiteren heißen Tag ankündigte. Ich ritt mit der Safarigruppe ins Reservat und Lloyd alleine mit Courtney und Ballantyne in Richtung Ausgang, quasi in die entgegengesetzte Richtung. Ich konnte dem Drang, einen Blick über meine Schulter zurück zu Lloyd zu werfen, nicht widerstehen und zahlte dafür. Er sah einsam aus, wie er so ganz allein fortritt, und ich musste das überwältigende Bedürfnis, umzudrehen und ihm zu folgen, unterdrücken. Als wir uns am späten Nachmittag wieder trafen, sprach ich ihn darauf an und er gab ungewöhnlicherweise zu, dass er sich heute beim Aufbruch einsam gefühlt hatte. Normalerweise liebte er es, am morgen ins Ungewisse aufzubrechen, aber an diesem Morgen war es schwer gewesen, die Gruppe und mich hinter sich zu lassen und sich alleine auf den Weg zu machen.

Namensänderungen und Zufälle (Lloyd)

Nachdem ich die Stadt Tzaneen hinter mir gelassen hatte und während ich durch den Wald ritt, wurde mir wieder einmal klar, wie das Leben auf eine magische Weise irgendwie immer wieder gut ausging. Der Tag war eine absolute Katastrophe voller Frust und Verwirrung gewesen, da jedes Mal wenn ich jemanden nach einer Wegbeschreibung fragte, niemand wusste, wovon ich sprach. Erst am späten Nachmittag, nach einer scheinbaren Ewigkeit, wurde mir endlich klar, was das Problem war. Die neue Regierung Südafrikas hatte bei der Übernahme veranlasst, dass Städte- und Dörfernamen in afrikanische Namen geändert werden mussten. Ich gebrauchte eine neue Land- und Straßenkarte mit neuen Namen, aber die Einheimischen kannten die neuen Namen nicht und verwendeten immer noch die alten. Wir hatten von den gleichen Orten mit unterschiedlichen Namen gesprochen. Es war also kein Wunder, dass niemand wusste wo Modjadjiskloof lag, da es in ihren Augen immer noch Duiwelskloof hieß!

Ich ritt auf einer Straße, die mich durch den Wald führte, und sie war voller Abzweigungen und Gabelungen. Zu meinem Erstaunen aber war jedes Mal, wenn ich auf eine Abzweigung zuritt und wieder einmal über den richtigen Weg nachgrübelte, auf einmal jemand da, der mir aushalf. Die Tatsache, dass die Straße eine einsame und abgelegene Waldstraße für forstwirtschaftliche Nutzungsfahrzeuge ohne öffentlichen Verkehr war, machte das Ganze noch unglaubwürdiger. Bei der ersten Gabelung musste ich eine Brücke überqueren und wie aus dem Nichts erschienen vor mir drei Zulufrauen, die Wäsche im

Fluss wuschen. Bei der nächsten Abzweigung hörte ich, wie sich der Motor eines Traktors näherte, und bei der dritten war ich bereits abgestiegen und wartete inmitten der Abzweigung für eine Weile. Ich lauschte angestrengt in die Ferne und wurde nicht enttäuscht, als ich nach ein paar Minuten den vertrauten Klang zweier lachender Zulukinder hörte. Danach schien es reine Zeitverschwendung, Koinzidenzen zu zählen, sie geschahen jeden Tag mehr als einmal. Isabel und ich gewöhnten uns so sehr an diese leitenden »Zufälle«, dass, wenn wir nicht sicher waren, wohin wir gehen sollten, wir einfach anhielten und warteten, wir hatten so viel Vertrauen darin, dass irgendwer oder irgendetwas uns zuhilfe kommen würde … und so war es auch.

Am Morgen beim Aufbruch wussten wir meistens nicht, wo unser nächster Übernachtungsplatz war oder bei wem, aber dann trafen wir zufällig einen Landwirt, einen Fremden auf einem Fahrrad, einen Traktor oder einen Bus. Manchmal war es einfach nur jemand, der an uns vorbeifuhr und anhielt und uns einen Platz anbot oder wusste, an wen wir uns wenden konnten. Wir wurden immer zu einem sicheren Standort geleitet, 581 Mal ohne Ausnahme. Unterkünfte wurden uns in unterschiedlichster Weise angeboten, in der Form eines Zeltplatzes, einer Veranda, eines alten Busses, eines Gasthauses oder Hotels, eines Gartens, eines Straßenrandes, eines Waldstücks, eines landwirtschaftlichen Hofs, einer Hütte, einer öffentlichen unbenutzten Toilette, einer Polizeistation oder einfach nur unter einem Baum, der passend schien. Jedes Mal waren wir zufrieden und sicher für die Nacht. Wir entwickelten ein Vertrauen darin, dass alles immer zu unserem Besten ausging und dass man dem Schicksal einfach nur eine Chance geben musste …

Die Elefantenfamilie Hensmen (Isabel)

Seit ein paar Tagen schon hatten wir von verschiedenen Leuten, die wir antrafen, von der Hensmen-Familie gehört. Rory und Lindie Hensmen hatten früher in Simbabwe gelebt und dort einen der erfolgreichsten und berühmtesten Elefantensafaribetriebe der Welt geleitet. Mit der Einführung des Landforderungsgesetzes der Mugabe-Regierung hatten sie ihr Land und Gut verloren und waren aus Simbabwe geflohen. Während der Flucht konnten sie nur ein paar ihrer geliebter Elefanten retten, und was mit dem Rest geschehen war, wussten sie nicht.

Rory und Lindie luden uns ein, ein paar Tage bei ihnen zur Rast zu bleiben. Den ersten Tag verbrachten wir in der Stadt, da wir etwas am Auto reparieren lassen mussten. Leider waren die benötigten Ersatzteile noch nicht angekommen und wir mussten am nächsten Morgen einen zweiten Versuch wagen. Frustriert und enttäuscht machten wir uns auf den Weg zu Familie Hensmens Haus, wo uns eine Überraschung erwartete. Rory wurde auch der »Elefantenflüsterer« genannt und für den heutigen Nachmittag hatte er eine ganze Gruppe für ein Elefantenkennenlernen gebucht. Rory lud uns dazu ein, falls wir Interesse hätten, und wir hatten die Idee, mit den Pferden zu den Elefanten zu reiten, um auch ihnen eine Chance zum Kennenlernen zu geben. Courtney und Ballantyne kannten Büffel und Nashörner und anderes Wildtier, aber Elefanten hatten sie noch nie gesehen und man wusste nie, ob es sich eines Tages als nützlich herausstellen würde. Ich war so aufgeregt und supernervös zugleich ... Im Shamwari-Tierreservat hatte ich mit Lloyd schon einmal ein Elefantenbaby gestreichelt und sogar gefüttert, aber ein ausgewachsener Elefant war doch etwas anderes. Wir ritten auf der Schotterstraße, die sich durch die Farm wand, und dann plötzlich erblickte ich sie. Zehn riesige, atemberaubende Dickhäuter standen in einer Reihe nebeneinander und jeder hatte seinen eigenen Händler neben sich. Rory stand vor ihnen und hielt einen Vortrag für seine Gäste. Courtney und Ballantyne erblickten die unbekannten Geschöpfe und mit einem Ruck schossen ihre Köpfe hoch. Die Elefanten hatten sie natürlich auch entdeckt und mit gespitzten Ohren und angespannten Muskeln beäugten sie sie aus sicherer Entfernung. Bei unserer Annäherung hatten die zehn Kolosse gleichzeitig ihre Rüssel gehoben und erkundeten den ungewohnten Geruch unserer Pferde. Es war heiß und die Elefanten kühlten sich mit dem Fächeln ihrer riesigen

Ohren ab und wie in Zeitlupe musterten sich Pferd und Elefant gegenseitig. Beide Arten waren und sind von vergangenen und existierenden Kriegen betroffen. Für einen Moment war die Luft wie mit Magie gefüllt und die Zeit schien stillzustehen … Nach einer Weile spürte ich, wie die Spannung aus Ballantyne an meiner Seite wich und im selben Moment ließen die Elefanten ihre Rüssel langsam fallen. Der Moment und der Zauber waren vorüber und ein stilles Friedensabkommen war unterzeichnet worden.

Nach einer Geste von Rory kam einer seiner Treiber auf uns zu und bot an die Zügel von Courtney und Ballantyne zu übernehmen. Ich wollte meine Zügel nicht aufgeben, da ich auf einen weiteren magischen Moment hoffte, doch Lloyd machte eine ungeduldige Geste und widerstrebend gab ich die Zügel auf und beobachtete, wie der Treiber beide ins Gras führte. Der Elefant, der mir zugeteilt wurde, hieß Temba, und als ich mich ihr näherte, fiel Temba auf ihre Knie, um mich aufsteigen zu lassen. Etwas in dieser selbst aufgebenden Geste schnürte mir die Kehle zu und mit wackligen Beinen stieg ich auf. Tembas Rücken war breit und wäre da nicht die Decke gewesen, hätten ihre kurzen, dicken Haare mich gestupft. Es fühlte sich an, als ob man auf einer sich bewegenden Trommel mit gespreizten Beinen saß und ein kurzer Ritt durch den Busch genügte, um mir klarzumachen, dass ich einen Pferderücken viel bequemer als den eines Elefanten fand.

Im Krüger-Nationalpark und anderen Parks hatte ich Elefanten schon zuvor gesehen, aber sie zu berühren und ihnen so nah zu sein war überwältigend. Rorys Elefanten waren alle Waisenkinder und wurden als sogenannte »Problemtiere« abgestempelt. Rory hatte jeden Einzelnen in seine Herde aufgenommen und sie damit vor dem sicheren Tode bewahrt. Nach Monaten der vorsichtigen Integration in die Herde gewann er langsam ihr Vertrauen und dann begann er das Training mit ihnen. Falls der Elefant nicht mit ihm interagieren wollte, musste er nicht, da Rory nur mit Elefanten arbeitete, die freiwillig dazu bereit waren. Bisher wollte jeder Elefant, der jemals zu Rory gebracht worden war, den Umgang mit ihm. Rory erklärte, dass »Problemtiere« nur entstehen, weil der natürliche Lebensraum der

Elefantenherden Afrikas kleiner und kleiner wurde. Die Menschheit zwinge sie in immer kleinere Gebiete und verschließe ihre instinktiven Migrationsrouten mit Zäunen und Bauprojekten. Durch die Arbeit, die Rory und seine Familie verrichteten, waren sie zu Botschaftern der Erhaltung des Afrikanischen Elefanten geworden und seine Safaris und die Interaktion diente der Bildung und Erweiterung des menschlichen Mitgefühls für diese Giganten und somit ihrer Erhaltung.

Nach dem Ausritt brachten Rory und seine Treiber die Elefanten zurück in ihre Laufställe, um sich von den Gästen zu verabschieden, und mein Blick fiel auf diese sanften Giganten hinter soliden Holzpfosten und tiefe Traurigkeit erfasste mich. Ich stellte mir vor, wie sie frei und wild durch die afrikanische Steppe wanderten, und ich wünschte mir, dass die Welt ein anderer Ort wäre. Ein Ort an dem Tiere und Menschen nebeneinander leben konnten und an dem Tiere nicht von einer überwältigenden Menschenmasse verdrängt und ausgelöscht wurden.

Als ich aufblickte, waren Rorys Gäste weg und die Tore der Laufstelle wurden wieder geöffnet, da jetzt der Spaßteil des Tages begann. Die Treiber saßen auf ihre Elefanten auf und führten sie zum nahe gelegenen Stausee, in dem unter freudigen Lauten ein Gespritze stattfand. Nach meinen düsteren Gedanken von vorher erfüllte mich dieses Bild mit Freude. Von der gegenüberliegenden Seite des Stausees aus beobachteten wir das Treiben eine ganz Weile lang, und als die Sonne unterging, saßen die Treiber wieder auf, um wie jeden Abend Rorys Kühe in Richtung des Laufstalles zu drängen. Elefanten als Kuhhirten … Was für ein besonderer Tag es doch gewesen war.

Zu den Soutpansbergen (Lloyd)

Als ich eine lange, staubige Straße in Richtung der Soutpans-Bergkette entlangschlenderte, bemerkte ich, wie sich nach einem heißen Tag am Horizont Sturmwolken zusammenbrauten. Die Dämmerung brachte etwas Abkühlung, während ich im Scheinwerferlicht des Pick-up die Straße entlangritt. Zwei besonders mutige Schakale beobachteten uns über eine Distanz hinweg und begannen uns für eine Weile zu umkreisen. Wir fanden einen passenden Campingplatz am Straßenrand und errichteten einen Zaun für Courtney und Ballantyne und nach einem schnellen Abendessen bauten wir unser Zelt auf und richteten uns für die Nacht ein. Kurz vor dem Schlafengehen verließ ich unser Zelt noch einmal, um nach den Pferden zu sehen. Ich blickte in die Ferne und sah gewaltige Blitze und dachte noch, dass es nicht mehr allzu lange war, bis der Sturm uns erreichen würde. Damit drehte ich mich um und ein Schmerz schoss mir in die Ferse, als ich in einen Dorn trat. Isabel versuchte über eine ganze Stunde den Dorn aus meiner Ferse zu graben, während ich mit geschlossenen Augen und unter Schmerzen dalag. Es war vergeblich. Der Dorn war tief in meiner Ferse verschwunden und wir entschieden die weitere Suche auf morgen zu verschieben.

Später traf uns der Sturm mit voller Wucht und durchnässte unser Zelt, unsere Schlafsäcke und alles, was sonst noch im Zelt war. Als wir am nächsten Morgen zusammenpackten, schüttete es immer noch wie aus Eimern und mein Fuß schmerzte sehr stark, während ich auf Courtney zuhinkte, um aufzusteigen. Mit einem sinkenden Gefühl wurde mir klar, dass ein sehr langer und harter Tag vor mir lag.

(Isabel)

Am späten Nachmittag humpelte Lloyd qualvoll und langsam die Straße entlang. Ich hielt es einfach nicht mehr aus und bot an, dass ich für eine Weile mit den Pferden laufen könnte, sodass er seinem Fuß und dem Schmerz eine Pause geben konnte. Seine Antwort kam unerwartet harsch und wie aus der Pistole geschossen: »Nein danke, das will ich nicht!« Damit wollte er die Sache auf sich beruhen lassen, aber ich verstand einfach nicht, warum, und bohrte nach. Nach einem Seufzer, der seine Irritation deutlich machte, sagte er: »So eine Reise ist voller Herausforderungen und Schwierigkeiten und niemand hat gesagt, dass es einfach werden würde. Falls es einfach wäre, würde jeder auf so eine Reise gehen, und etwas Schmerzen in meinem Fuß kann ich schon vertragen, ohne gleich aufzugeben und an jemand anderen abzugeben!« Diese Aussage und mein wachsender Frust darüber, dass ich im Fahrzeug festsaß, brachte meinen Kopf zum Überkochen. Wie konnte man denn so stur und blöd sein?! Falls ich ein paar Kilometer mit den Pferden lief, hieß das doch nicht, dass er seinen Teil nicht erfüllen würde! Ich wollte doch nur ein paar Minuten aus dem Auto heraus und mir die Beine vertreten und nicht »seinen« Teil des Ritts komplett übernehmen. Die Tatsache, dass er meine Sicht der Dinge überhaupt nicht verstand oder verstehen wollte, machte mich wütend und unter Tränen ließ ich Lloyd stehen und fuhr die nächsten Stunden ohne ein weiteres Wort vor ihm weg.

Wir hatten an die 35 Kilometer zurückgelegt, als ich während einer Pause bemerkte, dass Courtneys Hinterbein sich warm anfühlte und leicht geschwollen war. Ich war besorgt darüber und teilte Lloyd meine Entdeckung mit eisiger Stimme mit. Wir wollten keine ernste Verletzung riskieren und deshalb entschied Lloyd, dass er Courtney und Ballantyne die übrigen zwanzig Kilometer allein zu Fuß nach Leshiba in den Soutpansbergen führen wollte. Regen und Nebel hatten uns den ganzen Tag über begleitet und bei Ankunft war es schon stockdunkel. Wir machten uns daran, die Pferde zu versorgen, und nach einem kurzen und ungemütlichen Abendessen unter Schweigen bat Lloyd mich um eine Entzündungs- und Schmerztablette. Leshiba Wilderness lag im Herzen der Soutpansberge und wurde von Steve und Kerry Baytop geleitet. Lloyd hatte erwähnt, dass sie ihm bekannt vorkamen, aber nur durch Zufall entdeckten wir, dass er sie aus seiner Zeit in Botswana als Ranger kannte. Wir rasteten für zwei Tage in Leshiba und am Abend des zweiten Tages entfernte ich einen zwei Zentimeter langen Sichelbuschdorn aus Lloyds Ferse.

Route durch die Soutpansberge (Lloyd)

Beim Aufbruch von Leshiba hatte ich keine Ahnung gehabt, was für ein Tag vor mir lag! Ein Tag voller Spannung, Aufregung, Abenteuer, Schwierigkeiten und unzähligen Sackgassen – genau so, wie ich es am liebsten hatte! Wir hatten mithilfe der Leitung Leshibas eine

Route besprochen, welche mich in nördlicher Richtung tief in die Soutpansberge führen würde. Die Frage aber, ob ich es durch die Berge schaffen würden, konnten sie jedoch nicht beantworten und es blieb deshalb ungewiss. Anscheinend hatte es jemand zuvor mit einem Fahrrad geschafft und das war bestimmt nicht einfach gewesen, aber ein Fahrrad konnte wenigstens auf der Schulter über Hindernisse getragen werden, aber mit einem Pferd war das eher nicht möglich. In letzter Zeit hatten wir oft den Vergleich mit einem Quadbike genutzt, wenn wir nach Wegbeschreibungen fragten. Falls die Route von einem Quadbike befahren werden konnte, dann war es auf jeden Fall auch mit einem Pferd möglich. Isabel hatte sich für den Tag verabschiedet, um in Louis Trichard Pferdefutter und Essensvorräte zu besorgen. Sie hätte mit dem Auto sowieso nicht durch die Berge gekonnt und wir beschlossen, gegen Ende des Tages wieder in Kontakt zu treten.

Nach ein paar Tagen unter ständigen Gewittern und Regen war der Sandfluss zum Platzen gefüllt und die Strömung pulsierte nur so durch den Flusskanal. Der Fluss musste einige Male überquert werden und Courtney und Ballanytne waren wirklich erstaunlich. Wir hatten schon viele Flüsse gemeinsam überquert, aber heute mussten sie vom steinigen, steilen Ufer aus in den Fluss springen und dann ans andere Ufer schwimmen. Es gibt nicht viele Pferde, die so etwas ohne Weiteres meistern, und ich war ungemein stolz auf die beiden. Das Tal, durch das sich der Fluss schlängelte, war mit Sichelbüschen fast komplett zugewachsen und ich verbrachte Stunden damit, einen Pfad mit meiner Panga (südafrikanische Bezeichnung für eine Art Sichel) in die Büsche zu hacken. Dann führte ich meistens erst Courtney durch die Büsche und ließ Ballantyne einfach alleine ohne Führstrick folgen. Doch dieses Mal warf ich einen Blick über meine Schulter zurück, um nach Ballantyne zu sehen, und der war nicht zu sehen. Eilig band ich Courtney an einem Baum an und lief durch die Büsche zurück auf der Suche nach Ballantyne. Nur ein paar hundert Meter entfernt fand ich ihn, aber es schien, als ob er im Gebüsch feststeckte. Ich lief auf ihn zu, nahm seinen Führstrick in die Hand und versuchte ihn mit beruhigenden Worten anzuführen. Doch Ballantyne stand nur stocksteif da und rührte keinen Muskel. Das war ungewöhnlich und deshalb ging ich auf meine Knie, um seine Beine und seinen Bauch auf eventuelle Verletzungen zu untersuchen, und dann entdeckte ich, warum er sich nicht bewegte: Eine dünne Drahtfalle hatte sich über seinem Huf und seiner Fessel zugezogen! Wilderer oder Einheimische legten solche Fallen aus, um Kleintiere zu jagen, und mit einer fließenden Bewegung meines Taschenmessers schnitt ich die Falle geschwind los. Zu meiner absoluten Erleichterung hatte Ballantyne einfach nur ganz ruhig dagestanden, anstatt in Panik zu geraten. Unter einem panischen Befreiungsversuch hätte das Kabel glatt durch seine Muskeln und Sehnen geschnitten und der bloße Gedanke daran machte mich schwindlig!

Anscheinend gab es im Sandfluss keine Krokodile, aber jedes Mal, wenn wir den Fluss auf Brusthöhe überquerten, rieselten mir kalte Schauer über den Rücken. Große Strudel und dunkle Wellen waren an der Wasseroberfläche sichtbar, und als eine riesige Barbe gegen mein Bein prallte, verließen mich fast meine Nerven und ein Schrei entglitt mir, dem zum Glück niemand Zeuge wurde. Wie schon einige Male zuvor hatten uns Einheimische erzählt, dass in diesem Fluss keine Krokodile lebten, und wir hatten später das Gegenteil festgestellt!

Ja, Krokodile konnten gefährlich und furchteinflößend sein, aber was als nächstes kam, sprengte fast den Rahmen: An manchen Stellen auf dem Weg durch das Tal mussten wir an alten Eisenbahnschienen entlangreiten, was grundsätzlich kein wirkliches Problem darstellte. Die Gleise sahen kaum benutzt aus, und falls ein Zug kam, konnten wir einfach auf die Seite ausweichen, aber mit einem Tunnel hatte ich nicht gerechnet! Ich band Courtney und Ballantyne an einem naheliegenden Busch an und machte mich daran, den Tunnel zu erkunden. Wie gewöhnlich war ich sehr gründlich und kalkulierte die Länge und Breite des Tunnels, wie lange wir brauchten, um ihn zu durchqueren, und ich schaute mich nach möglichen Fluchtwegen um. Bevor ich zu meiner endgültigen Entscheidung kam, legte ich wie im Film mein Ohr auf die Gleise, um nach dem Geräusch eines sich nähernden Zuges zu lauschen. Bis auf mein Herzklopfen war aber nichts zu hören. Dann, ohne weitere Verzögerung, ging ich auf die Pferde zu, band sie los und gemeinsam eilten wir durch den Tunnel. Wir schafften es ohne ein gekrümmtes Haar auf die andere Seite des Tunnels und ich muss zugeben, dass das sogar für mich genug Adrenalin für einen Tag gewesen war!

Etwas später, kurz vor Sonnenuntergang, trafen wir uns mit Isabel in einem Ort namens Waterpoort wieder. Mit einem typischen Einkaufstag hinter sich schien sie etwas aufgewirbelt, aber sie hatte sogar die Zeit genutzt, um Mails zu beantworten und unsere Homepage auf den neuesten Stand zu bringen.

Limpopohitze steigt (Isabel)

Der Sommer war nun mit täglich steigenden Temperaturen in vollem Gange und die nächsten drei Tage ritten wir durch Waterpoort und Mopane bis nach Mussina. Mussina ist eine mittelgroße, recht schmuddelige Stadt, die direkt an der Grenze zu Simbabwe liegt. Der Grenzposten in Mussina ist der größte zwischen Südafrika und Simbabwe und grundsätzlich herrscht dort hektisches, fast manisches Treiben. Jeden Tag vor Sonnenaufgang bilden sich kilometerlange Warteschlangen aus Menschenmassen und Fahrzeugen, die nie abbrechen, und bei Sonnenuntergang, wenn der Grenzposten seine Tore schließt, verstreuen sich die Wartenden in die Umgebung, nur um sich am nächsten Morgen wieder zu versammeln.

Als wir in Mussina ankamen, waren die Temperaturen in die 40er-Grade gestiegen und wir standen grundsätzlich um drei Uhr morgens auf, um der Hitze des Tages zu entkommen. Normalerweise machten wir uns dann für ein paar Stunden auf den Weg und ab zehn Uhr saßen wir im Schatten und machten eine Siesta bis in den späten Nachmittag. Es war so heiß, dass jedes Mal, sobald wir Courtney und Ballantyne abgesattelt hatten, sie sich sofort im Sand rollten, um den nassen Schweißfilm auf ihren Rücken loszuwerden. Nach Stunden des Herumsitzens in der Hitze ging es bis weit in die Dunkelheit zum nächsten Übernachtungsplatz weiter. Der Boden in dieser Gegend der Limpopo-Provinz war mit kleinen schwarzen Steinen bedeckt, die tagsüber die Hitze absorbierten und diese bis weit in die Nacht hinein abstrahlten, und die Nächte und frühen Morgenstunden waren deshalb auch nicht viel kühler, aber gaben wenigstens etwas Erleichterung.

Das frühe Aufstehen funktionierte für ein paar Tage recht gut, aber leider war es keine optimale Lösung für alle. Falls wir bei jemandem übernachten durften, schafften wir es so gut wie nie vor 22 Uhr ins Bett und in der Frühe nach zu wenig Schlaf mussten wir uns aus dem Hause schleichen, während unsere Gastgeber noch tief schliefen. Nach Wochen in der Hitze stellten wir fest, dass die heißeste Zeit des Tages der späte Nachmittag war, da die sinkende Sonne den ganzen Körper anstrahlte. Die brütende Mittagshitze schien irgendwie kühler, da die Sonne nur auf den Kopf und die Schultern traf. Viele Wochen, sogar Monate verbrachten wir in einer Hitze, die kaum auszuhalten war, und unsere Körper waren für vier Monate ständig mit einem Film aus Schweiß und Schmutz bedeckt.

Richtung Westen (Lloyd)

Liezl Kruger, unsere Gastgeberin in Mussina, erzählte uns nach einem leckeren Abendessen eine fürchterliche Geschichte. Liezl war früher viele Ausdauerritte auf ihrem Araberhengst geritten und an einem der härtesten und längsten Rennen der Welt nahmen sie als Favoriten teil. Fourie Smith ist ein 200 Kilometer langes Rennen über drei Renntage und während des zweiten Tages knallte ein Motorradfahrer in ihren Hengst und er war sofort tot. Liezl hatte unglaubliches Glück gehabt und überlebte den Aufprall mit leichten Verletzungen. Während sie uns über diese Tragödie berichtete, stiegen Tränen in ihren Augen auf und es war offensichtlich, dass sie den Verlust ihres geliebten Araberhengstes noch betrauerte. Später, während wir in der Bar des Hauses auf dem Boden kampierten, sprachen Isabel und ich über den Vorfall und die Risiken eines potenziellen Unfalls mit unseren Pferden waren mir umso mehr bewusst.

Nach zwei Tagen Rast in Mussina brachen wir kurz vor Sonnenaufgang wieder auf. Von hier aus war die generelle Richtung, die wir bis zur Westküste Südafrikas einhalten mussten, Westen. Ich führte Courtney gemächlich zu Fuß und der aufgesattelte Ballantyne folgte uns in sicherem Abstand, während er immer wieder einmal anhielt, um einen Happen Gras zu fressen. Plötzlich wurde die friedliche Stille von einem Tier, das durch das nahe liegende Gebüsch davonpolterte, unterbrochen. Die Steigbügel hingen quer über dem Sattel, aber als Ballantyne erschrak und auf uns zutrabte, fielen sie durch seine plötzliche Bewegung herunter und zogen den Sattel unter seinen Bauch. Nach dem ersten Schrecken gab das Ballantyne den Rest und er schoss unter Panik wie ein Blitz an uns vorbei und war weg. Isabel und ich folgten Ballantynes Spur, die mit meinen Sachen aus der Satteltasche klar markiert war, und nach einer Stunde Suche fanden wir ihn endlich. Er stand in einem Feld mit dem Sattel immer noch unter seinem Bauch hängend und war sichtlich aufgerüttelt, schien aber ansonsten bis auf einen kleinen Kratzer an seinem Vorderbein weitgehend unversehrt.

Pferde sind Fluchttiere, und wenn sie sich bedroht fühlen, ist es ihr natürlicher Instinkt, von der Gefahr wegzurennen. Das ist eines der größten Unterschiede zwischen einer Reise mit einem Pferd oder einem Fahrrad, einem Motorrad, zu Fuß oder in einem Kanu. Wenn man zu Pferd reist, muss logistisch so viel mehr beachtet werden. Pferde brauchen Wasser, Futter, Rast, eine sichere Umgebung und Unterschlupf, manchmal Medikamente, und diese Bedürfnisse muss man rund um die Uhr für 24 Stunden am Tag berücksichtigen. Darüber hinaus spielen die unterschiedlichen Persönlichkeiten der Pferde und ihre angeborenen Instinkte eine große Rolle und müssen beachtet werden. Und nicht zuletzt das Terrain, in unserem Fall zählten dazu Tierreservate, hektische Straßen, Flüsse, dichtes Gebüsch, Hitze, der Boden, Abhänge und Gebirge und so vieles mehr.

(Isabel)

Etwa eine Stunde später bemerkte Lloyd, dass Ballantyne etwas lahm am rechten Vorderbein war. Wir wollten keine ernsthafte Verletzung riskieren, also fuhr ich voraus, um einen geeigneten Rastplatz auf einer Farm oder in einem Reservat für uns zu finden. Von Anfang an hatten wir beschlossen, dass das Wohlergehen unserer Pferde an erster Stelle stand, und falls sie je erkranken oder sich verletzten sollten, war es selbstverständlich für uns, dass wir warteten und sie pflegten bis es ihnen besser ging. Für uns kam es nicht infrage, sie bei Fremden zu lassen oder sie mit anderen Pferden austauschen, nur damit wir weiterreiten konnten.

Nach fünf weiteren Kilometern an der Grenzstraße entlang hielt ich an einem Tierreservat an und rief die Nummer, die am Eingangstor stand, an. Eine ältere Dame nahm den Hörer ab und im selben Moment erkannte ich den schweren deutschen Akzent, mit dem sie Englisch sprach. Ich wechselte ohne Überlegung vom Englischen ins Deutsche und die Dame auf der anderen Seite des Hörers erwärmte sich mir gegenüber sofort. Dann erzählte ich ihr, was wir machten und dass wir Hilfe brauchten, und ohne Zögern bot sie uns einen Platz in ihrem Gästehaus an mit den Worten, dass wir so lange, wie wir wollten, bleiben durften. Wieder einmal reichte uns ein ungekannter Fremder einfach so eine helfende Hand und in diesem Fall war es ein Fremder aus meiner Heimat.

Lloyd war nicht weit hinter mir, und sobald er aufgeschlossen hatte, betraten wir das Reservat und versorgten die Pferde. Das freundliche deutsche Ehepaar Lempertz lud uns zum Abendessen ein, und während des Essens entstand eine sehr interessante Unterhaltung. Das Paar lebte seid 20 Jahren in Südafrika und ich hatte viele Fragen, die sie offen und ehrlich beantworteten. Die beiden waren nicht mehr jung und mit sichtbarer Erschöpfung im Gesicht erzählten sie mir über die Schwierigkeiten mit ihren Mitarbeitern und die täglichen Herausforderungen der Zusammenarbeit in einem Dritte-Welt-Land. Die Mitarbeiter seien zum größten Teil ungebildet und es entstünden oft Konflikte, die schwer zu beheben waren. Als Frau

Lempertz herausfand, dass ich erst seit ein paar Jahren in Südafrika lebte, sagte sie mit einem tiefen Seufzer: »Mein liebes Mädchen, ich lebe hier seid 20 Jahren und ich verstehe gewisse Sachen immer noch nicht. Jeden Tag lerne ich etwas Neues über andere Traditionen und Kulturen und leider auch kulturell verwurzelte Formen des Rassismus.«

Ihre Aussagen besorgten mich etwas, da wir in den letzten Wochen eine gewisse Unruhe und sogar Angst unter den Farmern in der Provinz bemerkt hatten. Es wurde viel über den damaligen ANC-Youth-League-Präsidenten Julius Malema gesprochen, der in der ANC-Partei durch seine energische und selbstbewusste Art schnell aufgestiegen war und sich selbst als den schwarzen Diamanten bezeichnete. Während unserer Zeit in der Limpopo-Provinz, Julius Malemas Heimatprovinz, stimmte er ein Hetzlied »Shoot the Boer« (Erschießt den Buren/Farmer) öffentlich an und wir hörten über Farmer, bei denen wir übernachteten, dass Farmer im Land ermordet worden waren. Es gab keine Berichte darüber, dass es in Verbindung mit Malemas Lied stand, aber die Farmer waren außer sich und konnten für Wochen über nichts anderes sprechen. Seine radikalen Äußerungen und das Singen des Liedes brachten Malema die Bezeichnung »Revolverschnauze« ein, aber auch die Sympathie der Youth League und der südafrikanischen Jugendlichen.

Trotzdem fühlten wir uns während der Reise nicht ein einziges Mal bedroht oder in Gefahr, aber die Unruhe war ansteckend und ich konnte sie manchmal nicht abschütteln. Vor Monaten hatten wir beschlossen, dass wir bei Erreichen des Limpopoflusses eine längere Rast einlegen wollten, um zwei weitere Pferde für mich zu suchen. Ballantynes Bein war nichts Ernstes, aber es schien, das jetzt der richtige Zeitpunkt für diese Rast gekommen war. Durch Zufall trafen wir auf den Farmer Wessel Koen, der eine Orangenplantage direkt am Limpopofluss besaß. Wessel war ein begeisterter Polospieler und hatte genug Platz für unser Gespann und wir fanden für zwei Wochen Unterschlupf auf seiner Farm.

Die lange Wartezeit ist vorüber (Isabel)

Bei meiner Rückkehr nach Südafrika hatten Lloyd und ich noch in Durban besprochen, wo ich als Reiterin hinzustoßen würde. Die Konfluenz des Limpopo- und Shasheflusses schienen passend, ein Ort, an dem zwei gewaltige Flüsse sich zusammenfügten und sich gemeinsam auf eine schwierige Reise zum Ozean machten. Lloyd sagte, dass wir beide wie die Flüsse zusammengekommen waren und jetzt gemeinsam auf eine lange und schwierige Reise zum gleichen Ziel gingen.

Um es kurz zu machen, ich war einfach nur aus dem Häuschen darüber, dass ich endliche als Reiterin hinzustoßen konnte. Mein Knie war verheilt und ich war mir sicher, dass ich die Strapazen und langen Tage, die vor mir lagen, aushalten konnte. Die frustrierenden und langweiligen Tage, die ich in einem Auto eingesperrt verbracht hatte, waren vorbei. Natürlich hieß das auch, dass sich ohne Hilfe vieles ändern würde, aber wir waren positiv und hofften auf das Beste.

Unser Originalplan beinhaltete eine drei Tage lange Autofahrt mit Hänger in die Ostprovinz, um dort zwei von Lloyds Safaripferden für mich zu holen, aber im letzten Moment änderte Lloyd seine Meinung. Seine Begründung war, dass es doch einen Versuch wert wäre, in der Nähe nach passenden Pferden zu suchen, aber ehrlich gesagt war ich skeptisch und davon nicht wirklich überzeugt. Der Kauf eines neuen Pferdes war nicht so einfach und es gab keine Garantie für das Temperament oder den Charakter des Pferdes. Man konnte sich sehr leicht täuschen und für die Reise benötigten wir ruhige, freundliche und vor allem entspannte Pferde, die sich nicht vor Kleinigkeiten erschreckten oder aus der Ruhe bringen ließen. Finanziell waren wir nicht in der Lage, Pferde zu kaufen, und es gab kaum einen Besitzer, der seine Pferde einfach so ausleihen wollte. Es war wirklich kein leichtes Unterfangen. Ich war davon überzeugt, dass es eine schlechte Idee war, und wir stritten darüber. Natürlich verstand ich Lloyds Ansicht und ich war auch nicht wirklich an einer Dreitagesreise im Auto interessiert, aber gleichzeitig wollte ich ein-

fach zwei Kameraden für den Ritt, die ich kannte und denen ich vertrauen konnte. Zähneknirschend stimmte ich einem Besuch der lokalen Pferderettungseinheit zu, aber ich hatte wenig Hoffnung. Pferde,
die ihren Weg in die Rettungseinheit finden, sind oft misshandelt
worden und haben Vertrauensängste Menschen gegenüber.

Nach tagelanger erfolgloser Suche wendete sich Lloyd als letzten
Ausweg an seinen alten Freund Christo. Christo war der Besitzer des
Safariunternehmens in Kaapsehoop und man glaube es kaum, er war
dazu bereit, uns zwei Pferde für die Dauer des Ritts zu leihen. Er
sagte am Telefon, dass wir einfach vorbeikommen sollten, um uns
Fever und Tarwood anzusehen, und dass wir sie auch auf einem
Ausritt ausprobieren konnten. Es war kurz vor Weihnachten und wir
entschieden, dass wir, bevor wir die beiden abholten, ein paar Tage
im Mashatureservat, in dem Lloyd vier Jahre lang gearbeitet hatte, zu
verbringen. Cor und Louise waren Bekannte von Lloyd und das
junge Paar leitete ein Safariunternehmen in Mashatu, welches nur
knapp jenseits der südafrikanischen Grenze in Botswana lag. Die
beiden hatten uns gefragt, ob wir auf ihr Unternehmen, ihre 40 Pferde
und ihre drei Hunde für die Weihnachtsfeiertage aufpassen konnten,
da sie dringend eine Auszeit mit ihrem Sohn brauchten. Der Limpopofluss bildete die Grenze zwischen den Ländern und wir reisten für
drei Tage zwischen Botswana und Südafrika hin und her, um weiterhin nach Courtney und Ballantyne zu sehen, die auf Wessels Farm
auf der anderen Seite des Flusses waren.

Isabels Tagebucheintrag vom 24.12.2009/25.12.2009

*»Heute ist Heiligabend und ich vermisse meine Familie und Daheim
so sehr! Lloyd ist nicht wirklich in Weihnachtsstimmung und das
machte den heutigen Tag nicht einfacher. Es ist so heiß, es liegt kein
Schnee und nichts, wirklich gar nichts hier erinnert mich an Weihnachten daheim. Alles ist so fremd … Handyempfang ist sehr schlecht
und unregelmäßig und durch puren Zufall hatte ich für fünf Minuten
Empfang, während wir auf der südafrikanischen Seite waren. Mama*

hat es Gott sei Dank geschafft, mich in dem kleinen Zeitfenster anzu-
rufen und ich war so glücklich, als ich ihre Stimme hörte, dass ich in
Tränen ausgebrochen bin. Weihnachtszeit ist Familienzeit und ich
war so unglaublich weit weg von meiner Familie. Ich glaube, Lloyd
leidet nicht so sehr darunter, von seiner Familie entfernt zu sein.

Nach dem Telefonat ging es mir etwas besser und ich gab mir
Mühe, den Tag freundlicher zu gestalten und backte einen Kuchen,
um uns in Weihnachtsstimmung zu bringen. Etwas später klopfte es
an der Haustüre und wir öffneten verwundert, da wir keine Gäste
erwarteten und das nicht unser Haus war. Zwei jugendliche Buben
standen in der Tür und stellten sich als die Söhne von Kerry und Steve
Baytop von Leshiba Wilderness vor. Es war bestimmt drei Monate
her, seit wir Kerry und Steve in Leshiba angetroffen hatten (der Tag,
an dem Lloyd in einen Dorn getreten war) und jetzt waren sie in
Botswana und luden uns zum Weihnachtsessen am 1. Weihnachts-
feiertag ein. Ich spannte es erst überhaupt nicht und konnte es nach
zweimaligem Nachfragen immer noch nicht glauben. Kerrys Bruder
arbeitet auf einem Reservat hier in der Nähe und durch Zufall hatten
sie herausgefunden, dass wir keine 30 Minuten Autofahrt von ihnen
entfernt in Botswana waren. Das festliche Mittagsessen am nächsten
Tag war auf einer riesigen Tafel unter einem uralten Mashatu Baum
ausgebreitet worden. Der Ausblick auf den Limpopofluss war atem-
beraubend und inmitten der fremden Familie fühlte ich plötzlich den
wahren Weihnachtszauber aufsteigen. Das fühlte sich wie Weihnach-
ten an, nur in einer anderen Hemisphäre.«

Zum Glück war Kaapsehoop nur eine Tagesreise entfernt und
nach unserer kurzen Weihnachtspause machten wir uns auf den Weg.
Courtney und Ballantyne blieben bei Wessel Koen, der netterweise
angeboten hatte auf die beiden achtzugeben, während wir unterwegs
waren. Am selben Tag noch trafen wir Fever, ein fuchsfarbener
Boerpferdwallach mit feurigem und willigem Temperament, und
Tarwood, eine Kreuzung aus einem Warm- und Kaltblut mit sehr ent-
spanntem Charakter. Fever war klein und es stand außer Frage, dass
ich ihn reiten würde, und Christo hatte einen Ausritt für uns geplant.
Wir waren keine 500 Meter aus der Arena geritten, als Fever plötz-

lich genug davon hatte, nur im Schritt hinter seinem Vordermann zu laufen, und losbuckelte. Vielleicht hatte er ein paar Tage nicht gearbeitet und war einfach froh draußen zu sein und ich mochte Pferde, die etwas temperamentvoller waren. Es war nur ein kurzer, unauffälliger Ausbruch und Fever beruhigte sich schnell wieder, deshalb machte ich mir nicht weiter Gedanken darüber.

Am nächsten Morgen sagte Christo, dass er Fever ein mildes Beruhigungsmittel spritzen wollte, da er nicht wusste, wie er auf den Anhänger reagieren würde. Nachdem wir sie verladen hatten, machten wir uns auf den Weg zurück zum Limpopofluss und zu Courtney und Ballantyne. Die Fahrt hätte unter normalen Umständen etwa sechs Stunden gedauert, aber einer der Reifen am Anhänger hatte einen Platten und das musste erst repariert werden. Leider war es Sonntag und alle Läden in diesem kleinen, schmuddeligen Dorf, in dem wir uns befanden, waren geschlossen und für eine Weile sah es wirklich so aus, als ob wir festsaßen. Doch einer der Gründe, warum ich Südafrika so faszinierend finde, ist die Art und Weise, wie eine Lösung für solch ein Problem gefunden werden kann. Lloyd hielt einfach einen Einheimischen an, der in einem uralten, verrosteten BMW an uns vorbeifuhr, erklärte ihm die Situation und fragte, ob er jemanden kennen würde, der seinen Reifen reparieren konnte. Der Mann sagte, dass nicht weit von hier ein Mechaniker lebe, der vielleicht bereit dazu war, sich darum zu kümmern, und dass er uns das Haus zeigen würde. Wir fuhren hinter ihm her und am Haus stiegen er und Lloyd aus, um den Hausherren/Mechaniker zu treffen. In der afrikanischen Kultur ist es sehr unhöflich, direkt zum Grund des Besuches zu kommen. Jede beteiligte Person wird erst begrüßt und gefragt, wie es ihm geht, wie es der Frau und der Familie geht, und das macht die Runde, bis alle dran waren. Dann wird über das Wetter und Allgemeines gesprochen und ich beobachtete eine zwanzig Minuten lange Unterhaltung, die unter vielen Gesten und Rufen stattfand, bevor der Mechaniker das erste Mal einen Blick auf den Anhänger und den betroffenen Reifen warf. Nach einer Verhandlung, die auf jeden Fall schlecht für uns ausging, einigten sich alle auf einen Preis und der Reifen konnte repariert werden. Diese kleine

Episode verlängerte unsere Reise um einiges, aber Fever und Tarwood manschten fröhlich ihr Heu und tranken Wasser aus einem Eimer.

Simbabwegrenze (Lloyd)

Gemeinsam machten wir sechs uns auf die Reise am mächtigen, grau-grünen und schmutzigen Limpopofluss entlang. Isabel ritt Fever und Ballantyne und ich Courtney und Tarwood. Es war ein berauschendes Hochgefühl, dass wir letztendlich gemeinsam auf derselben Reise waren!

Anscheinend lebten auf dieser Höhe des Limpopoflusses keine Krokodile und die Bauern erlaubten ihren Kindern sogar im Fluss zu schwimmen. Stellenweise überquerten wir den Fluss, wobei uns das Wasser manchmal bis auf Brusthöhe reichte, da das Flussufer auf der südafrikanischen Seite mit Gebüsch regelrecht zugewachsen war, an diesem ersten Tag mit Fever und Tarwood bis zu zwanzig Mal. Das bedeutete, dass wir viel mehr auf der simbabwischen Seite des Flusses als auf der südafrikanischen ritten, und sobald das Gebüsch auf der südafrikanischen Seite durchdringbar aussah, gingen wir zurück auf die andere Seite. Die Landschaft um uns herum war atemberaubend und ich hatte für vier Jahre in ähnlichem Buschfeld in Botswana gelebt und fühlte mich deshalb wie zu Hause. Ich liebte es, auf der simbabwischen Seite zu reiten, und der Gedanke, dass wir auf Wildtiere oder simbabwische Polizei stoßen konnten, gab uns einen mächtigen Adrenalinstoß. Die Sonne, die hinter dem Horizont verschwand, tauchte alles in einen rot leuchtenden Schimmer. Ich konnte die rote Erde unter unseren Füßen riechen, und als die Hitze des Tages gewichen war, hörte ich, wie ein Frankoline durch die Stille rief! Was für ein Tag, ich war in meinem Element ...

Unsere letzte Überquerung zurück auf südafrikanischen Boden geschah im Dunkeln und der tiefe Fluss schimmerte kohlrabenschwarz unter uns. Wir waren nicht weiter darüber besorgt, aber der nächste Morgen wurde wahrlich zum Augenöffner! Wir ritten unbedacht und heiter am Fluss entlang, als wir plötzlich mehrere Krokodile entdeckten, die sich auf der anderen Uferseite in der Sonne aalten! So viel dazu, dass an diesem Abschnitt des Flusses keine Krokodile lebten, und beim Gedanken an die vielen Überquerungen gestern wurde uns ganz schwummrig.

Immer weiter entlang des Limpopoflusses (Isabel)

Während wir an der Grenzstraße entlangritten, konnten wir die Grenze zu Simbabwe, die durch drei verschiedene Zäune auffällig und demonstrativ markiert war, deutlich erkennen. Ursprünglich waren diese drei Zäune zur Kontrolle der Maul- und Klauenseuche errichtet worden, aber heute dienten sie mehr als ein eher erfolgloses Abwehrmittel für Simbabwehans, die illegal über die Grenze schleichen wollten. Manche Teile des Zaunes waren komplett entfernt worden und große Lücken waren in die Drähte geschnitten worden. Illegale Überquerungen fanden täglich statt und wir beobachteten mehrere Male, wie ganze Familien den Fluss überquerten und durch die Lücken nach Südafrika einwanderten. Der Grund für die Überquerung war fast jedes Mal der gleiche, die Aussicht auf einen Job und eine Bezahlung, die der Familie in Simbabwe ein besseres Leben geben sollte. Zu meinem Horror hörten wir eine furchtbare Geschichte von einem Farmer, der an der Grenze lebte. Er sagte, dass Südafrikaner oftmals in Büschen versteckt auf die armen Simbabwehans warteten und sie dann ausraubten und kaltblütig umbrachten. Die Polizei fand immer wieder Körper, die keine Papiere an sich hatten und deshalb nicht identifiziert werden konnten. Der Gedanke an die zurückgelassenen Familienangehörigen, die niemals wieder von dem Betroffenen hören würden und nicht wussten, was mit ihm oder ihr geschehen war, machte mich unendlich traurig.

Die Farm eines weiteren, freundlichen Fremden grenzte an das Mapungubwereservat an, und Francois, seine Freundin Nicole und eine weitere Freundin Sam teilten ihr wunderschönes Zuhause für eine Nacht mit uns. Es war wieder einmal einer dieser heißen Tage gewesen und Lloyd und ich schütteten vor, während und nach dem

Abendessen wie zwei Verdurstende literweise Wasser in unsere Bäuche! Francois und die zwei Mädels konnten einfach nicht glauben, wie viel Wasser auf einmal in einen Menschen passte, und wir waren uns der heimlichen, erstaunten Blicke, die sie uns zuwarfen, durchaus bewusst. Die Wassermenge, die Lloyd und ich an diesem Abend vertilgten, war total normal für uns und komischerweise war es trotzdem kaum genug, um uns am Morgen Richtung Toilette zu bewegen. Trotz der schier unmöglichen Wasseraufnahme konnten wir einfach nie wirklich genug bekommen. Jeden Tag mischten wir eine Prise Salz in das Futter der Pferde, um die verlorenen Mineralstoffe zu ersetzen, und gleichzeitig machte das Salz sie nach dem Futter durstig und sie tranken die notwendige Menge des lebensspendenden Wassers.

Die zwei Mädels, Nicole und Sam, waren beide begeisterte Reiterinnen und hatten beschlossen uns für den nächsten Tag durch das Mapungubwereservat zu begleiten. Lloyd und ich hatten uns mittlerweile an die körperliche Anstrengung in der Hitze gewöhnt, aber mit anderen Reitern war Vorsicht geboten. Wir ritten früh von der Farm weg, aber die Hitze lag jetzt schon spürbar in der Luft. Nach ein paar Stunden durch das Reservat drehte ich mich später aus einem spontanen Impuls heraus zu Sam um und bemerkte erschrocken, dass sie kurz vor einem Hitzschlag stand. Wenn ich genauer darüber nachdenke, war mir aufgefallen, wie sie nach einer Weile recht still geworden war, aber wir hatten uns nichts dabei gedacht und waren weitergeritten.

Geschwind suchten wir einen geeigneten Platz unter einem Baum und halfen ihr vom Pferd, sodass sie sich im Schatten niederlassen konnte. Zum Glück hatten wir mit Francois ausgemacht, dass er uns später zur Rast treffen sollte, und als wir ihn anriefen, war er nicht weit weg. Er hatte eine volle Kühltasche mit Getränken und Eisblöcken dabei, was jetzt vonnöten war. Sam saß unter ihrem Baum mit einem Eisblock am Kopf, ihr Gesicht war tomatenrot verfärbt und in ihrer Erschöpfung atmete sie flach und schwer. Ich behielt sie scharf im Auge und Lloyd und ich wechselten hin und wieder einen besorgten Blick, der klarmachte, wie knapp wir einer Katastrophe entkommen waren.

Während wir im Schatten beisammensaßen, hörte ich plötzlich die unverkennbaren Geräusche sich nähernder Elefanten. Mein Herz setzte einen Schlag aus und mein Blick suchte sofort Lloyds. Wir waren alle von unseren Pferden abgestiegen und Sam war auf keinen Fall in der Lage, vor einer eventuellen Gefahr wegzureiten! Lloyd erkannte die Furcht in meinem Gesicht und flüsterte mir zu, dass ich mich nicht sorgen solle. Ein Seufzer der Erleichterung entglitt mir, als er erklärte, dass die Elefantenherde sich in Richtung des Flusses bewegte, um sich eine Abkühlung von der Hitze zu beschaffen. Die Geräusche der Tiere im Busch waren mir oft noch fremd und in dem Moment war ich einfach nur unglaublich dankbar für meinen eigenen persönlichen Ranger!

Wir rasteten so lange wie möglich und nach einer Stunde war Sam wieder munter und konnte weiterreiten. Francois blieb mit dem Bakkie in der Nähe, falls sie einen Rückfall hätte, und zum Glück ließ der scharfe Wind, der aufzog, das Thermometer etwas sinken und kündigte für später Regen an. Die Gitterroste, die in der Straße versenkt waren, dienten hauptsächlich dazu, Elefanten und andere große Wildtiere im Innern des Reservates zu halten, und sie waren mit mehreren elektrischen Einzeldrähten versehen, die bis zu 10 000 Volt stark waren und das Ausbrechen eher zu einer unangenehmen Sache machten. Leider jedoch machte das die Überquerung für uns und unsere Pferde auch eher schwierig, aber glücklicherweise war Francois in der Nähe, und nach ein paar Minuten Stille kam ihm die Lösung zu unserem Problem. Er schnappte sich die Fußmatten aus seinem Fahrzeug und legte sie über die Drähte und einer nach dem anderen führten wir unser Pferd sehr langsam und vorsichtig über den schmalen Plastikpfad, der uns vor einem 10 000 Volt starken Stromschlag schützte!

Heute waren es genau sechs Monate her, seit Lloyd von Durban aufgebrochen waren. Es schien so lange her und wer hätte damals erwartet, dass wir jetzt zusammen mit vier Pferden auf dieser Reise sein würden?

Heimkehr (Lloyd)

Vier Tage später ritten wir am Pontdrift Grenzposten vorbei, welchen ich während meiner Zeit im Mashatu-Tierreservat Botswana regelmäßig genutzt hatte. In Mashatu hatte ich einige der besten Jahre meines Lebens verbracht und die Tatsache, dass ich auf dem Rücken eines Pferde hierher zurückgekehrt war, füllte mich mit Stolz. Ich hatte die Anreise von Durban nach Mashatu immer als lange und ermüdend empfunden, aber im Vergleich mit einem Pferd war es nicht der Rede wert.

Cor und Louise vom Safariunternehmen in Mashatu erzählten uns, dass ihre Hunde vor Kurzem beim Schwimmen im Limpopo von einem Krokodil attackiert worden waren. Der kleine Jack Russel überlebte die Attacke nicht und der Windhund schaffte es wie durch ein Wunder, dem Krokodil zu entkommen, und kam mit schweren Verletzungen davon. Während der Weihnachtsfeiertage hatten wir oft über Cor und Louises Hunde und die Krokodile im nahegelegenen Fluss nachgedacht. Die Hunde waren mehrmals am Tag ins Wasser gesprungen, um sich abzukühlen, und wir verspürten eine gewisse Erleichterung darüber, dass dieses Unglück nicht uns vor ein paar Wochen passiert war.

Während wir beisammensaßen, erzählte Cor uns eine Geschichte über ein Paar, das im Kanu mit einem Ranger den Fluss durchpaddeln wollte. Das Ehepaar saß sich gegenüber, während der Ehemann nachlässig seine Hand durchs Wasser zog und plötzlich mit einem Ruck von einem Krokodil ins Wasser gezogen wurde. Seine Frau sah alles vor ihren Augen geschehen und stieß einen spitzen Schrei aus. Der Ranger hatte keine Chance alleine und ein Suchteam wurde losgeschickt, um das komplette Gebiet abzusuchen, aber sein Körper wurde niemals gefunden. Vor ein paar Tagen hatten wir diesen Fluss keine fünfzig Kilometer stromabwärts mindestens zwanzigmal überquert! So viel zum Thema krokodilfrei …!

Logistik (Lloyd)

Wir ritten von Farmer zu Farmer und schliefen in unglaublichen Villen, Gasthäusern, Zeltlagern und Buschlagern. Wie beim Dominoeffekt rief ein Farmer den nächsten Farmer, Freund oder Bekannten, der ungefähr 30 Kilometer weit weg lebte, an und ohne Zögern wurde uns eine Unterkunft für die Pferde und uns angeboten. Meistens halfen uns unsere Gastgeber für die Nacht sogar, unser Zuhause und Supermarkt auf Rädern von einem Ort zum nächsten zu bringen. Das war uns wirklich eine enorme Hilfe und dadurch hatten wir in dem Zeitraum fast jede Nacht unser Essen, das Pferdefutter, unsere Medikamente falls nötig und unsere Ausrüstung bei uns. Gleichzeitig wurde das auch am Tag zum Vorteil, da wir leichter und mit weniger Gepäck den Tag hinter uns bringen konnten. Aber auf vielen langen Abschnitten, manchmal zehn bis zu vierzehn Tage zwischen den Farmen, zelteten wir draußen mit minimaler Ausrüstung. Das Pferdefutter, unsere Kleidung, Vorräte und Utensilien mussten dann in unsere Satteltaschen passen und durften nicht schwer sein. Auf diesen Abschnitten nahmen Isabel und ich immer grundsätzlich Gewicht ab, da wir einfach nicht zu viel mit uns tragen konnten. In dem ganzen Land hatten die Pferde meistens Gras und auf Farmen oder anderen Unterkünften nutzten wir Koppeln, den Garten unserer Gastgeber oder unseren eigenen Zaun für die Nacht. In der Halbwüste oder in Gebieten, wo Gras nicht im Überfluss vorhanden war, hatten wir Heu oder Luzerne auf dem Dach des Pick-up oder unsere Gastgeber teilten großzügigerweise ihres mit uns. Oft mussten wir Futtervorräte im Voraus mit dem Pick-up in verlassenen Orten deponieren, um dann den Pick-up in einem sicheren Ort bei jemandem zurückzulassen und mit Mitfahrgelegenheiten oder durch öffentliche Verkehrsmittel zurück zu den Pferden zu gelangen.

An eine Mitfahrgelegenheit mit einem Farmer kann ich mich besonders gut erinnern. Der Farmer fuhr einen Zweisitzer-Pick-up und ich bot an, auf der offenen Ladefläche zu sitzen, sodass Isabel vorne sitzen konnte. Es war kurz vor der Dämmerung und der Farmer fuhr verrückte 160 km/h auf einer unübersichtlichen Sandstraße mit wilden Tieren überall verstreut! Ich saß auf dieser Ladefläche und beobachtete einen wunderschönen Sonnenuntergang, der den Himmel in rot, gelb und orange tauchte. Ein paar Mal musste der Fahrer so scharf bremsen, dass ich auf der Ladefläche hin und her geworfen wurde. Mit einem dicken Knoten im Magen sprach ich ein stummes Gebet und bat darum, dass ich in einem Stück von dieser Ladefläche heruntersteigen würde. Als wir anhielten, konnte ich es kaum erwarten, von der Ladefläche zu steigen, und Isabel erzählte mir später, dass wir in einen Schwarm Perlhühner geschossen waren und einige getroffen hatten, und eine große Herde Kudu-Antilopen hatte er auch nur knapp verfehlt.

Grillfeste und Kaffeekränzchen (Isabel)

Afrikaanse Landwirte sind leidenschaftliche Griller und fast jede Nacht, die wir bei einer Familie verbrachten, grillten wir. Am nächsten Morgen wurde das restliche Grillfleisch klein geschnitten und mit einem ordentlichen Schwenker Öl zum Frühstück angebraten. Wir witzelten oft mit unseren Gastgebern, ob sie denn jemals auch Gemüse oder Früchte aßen. Ihre Antwort, die mich heute noch zum Lachen bringt, war Folgende: »Falls wir Gemüse essen wollen, was sehr selten vorkommt, dann grillen wir einfach ein Hühnchen!« Wir hatten uns ganz fest vorgenommen, dass wir alles, was uns angeboten wurde, dankbar annahmen und es ohne Widerwillen und Zögern aßen, aber als Vegetarierin stellte sich das als unglaublich schwierig heraus. Ich hielt es nicht allzu lange ohne frisches Gemüse aus und fing bald an einen Kürbis, eine Butternuss, Süßkartoffeln oder ein paar Karotten zum Abendessen dazu zu schmuggeln mit der freundlichen Aussage, dass ich es gern für alle vorbereiten würde. Wann immer ich die Möglichkeit dazu hatte, frischen Salat zu kaufen und vor Ort zuzubereiten, tat ich das in großen Mengen. Die Tatsache, dass ich fast jedes Mal die Einzige war, die das Gemüse und den Salat am Ende zu sich nahm, störte mich nicht weiterhin.

Eine gute Tasse Kaffee war auch noch etwas, das ich unglaublich auf dieser Reise vermisste! Durch das Gasthaus meiner Eltern war ich an eine Kaffeemaschine gewöhnt, die in meinen Augen den besten Kaffee der Welt zubereitete! Ein Cappuccino, Latte Macciatto, Milchkaffee, Espresso und was sonst noch vom Herzen des Kaffeeliebhabers begehrt wurde, waren an der Tagesordnung und ich tat mich schwer mich an Kaffee, der mit löslichem Kaffeepulver gemacht wurde, zu gewöhnen. Für mich schmeckte das einfach nicht wie richtiger Kaffee, sondern eher wie braunes Wasser mit Kaffeegeschmack, aber die Gastfreundlichkeit, die uns gezeigt wurde, berührte uns zutiefst und ich wollte nicht undankbar erscheinen. Irgendwann kam mir spontan die Lösung aus dieser Zwickmühle, und zwar bot ich an für alle Kaffee mit meiner Stempelkanne zu machen. Um sicher zu gehen, dass mir niemand vorher eine Tasse anbot, tat ich das jedes Mal, sobald ich das Haus einer Familie betrat. Filterkaffee wurde auf Afrikaans *Moer coffee* genannt und *moer* kann wörtlich mit *schlagen* übersetzt werden, also *geschlagener Kaffee*. Mein Stempelkanne war mit Sicherheit die weitestgereiste Kanne Südafrikas und das geliebte Stück reiste an meiner Seite in meiner Satteltasche. Leider war meine Satteltasche nicht der sicherste Ort, um eine Stempelkanne aus Glas zu verstauen, und dreimal musste eine neue gekauft werden, da die alte von etwas zerquetscht worden war, heruntergefallen war oder dem Gehoppel eines weiteren Trabes nicht mehr standhalten konnte.

Nicht noch eine Auseinandersetzung!

Wenn man 24 Stunden am Tag für sieben Tage die Woche zusammen verbringt, dann gibt es unter normalen Umständen viele Möglichkeiten für Auseinandersetzungen und Streit, zählt man dann noch die unerträgliche Hitze, die körperlichen Strapazen, lange Tage und Nächte mit wenig Schlaf, zu wenig Nahrung, plagende Mücken und andere Insekten oder kontinuierliche Pferdeprobleme hinzu, dann sind Streitereien quasi vorprogrammiert. Eine Kleinigkeit genügt, um den Geduldsfaden zu verlieren und einen Streit zu provozieren …

(Lloyd)

Ich war daran gewöhnt, allein zu reisen und Entscheidungen, die für meine Pferde und mich getroffen werden mussten, fällte ich am besten für uns alle. Es war meine Entscheidung, wann wir für eine Rast anhielten, wo genau und für wie lange, und ich fällte diese spontan, flexibel und oft ohne lange darüber nachzudenken. Jetzt, da Isabel als Reiterin hinzugestoßen war, hatte sich die Dynamik aber komplett verändert. Ihre Meinungen und Gefühle mussten von jetzt an auch in Betracht gezogen werden und ich tat mir richtig schwer damit.

Eines späten Nachmittags ritten wir an einer Anhöhe mit einer Aussichtsterrasse, die auf Gestein errichtet worden war, vorbei. Der Ausblick über den Limpopofluss von dieser Terrasse aus zählte anscheinend zu einem der besten und ich wollte unbedingt dort hinauf. Isabel war nicht so begeistert und eine kleine Auseinandersetzung entfachte. Ich hatte das Gefühl, dass Isabel versuchte mich zu kontrollieren, und wenn ich auf diese Aussichtsterrasse wollte, dann tat ich das auch. Ich musste niemanden um Erlaubnis fragen, und wenn Isabel keine Lust darauf hatte, konnte sie ja für ein paar Minuten unten auf mich warten. Dann drehte ich mich um und marschierte die Stufen auf die Terrasse hinauf und der Ausblick war wirklich der beste Ausblick über den Limpopo, den ich jemals gesehen hatte! Nach einer Weile gesellte sich Isabel unter eisigem Schweigen hinzu, aber als ich entschied Courtney für Fotos auf die Terrasse zubringen, eskalierte unsere Auseinandersetzung mit voller Wucht! Wir warfen uns alles Mögliche an den Kopf, bis nach einer Weile die Worte verstummten und wir uns schweigend wie Streithähne gegenüberstanden und ins Gesicht starrten.

Für mich war diese Reise etwas Besonderes und jeder Moment musste zur Gänze ausgekostet werden. Es ging einfach nicht nur darum, rechtzeitig bei unserer Unterkunft anzukommen, die wir meistens sowieso in der Dunkelheit erreichten, also waren zehn Minuten hin oder her keine Tragödie. Die Luft brannte immer noch, als wir nach einer Weile wieder aufstiegen und weiterritten, und beide hatten wir kein Interesse an dem anderen oder daran, den Streit zu lösen. Wie es sich herausstellte, mussten wir eine Stunde später für mindestens 45 Minuten eine Reservatumzäunung öffnen und wieder schließen, um einem unüberwindbaren Kuhrost auszuweichen.

(Isabel)

Lloyd und ich ritten nun schon seit ein paar Wochen zusammen am Limpopofluss entlang und es war klar, dass Lloyd der Erfahrenere von uns war. Es machte Sinn, dass er entschied, welche Route oder Richtung die beste für uns war, aber trotzdem fühlte ich mich, als ob ich eine kleinere Rolle spielte und nicht wirklich was zu sagen hatte. Normalerweise machte mir das nicht allzu viel aus und ich ging recht gut damit um, aber am heutigen Nachmittag konnte ich einfach nicht meinen Mund halten. Es war schon spät, als wir auf diese Terrasse stießen und Lloyd ankündigte, dass er sich auf jeden Fall den Ausblick ansehen wollte. Es war ein langer, heißer Tag gewesen, ich war erschöpft und wollte einfach nur zu unserer Unterkunft für die Nacht mit der Hoffnung auf eine Dusche, um den Dreck und Schweiß des Tages herunterzuwaschen. Zusätzlich hatte ich auch noch meine Tage, und nachdem ich das erwähnte hatte, sagte Lloyd nur beiläufig: »Ach komm, nur ein paar Minuten machen doch wirklich keinen Unterschied.« Ich wollte kein Spielverderber sein, also folgte ich ihm etwas verärgert auf den Aussichtspunkt, um das Beste aus der Situation zu machen. Doch als Lloyd entschied, dass er Courtney für fotografische Zwecke auf die Terrasse holen wollte, musste ich mir einen weiteren Kommentar, der mir auf der Zunge lag, verbeißen. Wie nicht anders zu erwarten, war Ballantyne Courtney und Lloyd gefolgt und hatte sich dann im Zentrum der Terrasse großzügig erleichtert. Damit riss mir einfach der Geduldsfaden, es war spät, ich war müde, es wurde dunkel und obendrauf musste ich jetzt auch noch Pferdeäpfel wegräumen! Der Streit, der entfachte, war mehr als gewaltig, aber irgendwann schafften wir es doch, aufzusteigen und weiterzureiten.

Wir ritten hintereinander, Welten voneinander entfernt, und hinter Lloyds Rücken weinte ich stille Tränen. Ich konnte an seiner aufrechten, starren Körperhaltung erkennen, dass er innerlich immer noch vor Wut kochte, und die Stille hielt an, bis wir beide uns auf den Zaum konzentrieren mussten. Nach etwa einer Stunde hatten wir den Zaun geöffnet, die Pferde durchgeführt und den Zaun wieder komplett errichtet. Wir ritten durch das Tierreservat in völliger Dunkelheit, nur mit unseren Stirnlampen bewaffnet, und diese waren so schwach, dass sie den Weg vor uns kaum beleuchteten. Elefanten auf der Botswanaseite des Flusses brachen Zweige und Äste, um sie zu fressen, und in der stillen Dunkelheit machte es jedes Mal einen lauten Knall. Wir fragten uns, ob es auf dieser Seite des Flusses auch Elefanten gab, und deshalb war Vorsicht geboten. Unser menschlicher Geruch war von dem der Pferde überdeckt, und während wir ritten, waren wir kaum eine Bedrohung für die Tierwelt um uns herum. Oftmals erkannten Tiere uns erst, wenn wir in unmittelbarer Nähe waren, und sprangen aus dem Gebüsch. Unsere unerwartete Passage durch dichtes Gebüsch überraschte Zebras, Gnus und Antilopen verschiedener Art, die sich schon für die Nacht niedergelassen hatten. Herden bis zu 30 Tieren wirbelten dicke Staubwolken vor unseren Nasen auf, als sie mit Schrecken durchs Gebüsch donnerten und flüchteten. Ihre Augen reflektierten im schwachen Licht unserer Stirnlampen blau, waren aber nach einem kurzen Augenblick sofort wieder verschwunden. Die Pferde verhielten sich wie wahre Buschponys und zuckten in dem ganzen Tumult nicht einmal mit der Wimper.

Im Schutz der Dunkelheit folgte eine relativ zivilisierte Unterhaltung zwischen Lloyd und mir, in welcher ich ihn um etwas mehr Geduld mit mir bat. Ich war noch nicht so lange wie er auf dieser Reise und brauchte Zeit, mich an alles zu gewöhnen. Es war unmöglich, von heute auf morgen alle Kontrolle loszulassen und einfach mit dem Strom zu schwimmen. Lloyd entschuldigte sich für sein blödes Verhalten und versprach meiner Bitte nachzukommen. Es schien, als ob wir im Schutz der Dunkelheit Dinge sagen konnten, die im Licht des Tages vielleicht nicht möglich gewesen wären.

Nach halb zehn war uns klar, dass wir es heute nicht mehr bis zu unserem geplanten Halt und zu den deponierten Vorräten schaffen würden. Aus der Ferne erkannten wir den schwachen Schein einer Kerze in einer naheliegenden Hütte, und als wir uns näherten, erkannten wir ein Buschlager, das im Dickicht versteckt lag. Der Besitzer des Lagers lebte in Pretoria, hatte aber einen Mitarbeiter hier stationiert, der für die Pflege und Aufsicht verantwortlich war. Der Mitarbeiter nahm seine Aufgabe sehr ernst und bestand darauf, dass wir seinen Chef erst um Erlaubnis fragten, und drohte, dass er uns wegschicken würde, falls wir das nicht taten. Der Handyempfang tief im abgelegenen Busch war so gut wie nicht vorhanden, aber zum Glück kannte der Besitzer das Problem und hatte eine Verstärker-antenne besorgt. Trotzdem war die Verbindung mit einem Balken unglaublich schlecht und man konnte nur abgehackte Sätze und Worte unter viel Rauschen ausmachen. Lloyd musste unsere Anfrage mehrmals in den Hörer schreien, bis der Mann am anderen Ende der Leitung endlich wusste, worum es ging. Gott sei Dank nahm der Besitzer Lloyds Schreie nicht persönlich und erlaubte uns die eine Nacht ohne Bezahlung hier zu verbringen. Die Pferde brachten wir in einem Wildtiergehege unter, das nicht weit entfernt lag und kom-plett eingezäunt war. Nachdem wir alle vier getränkt und gefüttert hatten, begannen wir die Suche nach einem geeigneten Platz für unsere Schlafsäcke.

Meine Haut war von klebrigem Schweiß und Staub bedeckt, aber ohne Dusche gab es keine Möglichkeit, den Dreck herunterzuwa-schen, und Reiter wissen, wie schmutzig man bei der Arbeit mit Pferden wird. Unser Abendessen bestand aus der Notfallration Hafer-flocken, die ich immer in meiner Satteltasche dabeihatte, ein paar Nüssen und rotem Tee. Die Nacht war so heiß, dass wir auf unseren Matten draußen unter unserem Moskitonetz schliefen, und während der Nacht begann es zu regnen. Am nächsten Morgen verschlangen wir den mageren Rest der Haferflocken mit den restlichen Nüssen und machten uns wieder auf den Weg zu einem weiteren Tag ins Ungewisse.

Bosveldhotel (Isabel)

In ganz Südafrika haben wir viele faszinierende Menschen und Charaktere getroffen, aber einer der unterhaltsamsten und ungewöhnlichsten Charaktere war ohne Zweifel Bernd aus Österreich. Bernd lebte im alten Bosveldhotel, welches angeblich Teil einer Fernsehserie aus den Achtzigerjahren gewesen war. Bernd erwartete uns nicht vor der Dunkelheit und hatte die Gelegenheit genutzt, um in den nächstgelegenen Ort zu fahren, um Luzerne für die Pferde zu kaufen. Auf seinem Weg zurück von Alldays stießen wir durch Zufall auf der Straße nicht allzu weit vom Bosveldhotel aufeinander, und als Bernd aus dem Auto ausstieg, wurde sofort klar, dass er die Chance genutzt hatte, um der Kneipe in Alldays einen Besuch abzustatten. Er konnte kaum stehen, geschweige denn laufen, aber ansonsten war er sein heiteres und verrücktes Selbst. Sein Alkoholspiegel war auf jeden Fall über der erlaubten Grenze, und als er wieder ins Auto einstieg, um weiterzufahren, tauschten Isabel und ich einen amüsierten Blick. Wir hofften, dass Bernd es heil zum Hotel schaffen würde, taten uns aber schwer, ein Schmunzeln zu unterdrücken, als wir uns wieder unseren Pferden zuwandten.

Gegen 21 Uhr erreichten wir das Hotel und der gute Bernd hatte alles für uns vorbereitet. Seine Mitarbeiter mussten eine Extraschicht schieben, um sicherzugehen, dass wir und die Pferde auch anständig versorgt waren. Bernd hatte wirklich an alles gedacht, die Pferde hatten eine große Koppel für sich und eine Tränke war herbeigeschafft worden mit der Luzerne, die er in Alldays besorgt hatte. Bernd war unter all unseren Gastgebern im Norden Südafrikas der Einzige, der uns mit etwas Außergewöhnlichem überraschte. Als wir sein Haus betraten, roch es so gut, dass uns wortwörtlich das Wasser im Munde zusammenlief. Bernd drehte sich um und sagte mit einem Zwinkern in den Augen: »Ich habe mir gedacht, dass ihr zwei bestimmt keine Lust mehr auf Grillen habt, deshalb hab ich euch Pasta gekocht!« Diese Aussage war Musik in unseren Ohren und wir konnten es nicht erwarten, unsere Mäuler vollzustopfen!

Aber unser verrückter Bernd hatte noch einige Trümpfe im Sack, bevor er uns an die leckere Pasta heranließ. Sein Rausch vom Nachmittag war etwas verflogen, aber nach unserer Ankunft wurde sehr schnell klar, dass sich das ändern würde. Erst einmal wollte er alles über uns und die Reise wissen, und während er gespannt lauschte und zwischendurch Fragen stellte, verdrückte er mit Sicherheit fünf Bier in knapp einer Stunde. Als Bernd dann aufstand, stiegen unsere Hoffnungen auf unsere Mahlzeit, aber als er eine weitere Überraschung ankündigte, die meinen Bikini und Lloyds Badehose benötigte, sank diese ganz schnell wieder. Mit knurrenden Mägen zogen wir uns um und folgten Bernd in die dunkle, aber warme Nacht hinaus. Er führte uns durch den Garten zu zwei Heißwasserquellen, die hinterm Haus versteckt lagen. Der Vorbesitzer hatte einen Pool darum gebaut und die weichen Lichter schimmerten uns einladend entgegen. Das war wirklich eine tolle Überraschung. Das Wasser war angenehm warm, fast zu warm, und wir ließen uns für eine Weile umhertreiben, während wir in den atemberaubenden Sternenhimmel hinaufschauten. Hier draußen gab es keine anderen Lichtquellen und die Sterne waren heller als gewöhnlich.

(Lloyd)

Bernd, ein gelernter Schreiner, erzählte uns Geschichten über sein Leben und dass er nichts bereute. Er gab zu, dass er niemals wieder nach Österreich zurückkehren konnte, aber die Gründe dafür behielt er für sich. Während unserer Unterhaltung stellte sich heraus, das Bernd genau wie mein Vater an Prostatakrebs erkrankt war. Das Wasser war so warm und voll heilender Kräfte, die unsere Muskeln ganz schwach und wackelig machten. Nach zwanzig Minuten stiegen wir aus dem Wasser und gingen mit wiedererwachendem Hunger zum Haus zurück. Fünf Bier später saßen wir endlich am Küchentisch und aßen die Pasta, die bestimmt für zehn Stunden im Topf vor sich hin geköchelt hatte. Nachdem wir gegessen hatten sprang Bernd plötzlich vom Tisch auf und sagte, dass wir ihn jetzt gut genug kennen würden, und damit zog er seine Badehose runter und setze sich nackt und ohne Weiteres wieder an den Tisch. Weitere Geschichten und flaschenweise Bier, das Bernd nicht zu spüren schien, folgten und ich war nicht überrascht, als ich feststellte, dass Isabel am Tisch sitzend eingeschlafen war. Ich rüttelte sie zärtlich wach und nach einem kurzen Gruß schleppte sie sich ins Bett. Es war halb zwei und Bernd lud mich auf einen weiteren Sprung in die Heißwasserquellen ein, aber ich war hundemüde und lehnte dankend ab. Bernd wünschte mir eine gute Nacht und verließ seine Küche für ein weiteres Bad in den Quellen. Doch unsere Betten brachten uns keine wohlverdiente Ruhe, da hungrige Moskitos die ganze Nacht lang über unseren Köpfen schwirrten …

Rassi, der Jack Russel

Bernd hatte am nächsten Morgen ohne auch nur das kleinste Zeichen des immensen Alkoholkonsums vom Vortag erwähnt, dass dieser Streifen des Limpopotales eines der heißesten Gebiete Südafrikas sei. Das viele Gestein um einen herum absorbierte die Hitze des Tages und reflektierte diese bis weit in die Nacht hinein. Zwei Tage später waren wir auf dem Weg zu einer Tabakfarm und wie sonst auch versuchten wir die Hitze des Tages zu vermeiden und ritten erst am späten Nachmittag los. Wieder einmal erreichten wir unsere Gastgeber erst nach neun Uhr abends und das Tor zu Anthonie und Narinas Haus war schon geschlossen worden. Mit einem nervösen Blick stellten wir fest, dass alle Lichter im Haus erloschen waren. Erleichterung durchflutete uns, als uns das Schimmern eines einzelnen Lichtes ins Auge sprang. Das Licht leuchtete unregelmäßig und in verschiedenen Farben und uns wurde klar, dass es der Fernseher sein musste. Peinlich berührt riefen wir Anthonie und Narinas Namen in die Dunkelheit mit der Hoffnung, dass wir den Fernseher und wahrscheinlich auch die Klimaanlage übertönten. Nach kurzer Zeit begannen die Hunde zu bellen und das Licht in der Küche wurde angeknipst und die Haustüre öffnete sich. Glücklicherweise war das junge Paar keineswegs über die späte Störung erzürnt und hieß uns warm willkommen. Anthonie sagte sogar, dass er sich gesorgt hatte und froh war, dass wir es geschafft hatten. Wir führten die Pferde zum hinteren Teil des Hauses und Anthonie zeigte uns, wo wir sie für die Nacht unterbringen konnten. Die Koppel lag neben dem Haus, und um die vier vom Garten und Narinas Pflanzen fernzuhalten, musste ein Tor, das normalerweise offen blieb, geschlossen werden.

Später nach dem Abendessen ging Anthonie wie jeden Abend nach draußen, um die Wasserpumpe auszuschalten, und Rassi, sein Hundeschatten, folgte ihm wie immer aus dem Haus und rannte ihm in der Dunkelheit hinterher. Nach ein paar Minuten kam Anthonie in Eile zum Haus zurück und mit Schock bemerkten wir, dass er einen bewusstlosen Rassi in seinen Arm hielt. Rassi hatte das geschlossene Tor, das die Pferde aus dem Garten fernhielt, in der Dunkelheit nicht gesehen und war voll Karacho in das Tor gerannt. Der Aufprall war so hart gewesen, dass er sogar für kurze Zeit das Bewusstsein verloren hatte. Rassi wurde auf sein Bett gelegt und mit weit geöffneten Augen stieß er immer wieder ein Wimmern aus. Wir waren verzweifelt und hofften, dass er sich bis zum Morgen wieder erholt haben würde, aber beim Erwachen stellten wir leider keine Veränderung fest. Rassi lag immer noch unbeweglich in derselben Position, wie Anthonie ihn niedergelegt hatte, da. Narina beschloss Rassi zum Tierarzt zu bringen und wir mussten uns wieder auf den Weg machen und beim Abschied war die Stimmung gedrückt, da alle in Gedanken bei Rassi waren. Einen Tag später bekamen wir eine SMS-Nachricht von Narina mit den traurigen Nachrichten, dass Rassi sich beim Aufprall das Genick gebrochen hatte und eingeschläfert werden musste. Wir waren am Boden zerstört. Wir sind absolute Hundeliebhaber und der Gedanke an unseren Pula, der plötzlich wegen zwei total Fremden und deren Pferden eingeschläfert werden musste, erfüllte uns mit tief empfundenem Mitgefühl für Anthonie und Narina. Uns war klar, dass es ein Unfall gewesen war, aber trotzdem fühlten wir uns schuldig und verantwortlich für das, was geschehen war. Wäre es nicht für uns und das geschlossene Tor gewesen, wäre Rassi nichts passiert …

Leute (Isabel)

Neugier trieb viele, die an uns vorbeikamen, dazu, anzuhalten und ein Gespräch zu suchen. Die meisten fragten sich, was zwei Menschen mit vier Pferden denn in dieser abgelegenen Gegend suchten. Der eine oder andere hatte über uns in der regionalen Zeitung gelesen und wollte uns einfach nur persönlich treffen. Diese Treffen mit Einheimischen waren Gold wert und optimale Informationsquellen und wir fragten oft nach Wegbeschreibungen, aus denen sich mögliche Unterkünfte oder andere Hilfsangebote entwickelten. An einem Nachmittag nach dem Rassi-Vorfall schoss ein weißer Pick-up mit Höchstgeschwindigkeit an uns vorbei. Der Fahrer musste uns trotzdem gesehen haben, denn er machte eine Vollbremsung, drehte auf der Straße um und parkte direkt neben uns. Die Wagentür öffnete sich und ein *Oom* stieg aus dem Fahrzeug. *Oom* ist eine respektvolle Bezeichnung für einen Mann, der mindestens zehn Jahre älter als man selbst ist, und dieser Oom kam direkt auf uns zu und fragte ohne weitere Umstände, was wir hier draußen machen würden. Wir erklärten ihm, dass wir mit Pferden um Südafrika reisten, um auf die Afrikanische Pferdepest aufmerksam zu machen. Der Oom hörte gespannt zu, aber seine Erwiderung war eine Frage, die an Lloyd gerichtet war. »Seid ihr beiden verheiratet?« Lloyd erwiderte sichtlich amüsiert, dass ich nicht seine Frau, aber seine Freundin wäre. Der Oom zog skeptisch seine Augenbraue hoch, zeigte mit seinem Finger in Richtung Auto und antwortet: »Guck mal da, siehst du meine Frau im Auto? Ich habe sie bereits nach drei Monaten geheiratet, also was stimmt denn mit dir nicht?« Belustigt beobachtete ich diese ungewöhnliche Unterhaltung aus sicherer Entfernung und konnte mir ein Lächeln nicht verkneifen. Lloyd hatte sich in der Zwischenzeit wieder gefangen und sagte mit ernstem Tonfall: »Weißt du, Oom, wir reiten jetzt erst einmal gemeinsam um Südafrika, und wenn Isabel bei unserer Ankunft in Durban immer noch an meiner Seite ist, dann denk ich, dass sie die Richtige für mich ist und man kann darüber reden!« Der Oom schaute nachdenklich von Lloyd zu mir und wieder zurück zu Lloyd und nach einem Augenblick breitete sich ein Lächeln auf seinem Gesicht aus, als ob er zu einem Entschluss gekommen war. Dann sagte er: »Ja, das ist recht so!«

Ein paar Tage später führten wir die Pferde in der brütenden Hitze auf das Atherson-Naturreservat zu. Die Hitze war trotz der späten Nachmittagsstunde kaum auszuhalten und die Luft flimmerte wie eine Hitzewolke um uns herum. Unerwartet und aus heiterem Himmel fuhr ein Pick-up auf uns zu mit unseren Gastgebern von der vorherigen Nacht. Als sie sich näherten, hielt der Beifahrer plötzlich seine Hand aus dem Fenster und schlug, wie aus der Fernsehwerbung, zwei Flaschen Coca-Cola aneinander! Das war eine super Überraschung und wir stellten fest, dass einem, wenn man Coca-Cola zu schnell trinkt, die Kohlensäure aus der Nase sprudelt!

An einem weiteren Tag grasten die Pferde friedlich in der Nähe, während wir am Straßenrand unter einem Baum im Schatten saßen. Die Hitze und Luftfeuchtigkeit waren so hoch, dass wir quasi in unserer Unterwäsche dasaßen und uns unterhielten. Nach einer Weile fuhr ein eher perplex aussehender Landwirt langsam an uns vorbei und nach kurzem Zögern hielt er sein Fahrzeug an. Seine Ladefläche hatte einen Kühlschrank eingebaut und das Innere platzte vor Wassermelonen und Mangos aus allen Nähten. Nachdem der Landwirt uns zugehört hatte, öffnete er den Kühlschrank und bot uns eine riesige Wassermelone und fünf Monstermangos an. Die Früchte waren eisgekühlt und das Saftigste und Süßeste, das wir seit Monaten zu uns genommen hatten! Wir stürzten uns auf die Leckerei, aßen alles auf einmal und hinterher war es uns sogar schlecht, aber ohne Zweifel war es das wert gewesen!

Eine andere Frucht, die regelmäßig unsere Lebensgeister wiederherstellte, waren Orangen. Die Limpopo-Provinz war ideal für den Orangenanbau und die Farmer waren großzügig wie eh und je. Wann immer wir die Möglichkeit dazu hatten, unsere Satteltaschen mit Orangen zu füllen, taten wir das! Eine Orange ist wirklich eine außergewöhnliche Frucht, weil durch die dicke Schale das innere Fruchtfleisch geschützt ist. Sogar wildes Gerüttel in der Satteltasche konnte der Frucht keinen Schaden zufügen und oft schälten wir in der Hitze des Tages eine Orange und teilten sie untereinander und mit den Pferden. Die Großherzigkeit der Afrikaner wird für immer in unserer Erinnerung bleiben und ihre starke Verbindung zu Gott und seinem Land ist eine Inspiration und ein Vorbild für Lloyd und mich.

Familie Pieterse

Richtung Westen an der botswanischen Grenze entlang ritten wir an unzähligen Grenzposten vorbei. Oft fragten wir an den Grenzposten nach Wasser oder einer Wegbeschreibung und zwischen den Grenzposten Groblers Brücke und Stockpoort trafen wir auf zwei Brüder, die zwei Farmen besaßen und bearbeiteten. Wir waren an einem gewissen Punkt angelangt und es wurde Zeit für eine längere Rast für Courtney und Ballantyne, da die beiden ihren wertvollen Teil zur Reise um Südafrika mehr als nur erfüllt hatten. Um Courtney und Ballantyne nach Hause zu bringen und neue Pferde zu holen, lag eine 1500 Kilometer lange Autofahrt mit Anhänger vor uns. Die Pieterse-Brüder hatten netterweise vorgeschlagen sich während unserer Abwesenheit um Tarwood und Fever zu kümmern. Bruce Petti aus Botswana, bei dem wir am ersten Weihnachtsfeiertag mit Kerry und Steve Mittag gegessen hatten, lieh uns seinen Anhänger und ersparte uns damit die Leihkosten für einen Hänger. Drei volle Tage im Auto, nur mit Unterbrechungen, in denen wir Courtney und Ballantyne zur Rast, Fütterung, Tränkung, oder um uns gemeinsam die Beine zu vertreten, entluden.

(Isabel)

Zurück in Port Elizabeth musste ich mein Visum verlängern und das gab uns nach Ankunft die Möglichkeit, etwas Zeit mit der Fishriver-Herde in Kleinemonde zu verbringen. Es war schwer, eine Entscheidung zu fällen, welche zwei Pferde uns auf die Rückreise Richtung Norden begleiten würden, aber schlussendlich entschieden wir uns für Roan und Himba. Lloyd wählte Roan, einen 15 Jahre alten Boerpferd-Wallach, der niemals Gewicht verlor und immer fleißig und willig war, und ich entschied mich für Himba, einen zehnjährigen Nooitgedacht-Wallach, der selbstbewusst und vorwärtsstrebend war, aber manchmal unnahbar wirkte. Die Visumverlängerung zog sich mit unnötiger Bürokratie und langen Warteschlangen in die Länge, und um ehrlich zu sein, war es die meiste Zeit frustrierend und beängstigend für mich. Wir hatten keine Ahnung, ob mir die Verlängerung des Visums am Ende gewährt würde oder nicht. Falls nicht, hatte das für mich Konsequenzen von regelrecht tragischem Ausmaße, aber glücklicherweise stellten sich unsere Sorgen als unnötig dar und nach vier Wochen Wartezeit machten wir uns wieder auf die lange Rückfahrt mit einer zweijährigen Verlängerung in meinem Reisepass.

Nach drei weiteren Tagen Autofahrt erreichten wir endlich die Limpopo-Provinz und wir konnten es kaum erwarten, Fever und Tarwood begrüßen zu können. Lloyd und ich hatten einen gewissen Pfiff für unsere Pferde, und als wir in die Einfahrt fuhren, fing ich aufgeregt an zu pfeifen. Innerhalb von zehn Sekunden hörten wir das Donnern galoppierender Hufe, als Fever und Tarwood auf uns zurannten, um uns zu begrüßen! Sie waren über das Wiedersehen genauso erfreut wie wir, und nachdem wir die zwei Neuzugänge ausgeladen hatten, ließen wir alle vier im Feld los. Ohne großes Aufheben rannten sie aufgeregt und gemeinsam durch die Riesenkoppel, die für den vergangenen Monat Fevers und Tarwoods Zuhause gewesen war. Erstaunt bemerkte ich, dass sich die Vegetation in unserer Abwesenheit verändert hatten. Es war noch genauso heiß wie zuvor, aber die Grasmasse hatte begonnen auszutrocknen und damit einen goldenen Ton angenommen. Nach drei langen Tagen im Auto saßen Lloyd und ich gemeinsam im Gras mit unseren Pferden um uns herum und genossen die letzten Lichtstrahlen der untergehenden Sonne. Beide waren wir unglaublich erleichtert, ohne Zwischenfälle und Verletzungen zurück zu sein und die Reise fortzuführen.

Finanzen (Lloyd)

Geld und Finanzen waren ein ständiger Albtraum und während der ganzen Reise sorgten wir uns dauernd darüber. Die finanzielle Unterstützung, die wir von Firmen und Unternehmen im Anfangsstadium der Reise erhalten hatten, waren nach fünf Monaten aufgebraucht gewesen und diese Ressource war erschöpft. Der Betrag hatte sowieso nie völlig ausgereicht, da Pferde und ihre Bedürfnisse finanziell sehr anspruchsvoll sind. Pferdefutter wurde uns von Equi-Feeds gesponsert, aber Heu, Luzerne oder Ähnliches mussten von uns gedeckt werden. Hinzu kamen unter anderem Medikamente, Wurmkuren, Zeckenmittel, Transportmittel, Sattel und Zaumzeug, und das hatte sich grundsätzlich am Ende des Monats zu einem großen Haufen angesammelt. Einmal in der Nähe von Ellisrus wollten wir tanken, aber als wir beim Geldautomaten Bargeld abheben wollten, stellten wir mit Horror fest, dass wir nur noch 24 ZAR übrig hatten! Wir hatten keine Ahnung, wie und wann wir Geld auftreiben konnten, also drehten wir, ohne aufzutanken, um und kehrten zu unseren Pferden zurück, um weiterzureiten.

(Isabel)

An diesem Nachmittag, als wir mit gedrückter Stimmung aus Ellisrus fuhren, hatte ich plötzlich das dringende Bedürfnis zu pinkeln. Ich fragte Lloyd, ob er bitte am Straßenrand anhalten konnte, sodass ich mich im Straßengraben erleichtern konnte. Als ich in die Hocke ging, um dem Drang nachzugehen, passierte nichts und mit einem Achselzucken zog ich meine Hose wieder hoch. Ich stieg ins Auto zurück und wir fuhren weiter und nach kurzer Zeit kam der Drang wieder zurück, aber dieses Mal mit Schmerzen im Unterleib. Innerhalb von zehn Minuten verschlimmerten sich die Schmerzen so sehr, dass ich mich gekrümmt und unter Tränen im Vordersitz wand. Lloyd hatte keine Ahnung, was er tun sollte, folgte aber meinen Anweisungen, noch einmal anzuhalten, sodass ich mich erleichtern konnte.

Die paar Tropfen brannten und der Schmerz wurde nur noch schlimmer. Ich saß in der Hocke auf dem Boden am Straßenrand mit meinen Armen um mich geschlungen und wiegte meinen Körper sanft vor und zurück. Tränen flossen mir ungehindert über die Wangen und Lloyd sagte, dass er mich sofort zu einer Apotheke bringen würde, um mir ein Medikament gegen eine Blasenentzündung zu geben. Verzweifelt rief ich aus, dass das nicht möglich war, da wir doch kein Geld hatten, um irgendwelche Medikamente zu kaufen! Dieser Ausruf ließ ihn verstummen und er begann in irgendeiner Tasche auf dem Rücksitz des Autos zu wühlen. Ich setzte das Wiegen fort und bemerkte erst, als er sich neben mir niederließ, dass er etwas in der Hand hielt. Triumphierend hob er eine kleine braune Flasche mit pinkem Aufkleber hoch und sagte, dass mir das helfen würde. Das Produkt hieß Urina und war ein homöopathisches Mittel für Blasen-, Harnwegs- und Nierenprobleme. Lloyd forderte mich auf meinen Kopf zu heben und meine Zunge herauszustrecken und dann tröpfelte er 30 Tropfen in meinen Mund. In akuten Fällen muss Urina alle 15 Minuten gegeben werden und bei meiner nächsten Dosis 15 Minuten später hatte ich schon eine Verbesserung bemerkt. Der Schmerz war immer noch da, aber wenigstens war es nicht schlimmer geworden. Nach einer weiteren Dosis war ich sogar bereit dazu, wieder ins Auto zu steigen, und während der Fahrt reichte Lloyd mir alle 15 Minuten die Flasche. Als wir eine Stunde später in die Einfahrt der Pieterses bogen, waren meine Schmerzen komplett verschwunden. Ich hatte schon einige Schmerzen in meinem Leben erfahren aber ich kann sagen, dass diese Blasenentzündung, oder was auch immer das gewesen war, zu den schmerzhaftesten Erfahrungen meines Lebens zählte. Das Verrückte war, dass wir nur durch puren Zufall diese Urinaflasche im Auto hatten. Pula hatte kurz vor dem Ritt eine milde Niereninfektion entwickelt und Lloyd hatte die Flasche gekauft, um ihn damit zu behandeln. Damals war die Flasche irgendwie verloren gegangen und die Tatsache, dass Lloyd sie im Auto in seiner Tasche gefunden hatte, war mehr als nur eine Überraschung gewesen.

Unser erschöpftes Bankkonto war etwas, an das wir uns nie wirklich gewöhnen konnten, obwohl es ein regelmäßiger Zustand war. Jedes Mal versetzte uns die Ansicht einen weiteren Schock und sich überhäufende Zweifel, Gedanken und Sorgen folgten. Wir beiden waren an ein regelmäßiges Einkommen gewöhnt und die Sicherheit, die damit kommt, und jetzt fanden wir uns in einer Situation wieder, in der wir jeden Tag Pfennige zusammenkratzen mussten. Oft lagen wir nachts unter grübelndem Schweigen in unseren Schlafsäcken auf dem Boden und schauten in den Sternenhimmel hinauf. Die Fragen, die aufkamen, waren immer dieselben. Wie sollten wir das nur finanzieren? Würden wir diesen Monat auskommen? Hoffentlich würde nichts Unerwartetes auf uns zukommen. An einem Punkt waren wir so verzweifelt, dass wir jedes Mal, wenn wir unsere Lieblingspackung Haferflocken kauften, an dem Gewinnspiel teilnahmen in der Hoffnung auf den Hauptgewinn! Aber es wurde bald klar, dass die Zeit gekommen war, um unsere Ersparnisse in Angriff zu nehmen und uns etwas finanzielle Erleichterung zu verschaffen. Wir ahnten zu dem Zeitpunkt nicht, dass bei Beendigung der Reise jeder einzelne Cent, den wir jemals erspart hatten, aufgebraucht sein würde. Zusätzlich waren das Pferdesafarigeschäft in der Transkei sowie die Pferde von Fishriver Pferdesafaris in Kleinemonde auf die weite Entfernung hin finanziell und nervlich extrem belastend.

Tarwood macht sich aus dem Staub

Während wir auf den Schotterstraßen zwischen verschiedenen Tierreservaten ritten, trafen wir immer wieder auf Tiere, die sich aus den Reservaten befreit hatten. Viele Tiere buddeln sich einen Tunnel unter dem Zaun hindurch oder, es ist kaum zu glauben, aber manche hüpfen einfach durch die Drähte hindurch oder über den Zaun ins Freie. Oft kreuzten Antilopen oder Warzenschweine unsere Pfade und mehr als einmal versetzten sie unserer Herde einen Riesenschrecken, als sie plötzlich aus den Büschen auf die Straße sprangen und fortrannten. Die Landwirte in der Gegend hatten eine Abneigung und traurigerweise hegten sie sogar Hass Geparden gegenüber und in

Gesprächen wurden wir regelmäßig gefragt, ob wir auf einen Geparden gestoßen waren. Gerüchten zufolge, die nur flüsternd die Runde machten, wurden jedes Jahr Hunderte Geparden von einem anerkannten und registrierten Rehabilitations- und Erhaltungsprojekt, das wir nicht erwähnen wollen, zwischen den Tierreservaten freigesetzt. Wir waren niemals auf lebende Geparden gestoßen, aber wir hatten ihre Spuren im Sand entdeckt und nachts oft ihre Rufe gehört und anscheinend waren Geparden eine wahre Pest für die Landwirte, da sie sich an ihrem Viehbestand satt fraßen. Geparden sind eine geschützte Art und in Südafrika ist es illegal, sie zu töten, aber leider interessierte das hier draußen niemanden. Mehr als einmal mussten wir uns von einem Farmer eine Horrorgeschichte über die Jagd und die Tötung dieses wunderschönen Tieres anhören!

Nach einer Nacht in der Obhut eines Farmers, der vor Kurzem ein Problem mit Geparden gehabt hatte, verließen wir seine Farm früh am nächsten Morgen. Wir waren gerade dabei, das Tor zur Farm zu schließen, als Tarwood, der frei am Straßenrand entlang graste, sich ohne Grund aus dem Staub machte. Ohne weitere Vorwarnung hob er einfach seinen Kopf und trabte still und leise in die Richtung, aus der wir am Vortag gekommen waren, los. Als wir aufblickten und seine Flucht bemerkten, schoss er in vollem Galopp ohne einen weiteren Blick davon.

(Lloyd)

Geschwind wies ich Isabel an, dass sie die anderen drei Pferde festhalten und hier auf mich warten solle, und joggte mit diesen Worten hinter Tarwood her. Nach den vielen Kilometern, die wir die Pferde zu Fuß geführt hatten, waren wir beide körperlich fit und ich joggte hinter Tarwood her in der Annahme, dass er bald anhalten würde. Aber jedes Mal, wenn ich um die nächste Ecke bog, sah ich nur seine Staubwolke einen knappen Kilometer vor mir. Langsam wurde mir die Situation ungemütlich und ich wusste nicht, was ich als Nächstes tun sollte. Ich hatte Isabel in einer abgelegenen Gegend mit drei Pferden am Straßenrand allein stehen gelassen, aber falls ich Tarwood nicht folgte, bestand die Gefahr, dass er immer weiter rannte und ich ihn nicht mehr wieder finden würde. Er hatte bestimmt schon fünf Kilometer zwischen sich und den Rest der Herde gebracht und er schien nicht weiter besorgt darüber. Meine Gedanken schlugen Purzelbäume und ich fragte mich, ob ich umdrehen sollte. »Versuche ich weiterhin Tarwood einzufangen und war Isabel sicher, so ganz allein hier draußen? Tarwood konnte von einem Auto angefahren werden oder jemand konnte ihn stehlen.« Dieser letzte Gedanke half mir meine Entscheidung zu treffen und ich joggte weiter. Mir war klar, dass Isabel bestimmt außer sich vor Sorge war, aber sie konnte auf sich selbst aufpassen und deshalb hatte ich mich für Tarwood entschieden.

Nach etwa zehn Kilometern kam ein weißer Pick-up mit einer Gruppe Farmarbeiter auf der Ladefläche auf mich zu, und nachdem ich sie angehalten hatte, erzählten sie mit weit aufgerissenen Augen, dass ein Pferd mit Sattel, aber ohne Reiter an ihnen vorbei gerannt sei. Ich berichtete, dass ich der vermisste Reiter war, und netterweise boten sie an, mich mit dem Pick-up zu Tarwood zu fahren. Nach ein paar Kilometern fanden wir Tarwood, wie er friedlich unter einem Baum graste. Er sah so aus, als ob er stolz auf seine außergewöhnliche Leistung war, und als er mich erblickte, hob er seinen Kopf und schaute mich an, so als ob er sagen wollte: »Wo warst du denn so lange?« Ich bedankte mich bei meiner Mitfahrgelegenheit und stieg mit einem freundlichen Gruß aus dem Pick-up aus.

(Isabel)

»Schnell, halte die drei Pferde fest, ich geh und fange Tarwood ein«, rief Lloyd mir zu und rannte hinter Tarwood her. Verdutzt starrte ich ihm hinterher und wunderte mich, warum Tarwood einfach so losgerannt war, da das so überhaupt gar nicht zu ihm passte. Warum auch immer, ich war nicht weiter besorgt und erwartet Lloyds und Tarwoods baldige Rückkehr. Aber die Zeit verging, ohne ein Zeichen von Lloyd oder Tarwood, und langsam, aber sicher wurde ich besorgt.

90

Nach einer Weile wurde mir meine eigene Situation immer mehr bewusst. Ich war eine junge Frau allein und mit drei Pferden im Schlepptau am Ende der Welt und saß am Straßenrand fest! Meine Gedanken überschlugen sich und ohne, dass ich Kontrolle darüber hatte, dachte ich darüber nach, was geschehen würde, falls Lloyd nicht mehr zu mir zurückkäme. Meine Gedanken liefen Amok und gaben mir das Gefühl, komplett hilflos und angreifbar zu sein.

Nach zwei Stunden allein mit Gedanken voller Furcht und Sorge um Lloyd kam ein weißer Pick-up mit der Ladefläche voller Farmarbeiter auf mich zu. Mein erster Instinkt war die Flucht, doch mir wurde schnell klar, dass das mit drei Pferden im Schlepptau eher schwierig war. Stattdessen riss ich mich zusammen, zauberte ein Lächeln auf meine Lippen und trat in die Mitte der Straße. Ich hob meine zitternde Hand, winkte und damit hielt der Pick-up neben mir an. Ich war mir der verwunderten Blicke mehr als bewusst, aber jetzt gab es kein Zurück mehr. Ich atmete tief ein und fragte beiläufig, ob sie zufällig einen großen, schlanken Mann, der einem schwarzen Pferd hinterherrannte, gesehen hätten. Verdutzt, aber freundlich erklärten sie mir in gebrochenem Englisch, dass sie ihn gesehen hätten und dass er mit dem Pferd auf dem Rückweg sei. Ihre Worte hoben ein schweres Gewicht von meinen Schultern und mir entglitt ein tiefer Seufzer der Erleichterung. Jetzt musste ich nur noch ein paar nette Worte finden, um Lloyd zu begrüßen, schließlich war er für mehr als zwei Stunden hinter Tarwood hergerannt und ich wollte keinen Streit provozieren. Mein Versuch war ehrenwert, aber völlig umsonst, denn in dem Moment, in dem ich Lloyd erblickte, sprudelten die Furcht und Angst, die mich die letzten zwei Stunden über im Griff gehabt hatten, wie ein Wasserfall aus mir heraus. Streit Nummer 328 war die Folge …

Marulafrüchte vom Himmel (Isabel)

Täglich hafteten die Hitze und Schwüle des Limpopotales wie eine schwere, drückende Decke an unseren Körpern. Wir verbrachten viele Stunden damit, untätig unter einem Baum zu sitzen, während die Pferde friedlich um uns herum grasten oder rasteten. Wir saßen in Stille, wir unterhielten oder stritten uns, wir zerquetschten Schweiß liebende Mopanefliegen oder warfen mit dem Ruf des Gelbschnabeltokos, der immer wieder durch die Büsche hallte, Kieselsteine auf ferne Objekte, während Matabeleameisen im Gänsemarsch über die Straße marschierten. Wir labten uns an den köstlichen Früchten des Amarulabaumes und nahmen das kontinuierliche Brummen der Cicadakäfer im Hintergrund kaum mehr wahr. Es war Tarwood, der als Erster erkannte, dass Amarulafrüchte auch für Pferde ein absoluter Genuss waren, und die anderen drei folgten seinem Beispiel. Häufig saßen wir gemeinsam unter einem Baum und teilten die Früchte gerect untereinander auf. Ihr Geschmack war süß, kühl und sirupartig und war eine köstliche Erleichterung von der Hitze.

Mein Tagebucheintrag vom 14. März 2010

»Während wir die Pferde zu Fuß führten, habe ich heute über meine Familie nachgedacht und was ich ihnen antworten würde, falls sie mir die Frage stellten, wie die Reise den so sei. Ich habe lange darüber nachgedacht und meine Antwort ist schwierig in Worte zu fassen. Du läufst auf einer Schotterstraße mit deinen Pferden entlang und es ist heißer, als du es dir jemals vorstellen kannst, und der Schweiß läuft dir in Strömen den Körper hinab. Fliegen schwirren um dein Gesicht und deinen Mund herum und nerven dich. Dein Mund ist ausgetrocknet und du bist durstig, aber du läufst einfach weiter und dann ganz plötzlich wird alles viel einfacher. Es fühlt sich an, als ob du eine andere Ebene in deinem Bewusstsein betreten hast. Du bist in einem meditativen, hypnotisierenden Geflecht aus Gedanken und Gefühlen gefangen und willst diese Ebene nur widerstrebend wieder verlassen!«

Lloyd und ich sprachen viel über die Großzügigkeit der Menschen, auf die wir täglich trafen. Die unzähligen Zufälle, die uns immer wie aus dem Nichts heraus Hilfe brachten, konnten nicht weiter Zufälle genannt werden, sondern eher Fügungen. Wir konnten die Tatsache, dass wir auf dieser Reise immer beschützt waren und dass uns jemand oder etwas immer begleitete, nicht weiter ignorieren. All die unglaublichen Koinzidenzen, die wir tagtäglich erlebten, schrieben wir dem *Nkulunkulu,* dem lieben Gott zu. *Nkulunkulu* ist ein Zuluwort und bedeutet wörtlich übersetzt der Allmächtige oder der Großartige. Als wir an einem Rasttag unsere Vorräte in einer Stadt aufstocken mussten, beschlossen wir einen Autoaufkleber mit den Worten »Mit Hilfe des Nkulunkulu« anfertigen zu lassen. Jeder Tankwart, auf den wir von jetzt an stießen, war darüber hocherfreut und jedes Mal entstand daraus ein Gespräch oder wir ernteten ein schüchternes, wissendes Lächeln.

Kapitel 4

KALAHARI SANDVELD

NORDWEST-PROVINZ
26. März 2010 – 31. Mai 2010
Gereiste Entfernung: 3493 Kilometer
Pferde: Fever und Tarwood
Roan und Himba

Das Reisen bietet einem ein Kaleidoskop aus verschiedenen Kulturen, unbegrenzten Möglichkeiten, Orten und Sprachen an und diese Reise war mit Sicherheit nicht anders. Wir trafen auf so viele verschiedene, warmherzige Mitmenschen, die uns ohne Furcht mit offenen Armen und einem Lächeln willkommen hießen. Die Vegetation des Landes wechselte von üppigem, sattem Grün zu ausgedörrter, zerbrechlicher Steppe und die Dynamik veränderte sich kontinuierlich vor unseren Augen. Wir wiederum blieben auf unsere Aufgabe fixiert und passten uns im Ausgleich an die äußerlichen Veränderungen an. Die Pferde bauten in ihrer bescheidenen, sanften Art und Weise stille Brücken zwischen uns und unseren Mitmenschen. Türen, die verschlossen waren, öffneten sich und verbanden uns mit den Menschen, die wir auf der Strecke trafen. Sogar Kinder, die in ihrem Leben noch kein Pferd gesehen hatten, kamen aufgeregt auf uns zugerannt und riefen erfreut: »Amahachi, Pitsi, Pferde!« (Pferde auf Xhosa und Zulu, auf Tswana, der Botswanasprache, und in Afrikaans.)

Wie Gott in Frankreich (Isabel)

Nachdem wir den Maricofluss in die Nordwest-Provinz überquert hatten, landeten wir mit einem Rutsch aus unbequemen und harten Umständen in der brütenden Hitze im Luxus mit Klimaanlagen und Fünf-Gänge-Menüs! Die Pferde kamen in einem benachbarten Feld

94

mit einem einsamen Pferd namens Blue unter, der nur eine halbzahme Kudu-Antilope mit einem krummen Horn als Gefährte hatte. Sie waren an große Gehege gewöhnt und genossen drei wundervolle Tage Rast mit ihren ungewöhnlichen Feldgefährten. Wir kamen in der Etali Lodge unter und schlemmten wie Gott in Frankreich, während wir von den Besitzern der Lodge Koos und Susan mehr als nur verwöhnt wurden. Etali war ein wunderschöner Ort im Herzen des Madikwereservates und die Großen Fünf besuchten täglich die Wasserstelle vor der Lodge. Ohne Probleme hätten wir uns hier für ein paar Monate einquartieren können, doch komischerweise war das Bedürfnis, mit unseren Pferden unterwegs zu sein, immer gegenwärtig und sehr bald vermissten wir es wieder. Koos half uns die Genehmigung durch das Madikwereservat weiterzureiten, zu beantragen, aber leider wurde aus folgendem Grund abgelehnt: Das Reservat hatte seine Tragkraft für Löwen überschritten und es wimmelte nur so von diesen Tieren. Uns wurde aus Sicherheitsgründen geraten auf der Grenzstraße zwischen Madikwe und Botswana zum Kopfontein Grenzposten weiterzureiten und das Reservat außerhalb des Zaunes zu umrunden.

Während der drei Nächte in der Etali Lodge hatten wir die Pferde jeden Morgen und Abend außerhalb des Reservates besucht, um sie zu füttern. Falls es je eine Zeit gab, in der wir uns um die Afrikanische Pferdepest Sorgen mussten, dann war sie jetzt gekommen. Es war das Ende der Regenzeit, es war unglaublich heiß und in den umliegenden Reservaten lebten reichlich Zebras, die Virusträger waren. Jede Nacht sprühten wir unsere vier mit einem Mittel ein, das wissenschaftlich bewiesen die Stichrate der kleinen Mücken, die den Virus von Zebra zu Pferd übertragen, mindert.

Am Morgen unserer Abreise kamen zwei stattliche Löwen zu der Wasserstelle vor der Lodge und ihr Gebrüll hallte für über eine halbe Stunde durch das Gebüsch, als das brüderliche Paar uns für eine Weile in Richtung der Ausgangsschranke begleitete. Nicht viel später verließen wir das Feld mit Himba, Roan, Fever und Tarwood und ritten am Zaun, hinter dem sie die letzten drei Nächte verbracht hatten, entlang. Blue rannte im Innern des Zaunes neben uns her und folgte uns bis zum Ende seines Geheges, wo er gezwungen war anzuhalten. Sein verzweifeltes Wiehern klingelte uns in den Ohren und wir fragten uns wieder einmal, warum Menschen ein geselliges Herdentier alleine hielten. Unzählige Male stießen wir auf Pferde, die an ihrem Zaun entlang ohne Unterbrechung und mit gesenkten Köpfen auf und ab wanderten. Ihre Wanderung wurde nur gelegentlich durch ein verzweifeltes Wiehern oder ein ungeduldiges Scharren unterbrochen. Diese Zeichen waren klare Zeichen des Stresses und der Einsamkeit und Blue zeigte diese jetzt ganz deutlich.unsere Pferde waren sich Blues Stresses bewusst und beschlossen, dass sie ihren neu gefundenen Freund nicht einfach so alleine lassen konnten. Himba im Besonderen versuchte ständig umzudrehen und zu Blue zurückzukehren, bis weit außerhalb seiner Sicht- und Hörweite hinaus. Möglicherweise war es Instinkt, Einfühlungsvermögen oder Mitgefühl für Blue, die unsere Herde und uns niedergeschlagen und traurig fortreiten ließen.

Botswanagrenze

Für die nächsten Tage kampierten wir im Zelt auf der Grenzstraße zwischen den zwei Ländern Südafrika und Botswana. Jeden Abend errichteten wir unseren mobilen Zaun für die Pferde um unser Lager herum und schlugen unser Zelt auf. Es hatte etwas Magisches, auf dem Boden mit den Pferden ganz nah zu schlafen. Ihre Gegenwart beruhigte unsere müden Geister und leitete oft friedlichen Schlaf ein. In der Nacht konnte ihr Grasen und gemütliches Kauen gehört werden und jedes Mal, wenn sie am Zelt vorbeischritten, spürten wir die sanften Vibrationen ihrer Schritte durch und durch.

Das Gebiet, das wir durchritten, war für die Löwenjagd bekannt geworden und Löwen wurden für genau diesen Zweck in Gefangenschaft gezüchtet. Das sogenannte »canned lion hunting«, in welchem Löwen in Gefangenschaft und manchmal sogar unter Betäubung gejagt wurden, verursachte einen internationalen Aufschrei. Unter dem internationalen Druck beschloss die Regierung ein Gesetz zu verabschieden, das diese Jagdmethode illegal machte. Das Gesetz sollte beinhalten, dass jeder Löwe, der gejagt werden sollte, vorher mindestens zwei Jahre in Freiheit in einem Gehege von mehr als 2000 Hektar Größe gelebt haben sollte. Die Jagdindustrie protestierte heftig und bis heute ist noch nichts entschieden. Trotzdem wurde die Situation für viele Farmer, die die Löwenjagd anboten, finanziell belastend und viele öffneten ihre Tore und entließen Löwen en masse in die freie Wildbahn. Diejenigen, die es über den Grenzzaun nach Botswana in Sicherheit schafften, wurden vom Schicksal geschont, aber diejenigen, die sich am Viehbestand statt fraßen, wurden erschossen und manche streunen noch immer auf Nahrungssuche im Schutz der Dunkelheit durch die Gegend. Uns wurde extreme Vorsicht geraten, während wir mit unseren Pferden unterwegs waren, aber unter den wohlbekannten Hyänen-, Geparden und Leopardenspuren im Sand waren keine Löwenspuren sichtbar. Doch ihr tiefes Gebrüll schallte nachts oft aus der Ferne durch unser Zelt und manchmal sträubten sich uns sogar die Haare.

Neben der Bedrohung durch Löwen waren wir zusätzlich über den Diebstahl der Pferde besorgt. Der Grenzzaun zwischen Botswana und Südafrika war teilweise kaputt und hatte große Lücken und manchmal waren sogar private Tore im Zaun errichtet worden, die illegale, aber problemlose Überquerungen von einem Land ins andere ermöglichten. Wir waren ständig besorgt, dass, falls die Pferde wegrannten und durch eine dieser Lücken in Botswana landeten, wir sie vermutlich nie mehr wiederfinden würden. Ein Landwirt, bei dem wir für die Nacht unterkamen, war in der Einheit für Viehdiebstahl tätig, und während des Abendessens ließen die Geschichten, die er uns erzählte, unsere Haare zu Berge stehen. Diebstahl war eine echte Bedrohung hier draußen und unsere Nerven waren gespannter als je zuvor. Die meisten Nächte schliefen wir mit einem offenen Auge und wachten jede Stunde auf, um zu sehen, ob unsere vier Kameraden noch da waren. Unser Zelt war grundsätzlich mit der Öffnung in ihre Richtung positioniert, sodass wir mit unseren Taschenlampen aus dem Zelt leuchten konnten, um die Reflektionen ihrer Augen aufzufangen.

Himbas Reaktion (Isabel)

Es war Ende März und es regnete ungewöhnlich oft und heftig für diese Jahreszeit. Die Hitze und Schwüle waren fast unerträglich und wir hatten beschlossen, für eine Weile ein leichtes Zelt zu benutzen, da es nicht angenehm war, jede Nacht durchnässt aufzuwachen. Das Zelt war oval und dunkelgrün und sah in seiner Hülle wie ein Gegenstand aus einer anderen Galaxie aus. Wir befestigten es jeden Morgen auf dem Packsattel und das Packpferd gewöhnte sich recht schnell an das ungewöhnliche Objekt und trug es ohne Weiteres.

An diesem Morgen war Himba als Erster an der Reihe, das Packpferd zu sein, und er trabte gemütlich mit dem grünen Ufo auf dem Sattel hinter uns her. Wir ritten auf einer Schotterstraße neben dichtem Gebüsch und dem Grenzzaun und durch die Stille vernahm ich plötzlich, wie etwas an dem Zelt kratzte, und im nächsten Moment wurde auch schon der Führstrick aus meiner Hand gezogen. Ein panischer Himba galoppierte an mir vorbei und rannte die Straße entlang und war fort. Ein sachtes Kommando genügte und Fever fiel mit einer fließenden Bewegung in einen Trab, während ich Lloyd über meine Schulter zurief, dass ich Himba folgen würde. Nach all den Gesprächen über Pferdediebstahl machten meine Gedanken sich selbstständig und Bilder der Eselskarren, an denen wir täglich vorbeiritten, erschienen. Ich fröstelte bei dem Gedanken an den Missbrauch der Tiere, und falls Himba in falsche Hände gelangte, war es durchaus möglich, dass ein ähnliches Schicksal auf ihn wartete. Die Überlegung versetzte mir einen Schlag in die Magengrube und in meiner Verzweiflung trieb ich Fever an.

Himba war schon lange aus meinem Sichtfeld verschwunden, aber wenigstens konnte ich seinen Spuren im Sand folgen. In einer Kurve entdeckte ich ein paar junge Burschen auf der Straße und zu meiner Überraschung stand Himba neben ihnen. Einer der Buben hing an Himbas Führstrick, während Himba nervös mit den Ohren zuckte. Die Buben waren beim Holzsammeln gewesen und der Eselskarren, der neben ihnen stand, war bis zum Platzen mit Ästen und Zweigen gefüllt. Vier dünne und erschöpfte Esel waren vor den Karren gespannt, und als ich mich näherte, stach mir der schockierende Zustand dieser armen Tiere ins Auge. Als ich in die erstaunten Gesichter der Kinder blickte, erkannte ich Unglaube und Verwunderung über die junge weiße Frau, die mit zwei Pferden hier draußen aus dem Nichts aufgetaucht war, und Himbas Ausbruch und das bizarre Objekt auf seinem Packsattel trugen nur dazu bei. Nach kurzem Zögern trabte ich direkt auf die Gruppe zu, sprang vom Pferd und schnappte mir Himbas Führstrick. Mit einer etwas zu lauten Stimme, aber einem breiten Lächeln auf den Lippen sagte ich ein herzliches Dankeschön und führte meine beiden Pferde auf die andere Straßenseite, um dort mit klopfendem Herzen auf Lloyd zu warten. Himba war etwas nervös und gestresst, schien aber ansonsten unversehrt, und zum Glück war alles gut ausgegangen und niemand war verletzt oder vermisst worden. Oder so dachten wir …

Etwa eine Woche später entwickelte Himba eines Morgens ein Fieber und schwitzte mehr als die anderen, aber bis auf das zeigte er keine weiteren Symptome einer Krankheit und schien auch sonst nicht unwohl. Seit wir Durban verlassen hatten, kontrollierten wir die Temperatur der Pferde jeden Morgen und Abend. Ein Fieber war generell ein früher Hinweis auf eine Krankheit und deshalb extrem wichtig. Himbas Gaumen und innere Augenlider waren etwas schlecht durchblutet und bleich, und da die Pferde auf der Strecke ein paar Zecken aufgenommen hatten, vermuteten wir ein Zeckenfieber. In diesem Fall war es das Beste, ihn ohne weiteres Gepäck oder Gewicht die zwei Tage bis nach Mafikeng zu führen, und in Mafikeng hatten wir sowieso eine Woche lang Rast geplant. Wir führten die Pferde viel und teilten die Reiterei zwischen Fever, Tarwood und Roan. Am nächsten Morgen war Himbas Temperatur wieder normal und genau das hätte unser Misstrauen wecken sollen …

Die Afrikanische Pferdepest in Mafikeng (Isabel)

Wir trafen in einer Seitenstraße am Ramatlabama Grenzposten, etwa 20 Kilometer nördlich von Mafikeng, auf Ian Engelbrecht, einen ehemaligen Militärsoldaten. Ian bot uns sein Haus zur Übernachtung an und besorgte eine Koppel für die Pferde mit reichlich Gras und Wasser und alles Weitere für uns. Unser »Zuhause auf Rädern«, der Pick-up, war ein Sechstageritt weit entfernt und Johanna, Ians Frau, fuhr uns netterweise den ganzen Weg zurück, um unser Auto abzuholen. Ihr kleiner Uno klapperte und quietschte für knappe 400 Kilometer auf den diversen Schotterstraßen entlang und das nur, damit wir unsere Satteltaschen mit Vorräten auffüllen konnten und in unseren eigenen Schlafanzügen schlafen konnten! Die Großzügigkeit der Menschen verschiedener Rassengruppen und Kulturen, auf die wir trafen, war unfassbar und füllte uns mit Demut und Bescheidenheit.

Innerhalb kürzester Zeit entwickelte Himba erneut Fieber, aber dieses Mal zeigte er zu unserem Horror klare Symptome der Afrikanischen Pferdepest. Die Afrikanische Pferdepest ist eine Viruserkrankung und tritt in drei verschiedenen Formen auf. Die Krankheit betrifft entweder die Lungen, das Herz oder in der gemischten Form das Herz und die Lungen. Die Herzform wird in Südafrika auch Dik Kop (dicker Kopf) genannt. Symptome dieser Form sind geschwollene Augenlider und Fieber und das Pferd ist körperlich total erschöpft. Wir verschwendeten keine weitere Minute und begannen sofort mit Himbas Behandlung. Wir nahmen Blut ab und schickten die Probe ins Labor, um eine Bestätigung zu erhalten, aber ein Bluttest dafür dauerte mindestens zwei Wochen. Da die Pferdepest virusbedingt ist, gibt es keine Medikamente, die die Krankheit bekämpfen, und es kann nur symptomatisch behandelt werden. Lloyd und ich glauben in die Kraft homöopathischer und pflanzlicher Mittel und wir behandelten Himba mit einem pflanzlichen Medikament, das alle vier Stunden am Tag und durch die Nacht gegeben werden musste. Wir verbrachten Stunden über Stunden mit Himba über Tage hinweg und hofften auf das Beste. Die Afrikanische Pferdepest hat eine sehr hohe Todesrate, aber wir hofften, dass Himba überleben würde, und überhäuften ihn mit Zuneigung und positiver Energie.

Nach ein paar Tagen mit kaum Schlaf und unter ständiger Sorge kamen wir nach ein paar Stunden Rast wieder zu den Pferden und zum ersten Mal seit Langem graste Himba friedlich neben seinen Kameraden. Es sah so aus, als ob er über das Schlimmste hinweg war, und damit waren wir überzeugt, dass Himba überleben würde, was einen Stein der Sorge von unseren Schultern fallen ließ. Etwa zwei Wochen später erhielten wir das Resultat des Bluttestes und es war tatsächlich die Afrikanische Pferdepest gewesen und Himbas Blutbild zeigte sogar eine ungewöhnliche hohe Viruszahl an. Jetzt brauchte Himba mindestens zwei bis zu vier Wochen Rast, um sich vollends von der Krankheit zu erholen.

Der Himmel über Mafikeng hatte sich geöffnet und während Himbas Erholung schüttete es für Wochen wie aus Eimern. Mafikeng und die umliegenden Gebiete erhielten ungefähr 300 Millimeter Regen im Monat April, was absoluter Rekordniederschlag laut den Geschichtsbüchern Mafikengs war. Wir waren in der Zwischenzeit von Ian, dem Militärsoldaten, zu der Familie Bartl nach Mafikeng knappe 30 Kilometer weiter weg gezogen, um das Internet zu nutzen und in Kontakt mit der Zeitung zu treten.

Fever folgt Himbas Beispiel (Isabel)

Während Himba sich erholte, ritten wir gelegentlich auf zwei der drei anderen Pferden aus, um sie etwas zu trainieren und fit zu halten. All unsere Pferde können angebunden werden und an einem Nachmittag nach einem Ausritt hatten wir Fever und Roan jeweils an einem Baumstumpf angebunden, um sie abzusatteln. Etwas im nahe gelegenen Busch machte ein Geräusch, erschreckte Fever und damit zog er an seinem Führstrick, der am Baumstumpf befestigt war. Mit Horror sah ich, wie sich der Baumstumpf unter Fevers kraftvollem Zug bewegte, und Fever bäumte sich in Panik auf. Er riss und zerrte an seinem Führstrick, um sich von dem Objekt zu befreien, aber je mehr er zerrte, desto mehr bewegte sich der Baumstumpf unter ihm! Ich war komplett hilflos und konnte nichts tun und musste zuschauen, wie sich mein geliebter Fever selbst verletzte und immer mehr in Panik geriet. Nach ein paar Sekunden, die sich wie eine Ewigkeit angefühlt hatten, stand Fever urplötzlich bis auf seinen rasenden Atem komplett regungslos. Lloyd nutzte die Gelegenheit und schnitt den Führstrick mit seinem Messer durch und wie auf ein Zeichen raste Fever los. Lloyd musste ihm aus dem Weg springen, um nicht umgerannt zu werden. Wir setzten ihm nach, und als wir um die Büsche bogen, hörten wir ihn durchs Gebüsch zurück in unsere Richtung donnern. Zu meinem Grauen war der Sattel auf Fevers Rücken locker geworden und durch seinen panischen Fluchtversuch hing er nun an seinem Bauch, und während Fever auf uns zuraste, versuchte er mit seinen Hinterbeinen den Gegenstand, der ihn attackierte, wegzuschlagen. Es war grauenvoll, ihm zu zusehen, wie er sich selbst verletzte, und ich brach in Tränen der Verzweiflung aus und rief Lloyd zu, wie ich ihn nur stoppen konnte. Fevers Versuche blieben fruchtlos und er versuchte vor dem Sattel zu fliehen und rannte ziellos wie von der Tarantel gestochen umher, ohne darauf zu achten, wohin er rannte. Er war so außer sich, dass er sogar ohne Weiteres durch ein geschlossenes Tor in eine anliegende Koppel rannte. Wir folgten ihm in die Koppel und konnten nichts weiter tun, als mit den anderen drei Pferden zu warten, bis er anhielt. Aber Fever rannte, bis er nicht mehr rennen konnte, und als er schlussendlich stillstand, bewegten wir uns vorsichtig auf ihn zu.

Sein Anblick ließ mich in einen weiteren Tränenstrom ausbrechen. Seine Augen waren vor Terror weit aufgerissen, seine Ohren zuckten in alle Richtungen und seine Atmung kam stoßförmig und seine ganze Körperhaltung verriet den Horror in seinem Inneren. Ich war am Boden zerstört und nach den Tausenden von Kilometern, die wir zusammen durchgestanden hatten, fühlte ich mich, als ob ich ihn enttäuscht und alleingelassen hätte. Fever war von oben bis unten mit Kratzern und blauen Flecken überzogen und er hatte sogar sein Auge durch einen spitzen Gegenstand verletzt. Ich verbrachte den Nachmittag damit, ihn zu behandeln und zu trösten, aber die Nachwirkungen des Horrors waren in seinen Augen klar sichtbar. Mein armer Fever war durch die Hölle gegangen und ich hatte nichts weiter getan als dagestanden und ihm zugeschaut! Es war ein Unfall gewesen, aber dennoch fühlte ich mich für die Geschehnisse verantwortlich.

Am nächsten Morgen stellten wir fest, dass Fever ein extrem hohes Fieber entwickelt hatte. Unsere Diagnose war wieder einmal eine voll ausgeprägte Afrikanische Pferdepest, welche später von einem Bluttest bestätigt wurde. Dieses Mal aber hatten wir es mit der aggressiveren und tödlicheren Lungenform zu tun. Die Todesrate der Lungenform lag bei 70 Prozent und ich war zutiefst beunruhigt über Fevers Zustand. Wir gaben ihm wie Himba zuvor das pflanzliche Mittel alle vier Stunden und hofften, dass er stark genug war, die Krankheit zu bekämpfen. Während jeder Mahlzeit musste ich den Futtereimer für Fever hochheben, da er zu nervös und schreckhaft war, um in Ruhe zu fressen. Nach jedem Mundvoll hob er den Kopf und lauschte angespannt in alle Richtungen, um eventuelle Bedrohungen früh genug zu erkennen. Im Gegensatz zu Himba, der mit der Krankheit apathisch geworden war, wurde Fever hyperaktiv und rastete kaum. Er fraß wenig und nach ein paar Tagen hatte er sichtbar Gewicht verloren. Es war, als ob er vor meinen Augen körperlich verkümmerte. Seine Augenhöhlen fielen tiefer und jede Furche an seinem Körper wurde ausgeprägter. Meine Sorge um ihn wurde jeden Tag schlimmer und ich konnte die Schuldgefühle, die auf meinem Gewissen lasteten, kaum ertragen.

Jedes Mal, wenn wir nach ein paar Stunden Schlaf zu den Pferden kamen, fragte ich mich, ob Fever noch am Leben sein würde. War das der Anfang? Werden jetzt all unsere Pferde an der Pferdepest erkranken? War der ungewöhnlich hohe Niederschlag das Problem? Wir überlegten sogar, ob wir die Pferde zu ihrem Schutz aus diesem verseuchten Gebiet in die Berge transportieren sollten. Pferde aus dem ganzen Gebiet um uns herum erkrankten und wir hörten von sieben Pferden aus Zeerust, die an der Pferdepest erkrankt und gestorben waren. Uns war aber auch bewusst, dass wir sie mit einem Transport nur unnötig unter Stress setzen würden, und Fevers Zustand ließ eine Reise in einem Anhänger einfach nicht zu. Lloyd nahm Kontakt mit Frik du Preez, ein Pferdenarr und eine südafrikanische Rugby-legende, auf und der gab uns den Rat, an Ort und Stelle zu bleiben und auf das Beste zu hoffen.

Unsere Zeit in Mafikeng zählte zu einer der schwierigsten während unserer Reise um Südafrika. Zwei unserer geliebten Pferde waren an der Pferdepest erkrankt, und während wir in einem Laden erschöpft einkaufen waren, wurden unser Laptop, unsere Kamera und ein Haufen Bargeld aus unserem Auto gestohlen – eine finanzielle Katastrophe in unserer momentanen Lage. Dann fanden wir auf der Farm, auf der unsere Pferde untergekommen waren, einen kleinen Hundewelpen. Der Welpe war winzig und in schockierendem Zustand, dünn wie ein Strich, voller Würmer, Parasiten und Flöhe und er hatte schlimmen Durchfall. Hinter der schrecklichen äußerlichen Fassade aber erkannten wir einen sehr süßen und lieben Hund und wir beschlossen den Welpen zum Tierarzt zu bringen. Wir ließen den Welpen zur Behandlung zurück und sagten zu der Tierarzthelferin, dass wir in ein paar Stunden wieder zurück wären, um den Welpen wieder abzuholen. Nachdem wir Fever seine Medizin gegeben hatten, betraten wir die Praxis und uns wurde ohne weiteres Mitgefühl mitgeteilt, dass der Tierarzt den Welpen einfach so eingeschläfert hatte. Ich war am Boden zerstört und Lloyd war so wütend, dass er dem Tierarzt am liebsten eine reingehauen hätten. Noch im Auto auf dem Weg zur Praxis hatten wir beschlossen den Welpen mitzunehmen und ihm ein Zuhause zu geben. Aber was uns letzten Endes sprachlose stimmte, war unser Pick-up, der am Morgen nicht mehr zündete und dringend repariert werden musste – wir konnten uns aber die Reparatur nicht leisten. Doch ein wahrer Schimmer der Hoffnung zeigte sich durch unseren neu gefundenen Freund Gert De Necker. Ian, der Militärmann, hatte uns einander vorgestellt und Gert beschloss unser Auto umsonst und einfach so zu reparieren. Er überholte den kompletten Motor und der Pick-up war hinterher wieder wie neu und lief ohne weitere Probleme bis nach Durban zurück.

Dawie Bartls Pferd erkrankte an der Pferdepest ziemlich bald, nachdem wir sie zufällig in einem Café in Mafikeng getroffen hatten. Wir hatten Dawie von dem pflanzlichen Medikament, das wir für

Himbas und Fevers Behandlung genutzt hatten, erzählt und sie bestellte dasselbe für ihr Pferd, als es erkrankte. Mit Zuneigung und der Medizin überlebte ihr Pferd und sie war uns unglaublich dankbar für unsere Hilfe. Sie bot uns an bei ihr zu übernachten, falls wir es jemals brauchen sollten. Nach ein paar Wochen mit Ian und Johanna fühlten wir uns etwas unwohl und dachten, es wäre besser, für eine Weile woanders unterzukommen. Wir wollten ihre Gastfreundschaft und Freundlichkeit nicht missbrauchen und deshalb nahmen wir Dawies Angebot an. Die drei Wochen bei der Familie Bartl stellten sich als schwierig und mehr als unangenehm dar. Wir verbrachten die meiste Zeit bei den Pferden, um Fever zu behandeln und die anderen zu füttern. Dawie ist eine typische Mama und kochte jeden Abend für uns, aber wir waren selten zum Abendessen anwesend, da Fever alle vier Stunden seine Medizin brauchte und wir oft zwischen den Gaben nicht zum Haus zurückkehrten. Wir sagten zu Dawie, dass wir ihr sehr dankbar für die freundliche Geste wären, sie sich aber wirklich keine Mühe machen solle. Es war eine schwierige Zeit für alle und unser Aufenthalt wurde mit jedem Tag unangenehmer. Dawie und Frank waren so gut zu uns gewesen und wir fühlten uns schuldig und undankbar, das wir nie zum Abendessen da waren. Nach einer Weile wurden die Zusammentreffen im Gang peinlich und wir konnten es kaum erwarten, weiterzuziehen, um den Bartls ihr Haus zurückzugeben.

Nach Tausenden von Kilometern und endlosen Erfahrungen zusammen hatte sich ein enges Band zwischen unseren Pferden und uns entwickelt. Der alleinige Gedanke an den Tod eines unserer Pferde durch die Pferdepest war kaum zu ertragen. Nach einer langen, ermüdenden und stressvollen Woche schien Fever die Kurve gekriegt zu haben und war über den Berg. Der starke kleine Fuchs hatte durch pure Willenskraft den Kampf gegen die Krankheit gewonnen. Nach einer dreiwöchigen Rast war er wieder der Alte und die Atmosphäre rechtfertigte das Weiterziehen unserer Truppe.

Boputhatswana – ein altes Heimatland (Lloyd)

Die sechs schwierigen und belastenden Wochen in Mafikeng wurden durch die Freundlichkeit der erstaunlichen Familien Engelbrecht, De Necker und Bartl immens erleichtert. Alle drei Familien werden wohl nie wirklich wissen, wie viel ihre Hilfe und Unterstützung uns bedeutet hatte und wie dankbar wir ihnen wirklich waren.

Wir waren wieder auf dem Weg in Richtung Westen und ritten am Molopofluss entlang in das frühere Heimatland des Tswana-Stammes. Im Voraus hatten wir Futter für die Pferde und Proviant für uns in Boputhatswana verteilt und wir hofften, dass es bei unserer jeweiligen Ankunft noch da sein würde. Das Gebiet war sehr bevölkert und es wimmelt nur so von Kühen, Ziegen, Schafen und Hühnern, denen die Vorräte bestimmt auch schmecken würden. Jedes Mal, wenn wir die Vorräte im Busch oder hinter Felsen versteckten, gaben wir uns extra Mühe, keine unnötige Aufmerksamkeit auf uns zu ziehen. Aber wir hatten keine andere Wahl und versteckten jeweils 30 Kilogramm Pferdefutter, einen kleinen Beutel mit Haferflocken und etwas Zucker zum Frühstück, eine Packung Nudeln mit einer Dose Tomatensoße zum Abendessen, Nüsse, manchmal Früchte und einen Schoko- oder Nussriegel zum Mittagessen, ein paar Teebeutel und zehn Liter Trinkwasser in der Hoffnung, dass es niemand entdecken würde. Die zehn Liter Wasser waren zum Trinken und Kochen, und was übrig blieb, war normalerweise knapp ein Liter, der für die körperliche Hygiene benutzt wurde.

Der Niederschlag, der in den letzten Wochen gefallen war, hatte glücklicherweise Teile des Molopoflusses gefüllt und wir konnten die Pferde damit tränken. Wasser war kostbar und es stand uns nur begrenzt und nicht im Überfluss zur Verfügung. Wir hielten es nie für selbstverständlich und waren jeden Tag dafür dankbar. Jeden Abend, wenn wir uns der Stelle näherten, in der wir unsere Vorräte versteckt hatten, überkam uns Beklommenheit. Wir konnten nie wissen, ob unsere Vorräte von etwas oder jemandem entdeckt und geplündert worden waren.

(Isabel)

Es war Anfang Mai und die Jahreszeit veränderte sich merklich. Die Morgen und Abende wurden spürbar kühler und wir hofften auf Frost. Der erste Frost bedeutete das Ende der Pferdepestsaison und kündigte den Winterbeginn an. Am Tag unseres Aufbruchs von Mafikeng hetzten Lloyd und ich durch unser Zimmer bei den Bartls, um alles zusammenzupacken. Nachdem wir das Haus verlassen hatten, erhielt ich einen Anruf von Frank Bartl, in dem er mir kurz und knapp sagte, dass die Putzfrau nach einem Trinkgeld gefragt hätte, da sie einmal unsere Wäsche gewaschen hätte und verärgert war, dass wir ihr nichts gegeben hätten. Dann legte er einfach auf und ich starrte verdutzt und ungläubig auf das Handy in meiner Hand. Lloyd fragte, was los sei, und nachdem ich alles erklärt hatte, sagte er, dass er glaube, das Frank dieser Meinung war und nicht die Putzfrau. Vielleicht waren wir einfach zu lange dort geblieben, und um die Sache gutzumachen, legten wir ein paar Scheine in einen Umschlag und schickten ihn zu den Bartls.

Am Abend unserer ersten Nacht wurde mir plötzlich sehr schlecht und ich musste mich fast übergeben. Ich hatte Pasta zum Essen vorbereitet, aber bis auf eine Tasse Tee brachte ich nichts runter. Während der Nacht, als die Temperatur außerhalb unseres Zeltes unter Null sank, drehte ich mich mit Schüttelfrost und Übelkeit von einer Seite auf die andere, aber ich erwachte völlig gesund und ohne Probleme. Der weiß glitzernde Frost, der uns am Morgen begrüßte, war Grund zur Freude und wir bewunderten die wunderschönen Schatten aus Grau und Weiß auf dem Gras und den Pflanzen um uns herum. Unser Zelt war mit einer dünnen Eisschicht bedeckt und der Gedanke daran, dass wir es ohne Verluste mit zwei tapferen Überlebenden durch die Pferdepestsaison geschafft hatten, ließ uns laut auflachen!

Die Sothos/Tswanas, die in Boputhatswana leben, sind ein sehr freundliches Volk und sie erinnerten mich sehr an die Xhosas aus der Transkei. Ohne Ausnahme wurden wir von jeder Person, auf die wir trafen, begrüßt und später gefragt, ob wir ihnen eines unserer Pferde geben könnten, und ich konnte es nicht glauben, als eine Frau sogar ihr Kind zum Austausch für ein Pferd anbot! Außer einer Menge Eseln trafen wir nur auf drei Pferde in Boputhatswana, da die zähen und abgehärteten Esel kaum an der Pferdepest erkrankten. Falls eines unserer Pferde hier vermisst würde, waren die Chancen gut, dass es entweder an der Pferdepest zugrunde ging oder von seinem neuen Besitzer missbraucht und schlecht behandelt werden würde. Für die nächsten fünf Tage durch Boputhatswana schliefen wir wieder einmal mit einem offenen Auge und kontrollierten die Pferde oft mehrmals in der Nacht.

Die Kalahari

Nachdem wir Boputhatswana hinter uns gelassen hatten, betraten wir die eindringlich schöne Kalahari. Die Kalahari ist ein besonderes Gebiet Südafrikas und sticht als einer der Höhepunkte unserer Reise um Südafrika heraus. Je weiter wir in Richtung Westen reisten, desto größer wurden die Farmen, die wir besuchten. Inzwischen war das lange Sommergras ausgetrocknet und veränderte seine Farbe zu einem Goldgelb. Die Pferde waren verrückt danach und es schien, als ob sie mit jedem weiteren Bissen voller und prächtiger erblühten. Koppeln, die uns von Farmern für die Nacht zugewiesen worden waren, variierten zwischen 15 Hektar und 1000 Hektar und wir verbrachten viele frühe Morgenstunden auf der Suche nach unseren vierbeinigen Kameraden.

Der lange Molopofluss schlängelte sich durch die unbändige Weite der Kalahari, und alle paar Jahre einmal nach schwerem Niederschlag flutete der Fluss. Je weiter wir reisten, desto trockener wurde das Land um uns herum, und wann immer wir auf eine Wassertränke neben der staubigen Schotterstraße stießen, hielten wir an, um unseren Durst und den der Pferde zu stillen. Manchmal war das Tor verschlossen, also musste einer von uns über den Zaun klettern und unzählige Male Wasser mit unserem Plastikeimer über den Zaun reichen, bis alle Mäuler gestillt waren. Wir reisten von Farm zu Farm, und als die Farmen sich vergrößerten, wurde auch die Distanz zwischen ihnen größer und größer. In den letzten Zügen der Nordwest-Provinz wurden wir von Farmern gewarnt, dass wir nichts und niemanden weiter im Westen finden würden, da die Farmen mehrere Hunderttausend Hektar groß wären. Sie sagten auch, dass es dort niemanden gab, bei dem wir unterkommen würden, das es kaum Wasser dort gab, und falls wir welches finden würden, wäre es salzig und brackig. Uns war immer bewusst gewesen, dass wir auf Hindernisse stoßen würden, die beim ersten Anblick unüberwindbar schienen. Diese Reise brachte uns jeden Tag etwas Neues bei und solche Kommentare hatten wir nicht zum ersten Mal gehört. Ohne naiv oder unvorsichtig zu sein, lernten wir Kommentare und Aussagen in Betracht zu ziehen, ohne unseren Mut oder unsere Entschlossenheit zu verlieren.

Am allerwichtigsten war, dass jede Entscheidung, die wir trafen, das Wohlbefinden unserer Pferde in Betracht zog und sie nicht unnötig in Gefahr gebracht wurden. Eine Woche nach dem Abschnitt durch Boputhatswana entwickelte Fever ein weiteres Fieber. Es war abends und wir waren gerade dabei, sie zu füttern, aber als wir uns den vieren mit ihren Futtereimern näherten, bemerkten wir, dass Fever wie Espenlaub am ganzen Körper zitterte. Er zeigte überhaupt kein Interesse an seinem Abendbrot und beide waren wir besorgt und erwarteten das Schlimmste. Ein Rückfall war das Letzte, das wir ihm wünschten! Wir kontrollierten seine Augenlider und sein Zahnfleisch und zu unserer Erleichterung hatte er nur ein Zeckenfieber entwickkelt. Wenn es rechtzeitig bemerkt wird, kann das Zeckenfieber mit einer Injektion behandelt werden, und nach etwa dreißig Minuten hatte sich Fevers Zustand sichtlich gebessert. Er hatte sogar seinen Appetit zurückgewonnen und die Spannung fiel von uns ab.

Wir waren bei den Viljioens untergekommen und sie boten uns an, so lange wie nötig zu bleiben, falls Fever eine Rast brauchte. Ein paar Tage Rast schienen ausreichend und erlaubten Fever sich vollends zu erholen, während wir die Gelegenheit nutzen, um eine einheimische Delikatesse zu kosten. Mahupus sind wild wachsende Trüffel, die in der Kalahari nur nach gutem Niederschlag wuchsen. Die Kalahari ist eine Halbwüste und deshalb regnet es wenig und nicht allzu oft. Es war eine wahre Kunst, die Trüffel unter den Akazienbäumen zu finden, und ohne die Hilfe unserer Gastgeber hätten wir sie nie gefunden. Anscheinend musste man nach einer leichten Erhebung unter einem geeigneten Baum suchen und dann ein paar Zentimeter tief graben. Mahupus schmeckten wie eine Kombination aus Kartoffeln und Pilzen, sie waren leicht und einfach nur köstlich! In Europa werden Trüffel in Restaurants pro Gramm verkauft und hier saßen wir und aßen mehrere Kilo!

Pferde, Opas und Ooms (Lloyd)

Der Boden in der Kalahari ist sehr empfindlich und die Überweidung oder Beschädigung durch Fahrzeuge hinterlässt Narben, die nie wirklich verheilten. Pferde werden hier ausgiebig für Farmarbeit zum Treiben des Viehbestands oder für Zaunpatrouillen genutzt. Im Vergleich zu einem Motorrad oder einem Auto haben Pferde keine Auswirkungen auf den Boden und das Land, auf dem sie sich bewegen. Farmarbeiter nutzen regelmäßig Eselskarren und Pferde als Transportmittel und legen oft hundert Kilometer an einem Tag auf dem Weg zur Stadt zurück.

Während unserer Reise trafen wir auf viele Farmer und hatten unzählige Gespräche mit den Opas und Ooms über ihre Kindheit auf der Farm. Oft waren in einer Familie noch drei Generationen aktiv im Alltag der Farm involviert. Die Opas konnten sich noch gut an den Gebrauch von Ochsenkarren und Pferden als Beförderungsmittel erinnern und durch den Lauf ihres Lebens hatten sie die Geburt und den Aufstieg des Automobils miterlebt, welches den Gebrauch des Pferdes im landschaftlichen Alltag ausgemustert hatte. Geschichtlich waren die Farmer (Boere) ein Reitervolk der feinsten Art gewesen, aber leider war das Geschick und die Leidenschaft dafür über die vergangenen Jahre verloren gegangen. Nur die Erinnerungen der Opas und älteren Ooms blieben übrig, als neue Technologie rasch die Führung übernommen hatte.

Hier draußen in der Kalahari wurden Pferde immer noch für die alltägliche Farmarbeit genutzt und wurden dabei von den Farmarbeitern geritten. Einige legten eine Strecke von 25 Kilometern zum einen Ende der Farm zurück, verrichteten den ganzen Tag ihre Arbeit dort und wurden am Abend weitere 25 Kilometer zurückgeritten. Ihre Reiter hielten sie den ganzen Weg über in einem leichten Galopp und das jeden Tag, fünf Tage die Woche, 52 Wochen im Jahr. Vom Pferd wurde erwartet, dass es die Arbeit willig tat, aber leider ohne das wachsame Auge eines erfahrenen Reiters, der die Pflege und Betreuung übernahm.

Die Opas, Ooms und ich sprachen lange und detailliert darüber und es war offensichtlich, dass es ihnen am Herzen lag, da ich Traurigkeit und tiefen Verlust in ihren Augen erkannte. Sie luden mich sogar ein nach unserem Ritt zurückzukehren, um ihre Farmarbeiter die korrekte Pflege und Behandlung der Pferde zu lehren. Mir wurde angeboten der Bauernvereinigung beizutreten, um die Probleme aufzuzeigen und Lösungen zu finden. Viele Opas waren sich einig, dass das Hauptproblem die jungen Leute waren, die einfach keine Zeit mehr für Pferde hatten.

Meerkatzen, Mangusten und Buschbabies (Isabel)

Kriechtiere und Kreaturen, die ich noch nie zuvor gesehen hatte, füllten meine Tage mit Freude und Vergnügen. In Deutschland gab es diese Geschöpfe nicht und ich war noch nie in engen Kontakt mit ihnen gekommen. Schnippische und freche Mangusten, neugierige Meerkatzen und kuschelige Buschbabys waren an den Flüssen Limpopo und Molopo weit verbreitet und viele unserer Gastgeber retteten und zogen oft Waisen auf. Mehr als einmal wurde mir angeboten eines zu adoptieren und jedes Mal war es schwierig eine Entscheidung zu fällen! Mangusten und Meerkatzen sind tagaktiv und spielen und hüpfen wild umher und hätten deshalb in meiner Satteltasche oder auf meinem Pferd ihren Tag verbringen müssen. Buschbabys sind nachtaktiv, und wenn wir uns zur Ruhe legen wollten, begann ihr Toben und Tollen erst. Die Versuchung war groß für mich, aber

Lloyd war da ganz anderer Meinung. Ein wildes Wesen aufzuziehen und zu versorgen war eine große Verantwortung und ich betrachtete die Situation wahrscheinlich mit mütterlichen Instinkten, im Gegensatz zu Lloyd, der praktisch und rational dachte und wusste, dass es besser war, sie nicht auf die Reise mitzunehmen. Was mich schlussendlich überzeugte, war, dass ich mich am Ende wieder von ihnen verabschieden musste, um sie wieder in die freie Wildbahn zu lassen, und das wäre herzzerreißend und schwierig geworden.

Fever (Isabel)

Meine volle Konzentration musste vorerst sowieso auf das Verhältnis zwischen Fever und mir gelenkt werden, da er nach dem Vorfall in Mafikeng ständig nervös, schreckhaft und gespannt war. Gewisse Situationen oder Ereignisse machten es sogar schlimmer, wie zum Beispiel der Sattel, der sich plötzlich leicht verschob, oder ein Ast, der über die Satteltasche kratzte, oder wenn der Wind meine Jacke leicht anhob. Alles war ein Grund zur Flucht oder zumindest dazu, fluchtbereit zu werden. Pferde vergessen traumatische Erfahrungen schlecht und haben eine klare Erinnerung an das Geschehene.

Nach einer Trinkpause führte ich Fever durch ein Tor und die Satteltasche streifte ganz leicht am Torpfosten entlang. Damit schnellte Fever vor und riss den Führstrick aus meiner Hand und aus Schmerz und Schreck schrie ich ihn einfach an, um den Fluchtinstinkt zu brechen. Er stoppte inmitten seiner Bewegung, starrte mich an und sah dabei so aus, als ob er kurz vorm Explodieren war! Dies war nur ein Beispiel dieser nervenaufreibenden Situationen und seine Überempfindlichkeit übertrug sich auf mich und die anderen Pferde, die oft nervös und vorsichtig auf seine Aussetzer reagierten. Seine Stimmung und sein Temperament wurden unberechenbar und ich wusste nie, wie oder ob er auf etwas reagieren würden oder was er als Nächstes tun würde. Das Vertrauen zwischen Fever und mir unter Sattel wieder herzustellen, stellte sich als unglaublich schwierig heraus. Manchmal stand ich kurz vor der Verzweiflung, aber ich konnte den Albtraum, den er durchlebt hatte, nicht aus seiner Erinnerung löschen, obwohl ich mir nichts mehr wünschte. Aber Fever brauchte Zeit, Verständnis, Geduld, Mitgefühl, Beständigkeit und eine ganze Portion Ausdauer von meiner Seite. Auf so einer Reise aber lief nicht immer alles wie geplant und man konnte nie wissen, was einen als Nächstes erwartete oder auf einen zukam. Eine Giraffe, die direkt am Zaun stand, ein enger Pfad mit überhängenden Zweigen, der Sattel, der sich bewegte, oder ein heulender Wind, der unerwartet aufkam. Ich musste deshalb immer einen Schritt vorausdenken und versuchen Fevers Reaktion vorauszusehen und zu erahnen. Ein Pferd zu reiten, das von einer Sekunde auf die andere durchdrehen konnte, war mehr als nur nervenaufreibend und im schlimmsten Fall beängstigend.

Auf der anderen Seite war Fever einfach nur unglaublich, er war verlässlich, fleißig, solide und er liebte seine Arbeit. Er war der geborene Herdenanführer und liebte es, vorneweg zu sein. Ein 36-Tonnen-Lastwagen konnte mit 100 km/h an ihm vorbeibrettern und er zuckte nicht einmal mit der Wimper, eine Qualität, die uns später das Leben retten würde.

Am Ende der Nordwest-Provinz ritten wir am Molopo-Naturreservat entlang und kamen bei der Familie Bruwer unter. Wirklich jede Person, auf die wir auf dieser Reise trafen, war hilfsbereit und freundlich, aber diese Familie stach irgendwie hervor. Wie viele Male zuvor waren wir am Ende unserer Finanzen angelangt, aber es war erstaunlich, da jedes Mal, wenn das passierte, uns irgendwie aus der Klemme geholfen wurde. Oom Bruwer tat wirklich alles und noch viel mehr für uns. Er und seine Frau brachten unseren Pick-up zu unserem nächsten Übernachtungsplatz und Oom hatte wirklich an alles gedacht. Der Benzinkanister war voll, ein Picknickkorb voller Leckereien für unsere Mittag- und Abendmahlzeit war gerichtet worden und ein 50-Kilo-Sack seines selbst gemischten Spezialfutters für die Pferde wartete auf der Ladefläche seines Pick-up. Als wir uns überschwänglich bedankt hatten und uns verabschiedeten, fragte der gewitzte Oom, warum wir das Auto bei der letzten Gelegenheit nicht vollgetankt hatten. Peinlich berührt gaben wir zu, dass wir nicht genug Geld dazu gehabt hatten, und Oom fragte ohne Umschweife nach unserer Kontonummer. Wir verneinten rigoros, aber Oom war nicht davon abzubringen und bestand darauf. Über die nächsten drei Wochen zahlte er uns einen Betrag in unser Konto ein, was für uns zum Geschenk des Himmels wurde, und wir konnten ihm dafür nicht genug danken.

Kapitel 5

DAS LAND DER BUSCHMÄNNER

NORDKAP-PROVINZ

31. Mai 2010 – 28. August 2010
Gereiste Entfernung: 5145 Kilometer
Pferde: Fever und Tarwood
Roan und Himba

Der Molopofluss setzte seine endlose Reise in Richtung Süden zum
Atlantischen Ozean fort, während wir mit dem Kurumanfluss als
Begleiter tiefer in das pulsierende Herz der Kalahariwüste reisten.
Nach knapp einem Jahr und ein paar Tausend Kilometern hinter uns
begannen wir unser Umfeld, uns selbst und unsere Verbindung mit
unseren Pferden viel bewusster wahrzunehmen. Die Kalahari ist ein
besonderer Ort und man wird von einer mysteriösen Stille umgeben.
Unsere Sinne erweiterten sich zu einem Rhythmus, der uns tiefer mit
unserer Umwelt, einander und unseren Pferden verband, und die
Stille um uns herum wurde nur vom rhythmischen Geräusch der
Hufe im dampfenden Sand durchdrungen.

Eine Offenbarung (Lloyd)

Während wir tiefer in die Kalahari reisten, erforschte ich meine
Gedanken und meine Augen wurden wie die Knospe einer Blume im
Frühjahr geöffnet. Es war hypnotisierend und beide waren wir von
der freien und weiten Wildnis gefangen. So weit das Auge reichte,
erblickten wir rote Sanddünen, die mit goldenem Buschmanngras
überzogen waren. Als Kind war ich von den Buschmännern und
davon, wie sie in diesem harschen Gebiet in kompletter Harmonie
von Mensch und Tier existieren konnten, fasziniert gewesen. Ich verschlang jedes Buch, das ich darüber finden konnte, und ihr Gemein-

115

schaftssinn, ihre Verbundenheit zu ihrem Umfeld und ihren Vorfahren füllten mich mit Erstaunen und Bewunderung. Mein junger Geist war damals von ihnen gefesselt gewesen und ich wollte mit ihnen leben, um ihre unschuldige und simple Lebensart kennenzulernen.

Jetzt, ganze 27 Jahre später, ritt ich zu Pferd durch das Land der Buschmänner, und obwohl keine Buschmänner in Sicht waren, sprach die Kalahari zu mir und teilte ihre zeitlose Nachricht. Wir ritten meistens in Stille, während wir unter dem Rhythmus des Trabes und den Phasen der Sonne lebten. Gelegentlich veränderte sich unser Bewusstseinszustand und alles bewegte sich wie in Zeitlupe. Wir konnten fast die Umdrehung der Erdkugel wahrnehmen, während zur selben Zeit alle Einzelteile miteinander verbunden schienen. Es war surreal, so als ob wir unbemerkt durch die Zeit reisten. Das war genau das, wonach ich mich mein Leben lang gesehnt hatte. Dieses Gefühl der Verbundenheit und Einheit mit allem und jedem um mich herum! Zwischendurch teilten Isabel und ich einen wissenden Blick und ein Glücksgefühl erfüllte uns, das eine prickelnde Gänsehaut über unsere Arme und Haut zog. Inzwischen waren wir sechs tiefer miteinander verbunden, als wir es uns jemals hätten vorstellen können. Wir waren als Einheit komplett aufeinander angewiesen, während wir durch das Herz der Kalahari durch die Wildnis reisten.

Das Reisen mit Pferden aber hatte seine Herausforderungen und eine ganz eigene Dynamik. Das Reiten selbst war der einfache Teil, aber das Führen des Ersatzpferdes vom Rücken eines anderen Pferdes aus brachte Probleme und ständige Hürden mit sich. Als ich am 10. Juli 2009 mit Big Ben und Nguni von Durban aufgebrochen war, war mir bereits in den ersten Stunden nach der Abreise klar geworden, dass das Führen eines Ersatzpferdes auf diese lange Distanz zum Albtraum werden konnte. Big Ben war fleißig und willig, aber Nguni sträubte sich oft und war unwillig, wenn er an der Reihe war, geführt zu werden. Oft lief er absichtlich nur ein kleines bisschen langsamer als ich und das bedeutete, dass ich entweder langsamer gehen oder ihn hinter mir her schleifen musste. Nach Stunden dieser Strapazen schmerzten meine Arme, mein Nacken und mein Rücken und das Pferd, das ich ritt, schwankte unter meinem ungleichen Gewicht.

Die Hürden, die zusätzlich auf einen zukamen, wie zum Beispiel Flussüberquerungen, dichtes Gebüsch, Verkehr, Fliegen und andere Insekten, schienen manchmal unüberwindbar, machten aber jeden Tag aufs Neue einzigartig. Nguni hatte ein besonderes Talent dafür, meine Geduld auf die Probe zu stellen, und gelegentlich stiegen Wut und Aggression in mir auf. Der Führstrick war meine einzige Kommunikationsleine zu meinem Ersatzpferd und je nachdem, wie ich mit dem Strick umging, gab ich Anweisungen und Anleitungen an das Ersatzpferd.

Nguni weigerte sich mir im gleichen Tempo zu folgen und ich versuchte alles, um ihn dazu zu bringen, aber er sah einfach nicht ein, warum er geführt werden sollte. Einmal versuchte ich den Führstrick länger zu lassen, aber damit drehte er frech und unbetrübt um und lief in die entgegengesetzte Richtung oder er hielt einfach an und graste. Ein anderes Mal versuchte ich sogar ihn zurückzulassen in der Hoffnung, dass er mir und Big Ben folgen würde, aber er stand einfach nur da und starrte hinter uns her. Nguni machte mich wahnsinnig und irgendwann hielt ich es nicht mehr aus und ich brach in Tränen der Verzweiflung und der Erschöpfung aus. Ich kniete im Sand vor Nguni und Big Ben nieder und flehte sie um ihre Mitarbeit an, dann blickte ich auf und bat den lieben Gott um Rat. »Was soll ich nur machen? Was kann ich noch tun, um Nguni dazu zu bringen, mir zu folgen?« Es gab nichts mehr, das ich nicht schon versucht hatte, aber plötzlich wurde mir eine klare und einfache Antwort gegeben: »Wenn es schwierig wird, dann geh einfach zu Fuß.« Und das taten wir auch, ich führte Big Ben und einen zufriedeneren Nguni Stunden über Stunden, Tage über Tage. Währenddessen begriff ich, dass ich besser auf die Pferde aufpasste als auf mich selbst und dass ich am Ende meiner Geduld angelangt war.

Vom ersten Moment am Limpopofluss an forderte Tarwood mich mit demselben Verhalten wie damals Nguni heraus. Wieder einmal glaubte ich, dass ich alles Menschenmögliche versucht hatte, um Tarwood dazu zubringen, mir zu folgen. Tarwood rannte dauernd von links nach rechts, er sauste vor Roans Nase herum oder er hinkte hinterher genauso wie damals Nguni. Es dauerte nicht lange, bis meine alte Wut und Aggression, die ich unauffällig in einer Kiste verstaut hatte, wieder aufflackerten. Nach ein paar Monaten mit Tarwood hielt ich es einfach nicht mehr aus. Meine Wutausbrüche und Launen besorgten mich und ich wollte nicht, dass sie die Beziehung zwischen Tarwood und mir negativ beeinträchtigten. Deshalb fasste ich den Entschluss, etwas ganz Neues auszuprobieren, einen Neubeginn sozusagen. Meine Verbindung über den Führstrick zu Tarwood sollte von jetzt an nie zu straff oder zu locker sein, stattdessen wollte ich immer an seiner Seite sein und ihn unterstützen. Tarwood tat, was er wollte, er schoss wie von der Tarantel gestochen los oder rannte plötzlich nach links, aber ich blieb immer direkt neben ihm.

Meine neue Strategie war eine Herausforderung, aber ich wollte es unbedingt beibehalten. Wenn Tarwood früher losgerannt war, wurde er am Strick hart zurückgezogen, oder wenn er langsamer wurde und hinter uns herschlurfte, wurde er von mir vorwärts gezogen. Das Resultat war immer genau das Gegenteil und nie das, was ich eigentlich erreichen wollte. Meine Verbindung zu Tarwood war nie konstant oder gleichmäßig und der Führstrick entweder zu locker oder zu straff gewesen. Jetzt behielt ich meine Kommunikationsleine unterstützend und ermutigend und zu meiner Überraschung bemerkte ich einen sofortigen Wandel in Tarwoods Verhalten. Er wirkte entspannter und nicht so schlecht gelaunt und ich dachte mir, dass ich das unbedingt beibehalten wollte. Tarwood aber beschloss, meine Theorie zu testen, und nach einer Pinkelpause stiegen wir wieder auf, um weiterzureiten, und Tarwood weigerte sich einfach weiterzugehen. Ohne Vorwarnung blieb er an Ort und Stelle stehen und schaute in der Gegend herum. Ich musste mich ernsthaft zusammenreißen, während ich neben ihm stand und wartete. Isabel hatte schon einige Hundert Meter zurückgelegt und war fast außer Sichtweite, als Tarwood plötzlich bemerkte, dass er zurückgelassen wurde, und wie der Blitz lostrabte. Nach ein paar Minuten waren wir direkt hinter Isabel und hatten keine Zeit verloren, aber Tarwood war zufriedener und genoss seine Arbeit. Ich hatte einen Weg gefunden, um besser mit Tarwood umzugehen, und seine direkte Rückmeldung zeigte mir, dass auch ihm die Verbindung zwischen uns wichtig war. Er vertraute mir mehr, ich behandelte ihn und dadurch unsere Freundschaft besser. Wir bewegten uns mit gutem Tempo vorwärts und ich begann mich zu entspannen und den Ritt wieder zu genießen.

Aber erst einige Tage später traf mich die volle Bedeutung der Ereignisse aus heiterem Himmel. War das die Nachricht, die mir Tarwood und vor ihm Nguni hatten mitteilen wollen? War das der Fehler, den ich durch mein Leben hindurch begangen hatte? Hatte ich meinen Führstrick, meine Kommunikationsleine in all meinen Beziehungen im Leben zu locker oder zu straff gehalten? Die Antwort war Ja und die Bedeutung dieser Worte öffnete meine Augen und mein Herz wie noch nie zuvor. Tränen tiefer Traurigkeit flossen, als ich an vergangene Beziehungen zurückdachte, in denen ich meinen Führstrick meistens zu locker gehalten hatte. Ich dachte an Ex-Freundinnen, an Familienmitglieder, an Freunde und an Beziehungen mit Pferden und Hunden, und es hatte viele Momente gegeben, in denen ich die Kommunikationsleine unfair und harsch gehalten hatte. Diese Beziehungen und Momente konnten nicht rückgängig gemacht werden und waren für immer verloren. In einem klaren Moment realisierte ich, dass schlichtes Anpassen meines Tempos und die Rücksicht auf meinen Partner besseres Verständnis untereinander ermöglichten.

Mittlerweile hatten Isabel und ich den Weltrekord des Streitens zu Pferd in einem einzigen Jahr gebrochen. Viele Streitereien waren hitzig und hinterher ritten wir oft in eisigem Schweigen nebeneinander weiter, innerlich Meilen voneinander entfernt. Manchmal drohten wir uns gegenseitig an, den jeweils anderen einfach zurückzulassen und in die entgegengesetzte Richtung zu reiten, aber dies waren leere Worte und sie dienten dazu, unserem Frust und unserer Irritation Luft zu machen. Nach einer Weile setzten immer tiefes Bedauern und Gewissensbisse ein und ihr Gewicht lastete uns schwer auf den Schultern, was von den warmen und tief empfundenen Entschuldigungen, die folgten, gehoben wurde. Wir waren nur zwei normale Menschen, die versuchten eine außergewöhnliche Reise zu meistern. Fehler wurden gemacht und wir fielen regelmäßig auf die Nase, während wir gleichzeitig unser tiefstes Inneres entdeckten.

Eines der wichtigsten und bedeutungsvollsten Dinge, die ich bis heute in meinem Leben gelernt habe, hatten mich meine Pferde Tarwood und Nguni gelehrt. Die Lehre war einfach und konnte mit einer Frage auf den Punkt gebracht werden:»Verbessert oder verschlechtert das, was ich gleich sagen oder tun möchte, meine Beziehung mit meinem Partner, sei es meine Frau, mein Pferd oder jede andere Beziehung in meinem Leben?«

Ein Familienbesuch (Lloyd)

Wir ritten nach Askham am Kuruman entlang und von dort folgten wir für eine Weile wieder den Kurven und Windungen des Molopoflusses bis nach Kakamas. Meine Eltern hatten seit unserem letzten Treffen in Kosi Bay immer wieder versucht uns zu besuchen, aber mein Vater wurde wegen seines Krebses behandelt und es war schwierig, wegzukommen. Wir freuten uns riesig auf ihren Besuch und ihre lang erwartete Ankunft war endlich gekommen. In den letzten Wochen hatten wir uns wie vom Rest der Welt abgeschnitten gefühlt und es war wahrlich ein Vergnügen, sie mit dabeizuhaben. Für die Dauer ihres Aufenthaltes mussten wir uns nie um den Pick-up oder das Ausgehen unserer Vorräte sorgen. Mein Vater fuhr unseren Pick-up und das Auto, in dem sie von Durban zu uns gekommen waren, wurde von meiner Mutter gefahren. Wie eine typische Mutter machte meine unsere Verpflegung zu ihrer Hauptaufgabe und Papa genoss die Landschaft und die endlosen Ausblicke.

Dieses Gebiet war abgelegen und reich an Farben, mit endlosen Sanddünen, die in die Weite rollten. Oft ritten wir für einen ganzen Tag, ohne ein weiteres Fahrzeug oder eine Menschenseele zu treffen. Die Nächte verbrachten wir auf Farmen oder im Zelt am Straßenrand unter einer Decke aus Sternen. Unsere Mahlzeiten kochten wir über dem Feuer und mehr als einmal froren wir uns fast zu Tode. Die kälteste Nacht des Ritts verbrachten wir in einer alten Jagdhütte in Inkbospan, in der das Thermometer bis auf Minus acht Grad sank. Die Wasseroberflächen der Wassertränken froren zu und tauten den ganzen Tag über nicht mehr auf. Während einer weiteren Nacht zelteten wir am Straßenrand, und um einen einfachen Zugang zu Wasser zu ermöglichen, hatten wir unser Lager direkt neben einer Tränke aufgebaut. Nach wenigen Stunden stellten wir verblüfft fest, dass die Tränke zugefroren war, aber zu unserer Überraschung schien mein Vater in seinem Element zu sein. Meine Mutter passte sich der Situation auch ungewöhnlich gut an, doch hielt wie ein Eskimo gekleidet angestrengt Ausschau nach einer Frühstückspension! Die nächste Nacht kamen wir in einem kleinen leer stehenden Haus unter und meine Eltern wählten eines der Zimmer aus, um sich niederzulassen. Doch aus welchem Grund auch immer vergaßen sie vor dem Schlafen gehen, ihr Fenster zu schließen, und am nächsten Morgen wurden wir von den Gesichtern zweier Eskimos begrüßt, da die Temperatur im Zimmer auf Minus vier Grad gefallen war!

Die Pferde jedoch erblühten unter diesen Wetterbedingungen in neuem Glanz. Ihr dichtes Winterfell, das sie wie eine warme Winterdecke umhüllte, war geschmeidig und weich und jedes Mal, wenn wir ihre Bäuche und die Leistengegend abtasteten, waren sie warm und kuschelig. Sie verhielten sich mit viel Freiraum und Futter ruhig und brav wie Lämmer und die Reiterei war bei diesen Temperaturen ein Vergnügen für Pferd und Reiter.

Während des Besuchs meiner Eltern erhielt ich einen beunruhigenden Anruf von meinen Mitarbeitern des Haven Safariunternehmens an der Wilden Küste. Teddy, unser Basothopony, war sehr krank und es sah nicht so aus, als ob er überleben würde. Der Tierarzt vermutete die Afrikanische Pferdepest, aber wir fanden später heraus, dass er eine giftige Pflanze gefressen hatte. Zusätzlich zu dem Stress und den täglichen Anstrengungen der Reise lasteten der kontinuierliche Druck und die Verantwortung für meine Pferde zu Hause auf meinen Schultern. Ich war so daran gewöhnt, meine Pferde selbst zu pflegen, dass ich mir schwertat, jemand anderem die Verantwortung zu übergeben. Das Ergebnis waren schlaflose Nächte, in denen ich über meine Pferde und mein Geschäft nachgrübelte. Ich hatte gute Mitarbeiter, aber nichtsdestotrotz konnte ich das Gefühl, verantwortlich zu sein, nicht abschütteln, und um dem ganzen noch eine Schippe aufzulegen, war ich hier für Isabel, unsere vier Pferde und unsere düstere finanzielle Situation verantwortlich. Handy- und Computerstrahlungen verursachten mir Kopfschmerzen, waren aber die Kommunikationsleine mit dem Rest der Welt. Isabel kümmerte sich komplett darum, und ich war für die Logistik und die Beschaffung von Geldmitteln zuständig. Während der ganzen Reise um Südafrika schlief ich fast jede Nacht schlecht, da Bedenken und Sorgen ständig im Vordergrund blieben.

(Isabel)

Die Ankunft von Lloyds Eltern Dennis und Eulalie war ein wahrer Grund zur Aufregung. Ich hatte seit Wochen schon kilometerlange Listen und Wunschzettel für Sachen, die wir dringend benötigten, geschrieben, da Vorräte kaufen am anderen Ende der Welt eine Herausforderung war. Mit minimalem Handyempfang waren Gespräche und Emails oft kurz und bündig und ich hatte seit Ewigkeiten nicht mehr mit meiner Familie gesprochen. Mein Herz sehnte sich nach einem Gespräch mit meiner Mama oder einer Email meiner Schwestern. Tagtäglich stießen wir auf nette und freundliche Menschen, aber trotzdem waren dies Fremde, und ich war manchmal trotz Lloyd einsam und allein.

Ein Besuch von Lloyds Eltern war eine willkommene Abwechslung und bedeutete gemeinsame Zeit mit bekannten Gesichtern. Gemeinsam reisten wir weiter und wir hatten eine tolle Zeit zusammen. Lloyds Mama verwöhnte uns mit Broten, Schokolade und sogar Kaffee und Keksen am Nachmittag. Sein Vater Dennis war wie ein stiller, beständiger Felsen in der Brandung und unterstütze uns ohne viele Worte. Lloyds Mama ist taub und sie kann von den Lippen lesen wie wenige, aber das bedeutete, dass ich ihr zum Gespräch mein Gesicht zuwenden und mich auf sie konzentrieren musste. Mit Fever im Gepäck war das nicht einfach, da er meine Konzentration benötigte und erwartete. Ich war hin und her gerissen zwischen den beiden und machte letztendlich zwei Sachen halbherzig, da ich mich nicht auf einen konzentrieren konnte, ohne den anderen hängen zu lassen.

Einige Male, als Eulalie neben uns auffuhr, um uns eine Kleinigkeit zu reichen, scheute Fever wegen des Autos, und einmal rannte er sogar panisch los, bevor ich ihn wieder mit klopfendem Herzen unter Kontrolle brachte. Es war stressvoll für mich, zwischen Fever und Eulalie zu stehen, und ich konnte es mir einfach nicht leisten. Oft spiegeln Pferde unsere Gefühle und Gedanken wieder und ich konnte manchmal nicht anders, als mich zu fragen, was Fever versuchte mir damit mitzuteilen.

Zum lang ersehnten Beginn der Fußballweltmeisterschaft schauten wir gemeinsam mit Lloyds Eltern in Kakamas das Eröffnungsspiel an. Südafrika spielte gegen Mexiko und das Ergebnis war nach 90 Minuten ein Unentschieden. Die Weltmeisterschaft brachte wehmütige Erinnerungen an die Weltmeisterschaft vor vier Jahren zurück, die ich in Stuttgart mit sehr guten Freunden verbracht hatte. Schöne Erinnerungen an spannende und aufregende Momente der verschiedenen Spiele und Momente voller Freude und Gelächter mit meinen Freunden. Erinnerungen waren alles, was von dieser Zeit geblieben war, und wer hätte gedacht, dass ich vier Jahre später dasselbe sportliche Ereignis in Südafrika erleben würde? Geschweige denn auf einer 7411 Kilometer langen Reise zu Pferd um Südafrika herum! Damals in Deutschland hatte die Weltmeisterschaft alle Mitbürger als Einheit verbunden und eine Euphorie wie noch nie zuvor im Lande ausgelöst. Alle unterstützten wir dasselbe Ziel, nämlich dass Deutschland Weltmeister würde, und diese Energie und Spannung war im Volk spürbar gewesen. Diese Weltmeisterschaft war deutlich anders als die in Deutschland. Südafrika ist ein Land voller kultureller Unterschiede und unterschiedlicher Nationalitäten und nicht umsonst wird es »Regenbogennation« genannt. Die Atmosphäre war elektrisierend und wir fühlten die Erregung und Spannung in den Menschen um uns herum, und doch war es anders und ich fühlte mich weiter weg von zu Hause als je zuvor.

Der Kalaharimissionar Oom Barrie Burger in Noenieput (Isabel)

Ungefähr fünf Kilometer außerhalb Noenieputs stürzten Lloyd und ich uns Hals über Kopf in unseren 937ten Streit. Dieser Streit handelte von Lloyds Mama und davon, dass ich Probleme damit hatte, zwischen ihr und Fever zu stecken. Kurz vorher hatte Fever sich wieder einmal wegen ihr erschrocken und mir war wieder einmal das Herz in die Hose gerutscht! Ich wusste einfach nicht, was ich tun sollte, aber Lloyd ging nicht so wirklich auf mich ein, und man kann sich vorstellen, dass der Streit laut und unfreundlich wurde.

Vor ein paar Tagen hatten wir Kontakt mit Oom Barrie Burger aufgenommen, da wir ihn gerne getroffen hätten. Oom war selber ein Reiter der feinsten Art, hatte einen außergewöhnlichen Charakter und lebte als Missionar in der Kalahariwüste. Leider aber sah es für den Moment nicht so aus, als ob Barrie für ein Treffen Zeit hätte, und als ein Pick-up heranfuhr, hatten wir keine Ahnung, wer das sein konnte. Außerdem waren wir immer noch mitten in unseren Streit vertieft. Die Fahrertür des Pick-ups öffnete sich und aus stieg ein Mann mittleren Alters mit langen weißen Haaren, einem bodenlangen braunen Mantel und einem Lederhut auf dem Kopf. Diese unerwartete Erscheinung ließ uns zum ersten Mal seit einer Ewigkeit verstummen, aber unser ergebnisloser Streit hing überdeutlich in der Luft zwischen uns. Der Mann nahm sich Zeit, während wir einfach nur dastanden und beobachteten, wie er schließlich langsam auf uns und die Pferde zukam. Er brach die Stille und stellte sich als Barrie Burger vor. Wir erwiderten seinen Gruß und stellten uns jeweils auf Afrikaans vor, an welcher Stelle ich erwähnte, dass ich Deutsche war, um mich für mein schwaches Afrikaans zu entschuldigen. Daraufhin erwiderte Barrie: »Eine Deutsche? Mmmh, manchmal sind die recht wütende Menschen, aber zu ihren Gunsten, sie haben Technologien und Materialien, die zu den besten der Welt zählen!« Mit diesem Kommentar fiel mir die Kinnlade runter und ich fühlte mich unglaublich entblößt und getroffen, vielleicht gerade deshalb, weil ich wusste, dass er den Nagel auf den Kopf getroffen hatte! Ich war sehr gründlich und tat alles zu meinem Besten, aber wenn Dinge nicht so liefen, wie ich sie mir vorgestellt hatte, konnte ich schon gern mal frustriert und sauer werden. Auf dieser Reise war das Ungewisse unser ständiger Begleiter, und trotz stundenlanger Vorbereitung und Planung lief normalerweise nichts so wie geplant!

Oom Barrie war eine faszinierende Persönlichkeit und er reiste zu Pferd zum ärmeren ländlichen Volk in der Kalahari, den so genannten »braunen Menschen«, um seine Liebe zu Gott mit ihnen zu teilen. Die Einheimischen der Kalahari stammen von den original Buschmännern ab und ihre Haut hat einen leichten Braunton. Sie sind kleine, fein gebaute Menschen mit ausgeprägten Buschmann-Gesichtszügen und die Bezeichnung »braune Menschen« ist weder abwertend, noch wird sie mit rassistischem Hintergrund gebraucht. Barrie glaubte nicht an Predigten, sondern erzählte Geschichten und Anekdoten aus seinem Leben, die Gott seinen Zuhörern näherbrachten. Er war ein vollblütiger, berittener Missionar und erzählte uns, wie er die braunen Menschen besuchte. Er ritt zu ihnen mit seinem Pferd mit nichts außer seinen Geschichten und Anekdoten im Gepäck. Sie wiederum hörten seinen Geschichten zu und gaben ihm Speise, Getränke und einen Unterschlupf für die Nacht. Dieses wechselseitige Verhältnis aus Geben und Nehmen war eine wundervolle Möglichkeit für beide Seite, das Leben des anderen auf außergewöhnliche Art und Weise zu bereichern.

Barrie gab uns die Ehre und teilte ein paar seiner Geschichte mit uns und es war eine besondere Erfahrung, seine Leidenschaft für seine Arbeit und seine Ideen für lange Reisen zu Pferd zu erfahren. Wir saßen auf zwei alten Holzkisten in Barries Sattelkammer und Lloyd wollte unbedingt mehr über Barries lange Reisen zu Pferd und seine Arbeit mit Pferden erfahren. Aber Barrie beantwortete nie eine der ungeduldigen Fragen, die Lloyd ihm stellte, stattdessen zog er drei Datteln aus seiner Hosentasche mit der Anweisung, diese langsam und in Ruhe zu essen. Datteln wachsen hier draußen, sind höchst nahrhaft und ein Überlebenselixier für die braunen Einheimischen. Das Trinkwasser in der Kalahari schmeckte leicht salzig und es dauerte eine Weile, bis wir und unsere Pferde uns daran gewöhnt hatten. Jedes Mal, wenn Barrie verreist war, fügte er seinem Kaffee immer eine Prise Salz hinzu, da er der Meinung war, dass Kaffee ohne Salz einfach nicht schmeckte. Er foppte Lloyd ständig und sagte, dass ein richtiger Mann mich schon lange geheiratet hätte.

Am zweiten Morgen in Noenieput hatten wir die Möglichkeit, noch einmal etwas Zeit mit Barrie zu verbringen, aber als er uns erblickte, kam er eilends auf uns zu und sagte eindringlich, dass gestern Nacht zwei Fremde auf Pferden hier vorbeigekommen wären. Anscheinend hätten sie einen Haufen Diamanten geklaut und diese als schwangeren Bauch in der Kleidung der Frau versteckt. Er sagte ganz aufgeregt, dass wir den Dieben unbedingt folgen mussten, und Lloyd war hellauf begeistert und begann über eine Strategie nachzudenken. Lloyd überlegte, welche zwei unserer Pferde für eine Verfolgungsjagd geeignet wären, und fragte, ob Barrie einen Buschmann kannte, der die Fährte für uns lesen konnte. Er war so in Gedanken und in seine Aufregung vertieft, dass er den Blick, den Barrie und ich tauschten, nicht bemerkte. Mir war sofort klar gewesen, dass die Geschichte Humbug war, und musste mir auf die Zunge beißen, um nicht lauthals loszulachen. Zum Glück erlöste Barrie mich bald und ließ Lloyd wissen, dass wir die zwei Reiter wären, und Lloyd, sichtlich enttäuscht, stimmte in unser schallendes Gelächter mit ein. Über eine Sache wunderte ich mich doch sehr, ich konnte mir nicht erklären, warum er Diamanten und schwangere Bäuche in die Geschichte mit eingebunden hatte.

Oom Kurts Gebet (Lloyd)

Oom Barrie arrangierte unsere Unterkunft bei seinem Freund Kurt Myburg für den nächsten Tag. Oom war ein 84 Jahre alter Mann, der im Rollstuhl saß und uns von seiner Veranda aus begrüßte, während seine loyalen Mitarbeiter wie treue Wächter um ihn herum standen. Als Reiter und Pferdeliebhaber fragte er uns, ob wir die Pferde vor seiner Terrasse auf und ab führen könnten, weil er sie bewundern wollte. Er hatte sichtliche Freude an ihrem Anblick und die Sehnsucht stand ihm ins Gesicht geschrieben. Wie ein weiser, alter Pferdeflüsterer schien er direkt in die Seele der Tiere zu sehen, ohne nur auf das Äußere zu achten.

Später bereitete Isabel ein köstliches Abendessen für uns zu, während die Farmarbeiter mit uns vor dem Fernseher saßen. Nach dem Essen wollten wir den Schmutz des Tages herunterwaschen, aber das Haus hatte kein heißes Wasser und für ein heißes Bad musste Wasser in Töpfen auf dem Herd erhitzt werden. Isabel und ich wuschen uns in der Badewanne, die mit lauwarmem, etwa zehn Zentimeter hohem Wasser gefüllt war. Das Badezimmer war eiskalt und unser Atem bildete Dampfwolken, während wir uns mit Tempo wuschen. Später gingen meine Eltern und Isabel schlafen und ich blieb noch für eine Weile mit Oom Kurt auf. Er erzählte mir, dass er Alzheimer hatte und sein Kurzzeitgedächtnis sehr stark beeinträchtigt war, aber an seine Vergangenheit konnte er sich klar und deutlich erinnern. Er berichtete von seinem Leben, und wie er 1920 mit seiner Frau und einer Herde Schafe, die ihm sein Vater als Mitgift gegeben hatte, zu dieser Farm gekommen war. Sie waren ärmer als arm gewesen und mussten ihre Schafe aus einem tiefen Zugbrunnen mit einem Eimer tränken. Zu Beginn verbrachten sie ihre Nächte auf dem harten, kalten Boden unter einer Plane und überlebten durch Moorhühner, die er mit einer uralten Schrotflinte schoss. Oom Kurt war mit Pferden auf der Farm seines Vaters aufgewachsen, und während der schwierigen Anfangszeit kam ihm sein erlerntes Geschick und Wissen zugute. Er trainierte und ritt junge Pferde der benachbarten Farmen ein, um etwas Geld zu verdienen, sodass sie sich ein Haus aus Lehmblöcken errichten konnten.

Schakale waren damals ein großes Problem gewesen, und als Vorsitzender des Schakaljagdklubs jagte Oom Kurt Schakale zu Pferd. Auf einer dieser Jagden, mit seinem Hund zu Fuß in seinem 29ten Lebensjahr, hatte er vergessen Trinkwasser mitzunehmen. Er kehrte spät nachts total erschöpft und dehydriert zurück und erwachte am nächsten Morgen schwach und schlapp. Eine Woche später wurde bei ihm Kinderlähmung diagnostiziert und dieses dramatische Ereignis veränderte den Kurs seines Lebens für immer. Die Arbeit mit seinen geliebten Pferden war kaum mehr möglich, und nachdem er ein paar Mal versucht hatte wieder zu reiten, gab er es schließlich schweren Herzens auf, es konnte nie mehr dasselbe für ihn sein. Seine geliebte Frau war letztes Jahr nach 56 Jahren Ehe urplötzlich verstorben, und während er mit einer Stimme voller Traurigkeit und Herzschmerz von ihr sprach, liefen ihm Tränen die Wangen hinab. Seine Frau hatte den Hof und die Farm mit ihm bearbeitet und sich gleichzeitig um ihn gekümmert, als mit zunehmendem Alter die Lähmungserscheinungen schwieriger zu kontrollieren wurden. Er schätzte seine Mitarbeiter zutiefst, aber niemand konnte jemals seine Frau mit seiner Pflege ersetzen. Für lange Zeit, bis spät in die Nacht hinein, saßen wir beisammen und ich lauschte seinen Geschichten. Wir sprachen viel über Pferde und darüber, wie sie ihm am Anfang geholfen hatten sein Leben erfolgreich zu gestalten. Pferde hatten ihn durch die schwierigen Zeiten und den Beginn seiner Farm getragen und er wiederholte immer wieder: »Ich danke dem lieben Gott für Pferde. Ich liebe Pferde.«

Am nächsten Morgen hatte Oom Kurt so starke Rückenschmerzen, dass er es nicht schaffte, aufzustehen. Sein Alzheimer hatte ihn fest im Griff und er rief immer wieder wirre und unzusammenhängende Sätze in Richtung Küche, während wir frühstückten. Kurz vor Aufbruch beschlossen wir uns zu verabschieden, und als wir sein Schlafzimmer betraten, schaute er uns mit klaren und wachen Augen entgegen. Er sagte, dass er ein Gebet für uns sprechen wolle, und wir saßen im Kreis auf seinem Bett und hielten uns an den Händen. Er bat darum, dass wir und unsere Pferde wieder gesund und munter heimkehren würden. Er dankte dem Herrn dafür, dass er uns zu ihm geführt hatte, und er bat darum, wieder mit seiner Frau vereint zu werden. Seine Worte waren mit Wärme, Aufrichtigkeit und Mitgefühl gefüllt und rührten unsere Herzen. Wir ließen ihn alleine in seinem Bett zurück, mit Tränen in den Augen, und tief in unserem Innern wussten wir, dass er bald wieder mit seiner Frau vereint sein würde.

Obobogorob (Isabel)

Die flache, tiefrote Erde Obobogorobs lag an der Grenze zu Namibia, mit welligen Sanddünen und goldenem Grasland, das bis in die Unendlichkeit zu reichen schien. Wir waren seit dem frühen Morgen unterwegs und es war unklar, ob wir am Straßenrand kampieren mussten oder einen Übernachtungsplatz finden würden, da sich das Farmland merklich vergrößert hatte. Der Tag ging zu Ende und die Dämmerung setzte ein, als wir ein Schild mit einem Gebäude in der Ferne entdeckten. Mit neu gefundener Energie bewegten wir uns auf das Gebäude zu und klopften bei Einbruch der Dunkelheit an die Haustüre. Die Tür öffnete sich und mehrere weit aufgerissene Augenpaare starrten uns entgegen. Die Familie Botha aus Stellenbosch machte auf der Familienfarm, die wirklich am Ende der Welt lag, Ferien und das Letzte, das sie erwarteten, war ein Türklopfen um diese Uhrzeit.

Obwohl das Haus bis zum Platzen gefüllt war, fanden sie einen Fleck für Lloyd, seine Eltern und mich. Wir grillten unterm Sternenhimmel, aßen Lammfleisch und als Woolworths Salate, Salate und noch mehr Salate auf den Tisch gestellt wurden, war ich im siebten Himmel angekommen! Ich hatte seit Monaten keinen frischen, knakkigen Salat mehr gegessen und diese Auswahl erinnerte an ein Weihnachtsfestmahl! Unsere Gastgeberin Letitia und ich sprachen nach dem Abendessen für eine lange Zeit miteinander und sie sagte, dass sie glaubte, dass es für unser spontanes Auftauchen einen Grund gebe. Sie deutete auf ihre zwei Töchter und deren Freundinnen, die den Tisch schon lange verlassen hatte, und sagte, dass ich jemand wäre, zu dem junge Mädchen aufsehen könnten. Ich könnte ein Vorbild dafür sein, dass zum Leben mehr als nur Jungs, Schminke, Alkohol und Partys gehörten. Als ich mich auf diese Reise begeben hatte, hätte ich mir in meinen Träumen nicht vorgestellt, jemals ein Vorbild für andere zu sein, oder dass meine Erfahrungen auf dieser Reise jemanden positiv beeinflussen könnten. Der Gedanke daran war ernüchternd und etwas einschüchternd zugleich.

(Lloyd)

Eine Woche, bevor ich im Juli 2009 von Durban aufgebrochen war, war mein Onkel Neville in ein Koma gefallen, nachdem er eine Gehirnblutung erlitten hatte und operiert werden musste. Während des Besuchs meiner Eltern waren unsere Gedanken und Gespräche oft bei meinem Onkel, der seit dem Vorfall im Krankenhaus in Westville lag. Am nächsten Morgen beim Aufbruch von der Botha-Familie fiel das Gespräch zufälligerweise auf meinen Onkel Neville und Hein, der Vater, fragte rein aus Neugier, wie mein Onkel mit Nachnamen heiße. Ich antwortete ihm eher nebensächlich, aber seine Reaktion zwang mich ihm meine Aufmerksamkeit zu schenken. Hein arbeitete für eine Krankenversicherung und war direkt für den Fall meines Onkels zuständig! Meinem Vater fielen fast die Augen aus, als wir diesen unglaublichen Zufall Tausende Kilometer von Durban in einem der abgelegensten Gebiete Südafrikas entdeckten.

Kakamas

En route zu Augrabies und dem Orangefluss ritten wir durch atemberaubende Landschaften und zum Ende des Molopoflusses. Das Tal des Orangeflusses ist ein grüner Gürtel, der sich durch die trockene und harsche Wüste schlängelt, und die reichen Weinreben und farbenfrohen Obstplantagen am Ufer bildeten einen starken Kontrast zu der umliegenden Wüste. Die Überquerung der Orangeflussbrücke stellte sich mit Eulalie und Dennis in jeweils einem Fahrzeug hinter und vor uns und einem jungen Mann, der spontan seine Hilfe angeboten hatte, in wahrer Reisetradition als letzte Hürde spät am Abend dar. Die Brücke war lang und im Feierabendverkehr reich mit Lastwagen, Autos und Bussen befahren. Die Fahrzeuge schossen an uns vorbei, als wir unsere Pferde Brust an Brust langsam und vorsichtig über die Brücke führten. Ein Lastwagen, der mit 80 km/h auf einer engen Brücke an einem vorbeidonnerte, war beängstigend und beide waren wir für unsere Eskorte extrem dankbar. Manchmal wurden die

Fahrer über unser langsames Tempo ungeduldig und überholten uns, sodass unsere Jacken im Fahrtwind flatterten. Wir hatten vielerlei Brücken auf dieser Reise hinter uns gebracht und meistens ohne Hilfe oder Eskorte. Normalerweise, wenn wir auf einer Straßenseite liefen, wurden die Autofahrer nervös und fuhren rücksichtslos an uns vorbei. Die sicherste und beste Art und Weise, eine Brücke zu überqueren, war einfach, in der Mitte der Straße zu gehen! Jede Art Verkehr stoppte sofort …

Verkehr und Pferde sind normalerweise eine schlechte Kombination, da Pferde Fluchttiere sind. Plötzliche Geräusche und schnelle Bewegungen konnten sie ohne Weiteres erschrecken und in die Flucht jagen. In der Planung unserer Route versuchten wir so weit wie möglich von Teerstraßen weg zu bleiben, und wenn wir keine andere Wahl hatten, ritten wir an der Straßenkante, zwischen Zäunen oder an Stromleitungen entlang. In Kakamas verbrachten wir ein paar Tage, um die Pferde rasten zu lassen und um uns auf ein weiteres trockenes und harsches Gebiet vorzubereiten, bevor wir die Westküste Südafrikas erreichen würden.

(Lloyd)

Nach ein paar Wochen zusammen entschieden meine Eltern in Kakamas, dass es Zeit für ihre Heimreise zurück nach Durban wäre. Der Prostatakrebs meines Vaters war in Remission, aber es war trotzdem schwer, sich zu verabschieden. Unsere Familie war im Ungewissen und wir wussten nicht, wie sich die Krankheit meines Vaters entwickeln würde. Mein Vater wollte schon seit Längerem auf einen Zeltausflug mit uns gehen und wir schmiedeten jetzt schon Pläne für nächstes Jahr.

(Isabel)

Wir verbrachten den letzten Tag mit Eulalie und Dennis damit, dass Deutschlandspiel gegen Argentinien anzuschauen. Deutschland machte Argentinien in einem fantastischen Spiel nieder und ich lief den Rest des Tages stolz mit meiner Deutschlandfahne auf dem Kopf herum. Während und nach der Weltmeisterschaft hingen wir die deutsche Fahne gegenüber der südafrikanischen an unseren Pick-up und gemeinsam flogen sie um den Rest Südafrikas!

Nachdem Lloyds Eltern abgereist waren, fiel ich in ein trauriges, einsames Loch, da wir so eine gute Zeit zusammen verbracht hatten und ich beide vermisste. Ich hatte so wenig Kontakt mit meiner Familie und ich fühlte mich von allem isoliert und fern. Die Tatsache, dass ich wieder Schmerzen in meinem Knie bekommen hatte, trug zu meiner dunklen Stimmung bei und die Erkenntnis, dass ich mir einfach nicht vorstellen konnte, noch sechs bis acht Monate auf dieser Reise zu sein, traf mich wie ein Schlag. Das Loch, in das ich gefallen war, schien mich zu ersticken und war überwältigend und beängstigend. Lloyd meinte, dass ich von meiner Umgebung abgeschnitten wäre, und während wir auf Fever und Tarwood ritten, sagte er: »Isabel, spüre die Wärme der Sonne auf deiner Haut, fühle den Wind, der durch deine Haare weht, rieche den Duft der aufwirbelnden Erde unter unseren Füßen. Schließ deine Augen und lass dich von den Bewegungen Fevers tragen, gib ihm eine Streicheleinheit und ertaste die Strähnen seiner Mähne. Lass deine Sinne übernehmen und vergiss alle Gedanken und Sorgen.« Lloyd zeigte Verständnis und sagte liebevoll, dass ich jederzeit eine Auszeit nehmen konnte, falls ich es brauchte. Ich verweigerte die Auszeit, aber ich wusste mit Zuversicht, dass eine Veränderung in der Luft lag.

Von Augrabies nach Pofadder (Isabel)

Die Wasserkanäle des Orangeflusses leiten lebenswichtiges Wasser zu den umliegenden Farmgebieten und zu der Stadt Augrabies. Die Khoimenschen nannten die Fälle *Ankoerebis*, was übersetzt *Platz des großen Lärms* bedeutet. Es ist wahrlich eine ohrenbetäubende Sehenswürdigkeit, wenn sich der flutende Orangefluss 56m Meter in die Tiefe der Augrabies Wasserfälle stürzt.

Vor uns lag eine Strecke, die uns für vier Tage vom Fluss durch Nous bis nach Pofadder führen würde. Es war mitten im Winter und das Land war so trocken, wie wir es noch nie zuvor gesehen hatten. Obwohl der Boden am Morgen mit einer Lage Frost bedeckt war, trocknete das Gras aus, doch die Pferde aßen es willig und gern. Sie liebten die weiten, endlosen Koppeln, auf denen sie ihre Nächte verbrachten.

Die Farmen waren gewaltig, aber neben der Wildtierzucht konnten nur kleine, zähe Tiere wie Schafe und Ziegen gezüchtet werden. Oft waren die Farmhäuser, in denen wir unterkamen, einige Kilometer von der Straße entfernt und das verlängerte unsere tägliche Wegstrecke merklich. Es bedeutete auch, dass wir oft lieber etwas weiter ritten und nach einem Haus, das näher an der Straße lag, suchten. Viele dieser Häuser und deren Einwohner lebten abgeschieden und allein und verließen sich auf Batterien, Windenergie und Generatoren für ihre Stromversorgung. Wenn wir bei einer Familie übernachteten, stand oft nur ein Badezimmer mit einer Badewanne ohne Dusche für die ganze Familie zur Verfügung. Es dauerte meistens 15 Minuten, um die Wanne mit gerade mal fünf Zentimeter Wasser zu füllen, und das Wasser war oft eher lauwarm und nach fünf oder sechs Tagen ohne oder mit geringen Waschmöglichkeiten waren wir mit einer Schicht aus Schmutz und Schweiß bedeckt. Eine noch so geringe Menge an Wasser war hier draußen ein Privileg und sie war nie garantiert. Wenn wir in die Badewanne stiegen, verfärbte sich das Wasser meistens augenblicklich zu einem ausgewaschenen Braun, und lange Haare in einer Badewanne liegend mit wenig Wasser gründlich zu waschen wurde wahrlich zur Herausforderung. Nach unserem Bad waren oft noch andere Familienmitglieder an der Reihe und das Wasser, das für sie aus der Leitung kam, war bestimmt noch kälter als unseres zuvor. Duschen waren so selten, dass sie einen neuen Reiz in uns erweckten, und jedes Mal, wenn wir bei jemandem übernachteten, der eine Dusche hatte, wurde die Duscherfahrung bewertet. Verschiedene Faktoren wurden berücksichtigt und dann benotet. War der Duschkopf zu klein? Lief das Wasser zu langsam oder tröpfelte es nur raus? Letzten Endes war es egal, wie die Bewertung ausfiel, da es einfach nur ein absolutes Vergnügen war, eine Dusche nehmen zu können!

Oom Polous (Isabel)

Der Abschnitt von Pofadder nach Vioolsdrif kündigte große Hürden und Schwierigkeiten an und unsere Gastgeber in Pofadder waren besorgt. Sie äußerten, dass in diesem Teil der Welt so gut wie kein Trinkwasser vorhanden wäre und niemand, bei dem wir unterkommen könnten. Ihr Rat war, jemanden zu suchen, der für ein paar Tage unser Auto fahren konnte, aber wir konnten nicht einfach jedermann vertrauen. Es war wichtig, jemand Passendes zu finden. Unser Pick-up war nicht nur unser Zuhause auf Rädern, sondern zusätzlich waren wir über die Dynamikveränderungen, die eine dritte Person mit sich bringen würde, besorgt. Darüber hinaus hatten wir keine Zusatzausrüstung für eine weitere Person und der Pick-up war bis zum Dach mit unserer Ausrüstung, Wasser und Pferdefutter gefüllt. Lloyd und ich diskutierten heftig darüber, was für eine Persönlichkeit infrage kommen könnte. Ich stellte mir eine jüngere Person vor ohne große Ansprüche, die einfach nur glücklich und zufrieden erledigte, was von ihr verlangt wurde. Eine ältere männliche Person stellte sich für mich als schwieriger in Bezug auf meine Privatsphäre, Kleidungswechsel und Toilettengänge dar. In meinen Augen wäre eine jüngere Person einfacher, aber zu jung war auch nichts, wenn wir dumme Gedanken und spontane Ausbrüche vermeiden wollten. Ich hatte nichts gegen andere Nationalitäten, das einzige Problem war nur die Verständigung, da oft kein Englisch gesprochen wurde. Am Ende vertrauten wir unseren Gastgebern, die sich das ganze Hin und Her angehört hatten und dann sagten, dass sie genau die richtige Person für die Aufgabe kannten. So kam Oom Poulus, ein Rentner, der sein ganzes Leben für die Eskom Spannungsversorgung in Pofadder gearbeitet hatte, für fünf Tage zu uns. Oom Poulos war ein wahrer Gentleman mit einem Repertoire an Anekdoten und Geschichten über seine Zeit als Eskommitarbeiter. Er kannte die Umgebung wie sein eigenes Schlafzimmer und wir fühlten uns in seiner Gegenwart sicher und gut aufgehoben.

Am späten Nachmittag des ersten Tages zusammen öffneten sich zu unserem Erstaunen die Himmelsschleusen und es begann zu regnen! Es war ein wahrer Grund zur Freude, da es der erste wahre Regen seit einem ganzen Jahr war! Wir schlenderten durch den Regenguss und kamen an einem alten, heruntergekommenen Farmhaus, das nicht weit von der Straße entfernt lag, vorbei. Das Haus hatte keine Fenster, das Dach war undicht, und die Überbleibsel eines toten Schafes lagen im Innern auf dem Wohnzimmerboden verstreut. Es war besser als kein Dach über dem Kopf, also kratzten wir die Schafüberbleibsel zur entferntesten Ecke des Raumes und schlugen unser Lager dort auf, wo das Dach am wenigsten undicht war. Die Pferde brachten wir in einem alten Gehege unter, das aus Fels und Gestein errichtet worden war, und nach ihrer Futterration für die Nacht machten sie sich ans Grasen. Ich bereitete ein einfaches Gericht mit Nudeln und Tomatensoße auf unserem Einbrenner zu und danach legten wir uns in unsere gemachten Betten aus Matte und Schlafsack auf den Boden.

Die nächste Nacht zählte als eine der härtesten und brutalsten Nächte der gesamten 581 Tage um Südafrika. Ausnahmsweise einmal hatten wir einen tollen Lagerplatz mit super Ausblick vor Einbruch der Dunkelheit gefunden. Gegen 20 Uhr waren die Pferde gefüttert und in unserem transportierbaren Zaun untergebracht und wir freuten uns auf eine frühe Bettzeit. Aus Respekt für Oom Poulos schliefen wir auf dem Boden ohne Zelt, da wir kein Ersatzzelt für ihn hatten, aber um ehrlich zu sein, schliefen wir in trockenen und klaren Nächten sowieso lieber unter den Sternen ohne ein Zelt.

Im selben Moment, in dem wir uns in unsere Schlafsäcke legten, hörten wir plötzlich lauten Tumult, gefolgt von dem Donnern fliegender Hufe. Die Pferde waren aus ihrem Gehege ausgebrochen und in die schwarze Nacht davongerannt. Noch in unseren Schlafanzügen zogen wir in Sekunden unsere Stiefel an, schnappten unsere Halfter und Stirnlampen, einen Futtereimer und rannten an einem verschlafenen und verdutzten Oom Poulos vorbei in die Dunkelheit hinaus. Das schwache Licht unserer Stirnlampen erleuchtete den Weg, während wir verzweifelt nach ihren Spuren im Sand suchten. Endlich fiel der Schein der Lampen auf ihre Spuren, aber diese waren in der Dunkelheit nur als ungewöhnlich aussehende Schatten zu erkennen und alles andere lag in der Schwärze der Nacht verborgen. Die vier waren wie vom Erdboden verschluckt und ich war einer Panik nahe. Eilig machten wir uns auf den Weg und folgten ihren Spuren, während wir für Stunden nach ihnen pfiffen und ihre Namen riefen, doch ohne Erfolg. Im Dunkeln sah alles ganz anders aus und Berge und Hügel waren nur in Umrissen erkennbar. Entfernungen schienen nah, doch in Wirklichkeit waren sie weit entfernt mit ungewissem Terrain und potenziellen Gefahren dazwischen liegend.

Die Suche war lang und ermüdend und mehr als einmal verloren wir die Spuren der Pferde aus den Augen und mussten anhand unserer eigenen Spuren zum letzten Anhaltspunkt zurückkehren. Mehrmals war ich in ein Maulwurfsloch getreten und sogar gefallen und mein empfindliches Knie begann wehzutun. Es hatte mich in den letzten Wochen immer wieder geplagt und diese Stolperei in der Dunkelheit reizte es mehr und mehr. Nach vier Stunden erschienen die Pferde kurz vor Mitternacht wie aus dem Nichts im Lichtkegel unserer Lampen! Sie standen in einem Kreis eng beieinander mit ihren Hinterteilen im Inneren des Kreises und ihren Köpfen in die bedrohende Dunkelheit hinaus. Natürlich hatten sie uns kommen hören und ich vernahm ein leises Wiehern zur Begrüßung, konnte aber nicht heraushören, von wem es stammte. Lloyd und ich atmeten auf und grüßten unsere Ausreißer warm und liebevoll. Die Wut, die wir anfangs auf sie gehabt hatten, war mit der stundenlangen, umherirrenden Suche verschwunden. Mit wenig oder keiner Ahnung, in welcher Richtung unser Lager lag, waren wir gezwungen unseren Weg anhand unserer eigenen Spuren, die sich schlangenförmig und umständlich durch die Dunkelheit zogen, zu folgen.

Die Erleichterung, die Pferde gefunden zu haben, wurde aber schnell zu Frust und schlechter Laune. Mein Knie schmerzte, ich war müde und erschöpft, es war eiskalt und ich wollte einfach nur zu meinem Schlafsack zurück. Ich war davon überzeugt, dass ich genau wusste, wo unser Lager lag, und sagte zu Lloyd, dass es unnötige Zeitverschwendung sei, unseren sinnlosen Kreisen und Schlangenlinien von vorher zu folgen. Lloyd wollte nichts davon hören und sagte, dass es in so einer Situation zwei Regeln gebe, die unter Umständen lebensrettend sein könnten und auf jeden Fall eingehalten werden müssten. Nummer eins, verlasse niemals deine Spur und Nummer zwei, trenne niemals die Gruppe! Meine schlechte Laune und seine Besserwisserei obendrauf heizten mich an und wir hatten einen Streit. »Ich bin mir aber 1000-prozentig sicher, dass unser Lager in dieser Richtung liegt. Jedes Mal, wenn wir an einer Abzweigung ankommen, gehen wir in die Richtung, die du für richtig hältst! Lass mich einfach auch mal eine Entscheidung treffen! Ich kann ja erst einmal alleine in die Richtung laufen und nachsehen!« Zu meiner Überraschung gab Lloyd nach und sagte: »Na gut, du entscheidest. Ich warte hier mit den Pferden.« Verärgert, aber voller Triumph stapfte ich los und dachte mir noch: »Dir zeig ich, dass ich recht habe!« Ich hatte immer schon ein gutes Gespür für Richtungen und Entfernungen gehabt und immer meinen Weg gefunden und dieses Mal würde es nicht anders sein. Ich lief und lief und nach einer Weile verrauchte mein Ärger und meine Schritte wurden langsamer und zögernder. Die Straße, auf die ich so zielsicher zugelaufen war und bei der ich unser Lager vermutet hatte, tauchte einfach nicht, wie ich erwartet hatte, vor mir auf. Nach einer Weile sah ich über meine Schulter in Lloyds Richtung zurück, aber der Schein seiner Taschenlampe war nicht mehr zu erkennen. Der dichte, undurchdringliche Nebel, der aufzog, verschluckte meine Rufe zu Lloyd und damit setzten Furcht und Panik ein.

(Lloyd)

Jede einzelne Faser in meinem Inneren sträubte sich dagegen und ich wusste, dass diese Idee bescheuert war, aber Isabel ließ einfach nicht locker, also gab ich nach und ließ sie gehen. Sie rauschte los und ich konnte nichts tun, außer ihr hinterherzuschauen. Nach einer dreiviertel Stunde war sie immer noch nicht zurück und der Schimmer ihrer Stirnlampe war schon lange erloschen. Während wir die Pferde gesucht hatten, hatte ich Hyänenspuren gesehen, und in Pofadder hatte uns jemand sogar vor Löwen gewarnt. Die Pferde spürten meine Unruhe und Sorge und begannen unruhig im Sand zu scharren. In der Dunkelheit gab es immer die Möglichkeit, über eine Klippe zu treten oder in ein Loch zu fallen. Außerdem wurde man leicht desorientiert oder verlief sich und es war durchaus möglich, dass Isabel irgendwo am Boden mit gebrochenem Bein lag. Diese Gedanken machten mich wütend auf Isabels Sturheit und darauf, dass ich nachgegeben hatte. Ich musste mich um vier Pferde kümmern und jetzt obendrauf auch noch Isabel suchen! Die andere goldene Regel, niemals den letzten gemeinsamen Treffpunkt zu verlassen, nagte an meinem Gewissen. Es war Isabels letzter Anhaltspunkt und sie hatte die Chance, ihren Weg anhand ihrer eigenen Spuren zu mir zurück zu finden. Falls ich mich auf die Suche nach ihr woanders hin begab, könnte die Situation katastrophal enden. Also blieb ich an Ort und Stelle und wartete … Nach einer Ewigkeit vernahm ich Isabels kaum hörbare Rufe von weit her und ich leuchtete mit meiner Stirnlampe in ihre Richtung, um sie zu mir zurückzuführen. Sie war unversehrt und wir sprachen kein Wort, da Tadel oder Zurechtweisungen unangebracht waren. Die Lektion war erfolgreich erteilt worden!

Wir wurden von einem besorgten Oom Poulos willkommen geheißen, und um sich warm zu halten, hatte er das Lagerfeuer wieder angefacht. Erschöpft und müde reparierten wir den Zaun der Pferde und legten uns wieder in unsere Schlafsäcke, aber als unsere Köpfe unsere Kissen berührten, hörten wir mit Entsetzen denselben Tumult wie Stunden zuvor. Die Pferde waren wieder ausgebrochen, dieses Mal aber in eine komplett neue Richtung! Wir verstanden die Welt nicht mehr und starrten hinter ihnen her in die Dunkelheit hinaus und wie im Déjà-vu schnappten wir uns Halfter, Schuhe und Stirnlampen und rannten los.

Dieses Mal dauerte es drei Stunden bis wir sie wiedergefunden hatten. Sie waren im langen Gras verschwunden und ihre Spuren waren deshalb kaum zu sehen, aber sie steuerten klar auf das Lager der vorherigen Nacht zu, auf derselben Straße, auf der wir am Tag entlanggeritten waren. Nach etwa neun Kilometern ertappten wir sie bei einer Graspause und zum Glück hatten sie sich dazu entschieden, nicht einfach vor uns wegzurennen. Als wir unser Lager erreichten war es halb sechs am frühen Morgen und Oom Poulos schlief tief und fest und wachte nicht einmal bei unserer Ankunft auf. Die Pferde verbrachten den Rest der Morgenstunden am Pick-up angebunden. Unsere Schlafsäcke waren mit Eis und Forst überzogen, aber wir waren so erschöpft, dass wir die Kälte kaum mehr wahrnahmen. Bevor unsere Köpfe die Kissen erreicht hatten, waren unsere Augen schon zugefallen, und zwei kurze Stunden später stand die Sonne hoch am Horizont und es war Zeit, aufzuwachen. Wir hatten keine Ahnung, was die Pferde in der Nacht erschreckt hatte, und Lloyd umrundete unser Lager zweimal auf der Suche nach eventuellen Hyänen- oder Löwenspuren. Im Grunde war es unwichtig und wir waren einfach nur froh, dass wir sie wohlauf wiedergefunden hatten.

Vioolsdrif Grenzposten nach Namibia

Mit Oom Poulos an unserer Seite schafften wir es in einem Stück nach fünf Tagen nach Vioolsdrif. Die Landschaft und Kulisse waren dramatisch und atemberaubend und uns wurde wieder einmal klar, dass es Orte in Südafrika gibt, die überwältigend, unbewohnt und wild waren! Nachdem wir einem ausgetrockneten Fluss durch den sogenannten Vyfmylpoort (Fünfmeilenpass) gefolgt waren, erreichten wir Vioolsdrif in der Dunkelheit der Nacht. Der Fluss lief an der N3, einer sehr verkehrsreichen Nationalstraße, entlang und führte uns über und unter der Straße hindurch. Die N3 ist die einzige Straße, die durch diese Gebirgskette nach Vioolsdrif und Namibia führt, und als wir beim Grenzposten ankamen, sagten wir ein herzliches Dankeschön und Auf Wiedersehen zu Oom Poulos. Durch pures Glück hatten wir ihm eine Mitfahrgelegenheit mit einem Lastwagenfahrer bis nach Pofadder zurück organisieren können. Oom Poulos hatte uns durch ein ausgetrocknetes und harsches Gebiet hindurch sehr geholfen und wir waren ihm unendlich dankbar.

Je weiter nach Westen wir ritten, desto trockener und dürrer wurde das Land, das wir durchreisten. Wir hatten gehofft, dass wir unseren Pick-up und unsere Kanister in Vioolsdrif auftanken konnten, aber die nächste Tankstelle auf der südafrikanischen Seite war knappe 70 Kilometer weit weg. Es gab keine einzige Tankstelle in und um Vioolsdrif und mit einem Blick auf unsere Benzinuhr war klar, dass wir die 70 Kilometer nie schaffen würden. In dem menschlichen Getümmel am Grenzposten gab uns jemand den Tipp, einfach die nächste Tankstelle auf der namibischen Seite in Noordoewer zu besuchen, da die nur 10 Kilometer entfernt lag. Nach Namibia einzureisen, um tanken zu gehen, hörte sich nach einer plausiblen Erklärung an, und der Beamte der Einwanderungsbehörde zeigte Erbarmen und erlaubte uns ohne weitere Formalitäten einzureisen. Mit einem Blick auf die Warteschlange verkniffen wir uns ein Grinsen und stiegen wieder ins Auto. Die Fahrt war kurz und schmerzlos und nach wenigen Augenblicken sahen wir ein willkommenes und Freude erregendes Schild, auf dem ENGEN stand. Wie auf ein Zeichen begannen wir beide, wie zwei kleine Kinder zu schreien und wild auf unseren Sitzen herumzuhüpfen! Zu einer ENGEN-Tankstelle gehörte normalerweise ein Wimpyrestaurant mit dazu, und während der ganzen Reise um Südafrika gönnten wir uns, wann immer wir auf einen Wimpy stießen, einen ihrer leckeren schaumigen Milchkaffees. Die unerwartete Überraschung war ein Grund für Hysterie und Freude, da wir seit Mafikeng, läppische 1000 Kilometer entfernt, keinen Wimpykaffee mehr getrunken hatten. Unsere heutige Glückssträhne aber war noch nicht zu Ende. Der Tank des Pickups konnte 60 Liter aufnehmen und in der Tankstelle in Namibia füllten wir 60,95 Liter ins Auto!

Raues, abgeschiedenes Richtersveldgebiet

Wir hatten uns einen Tag Pause verdient und nutzten die Zeit, um unsere Route für die nächsten zwei Wochen zu planen. Am nächsten Tag fuhren wir, um Vorräte und Proviant zu verteilen, von Vioolsdrif durch das Richtersveldgebiet nach Alexander Bay bis nach Port Nolloth. Es gibt kein anderes Wüstengebiet auf der Welt, das einen ähnlichen Artenreichtum der Pflanzenwelt besitzt. Im Richtersveldgebiet können auf einem Quadratmeter 360 verschiedene Saft- und Blütenpflanzenarten gefunden werden.

Wir ließen den Pick-up in Port Nolloth bei einem Diamantentaucher namens Digger stehen, der uns netterweise auch noch zu unseren Pferden zurück nach Vioolsdrif fuhr. Den nächsten Tag ritten wir für 20 Kilometer am Orangefluss entlang und verbrachten die Nacht auf dem Boden einer leer stehenden Außenküche. Am folgenden Tag verlief die Schotterstraße schließlich im Sand und Gestein des Orangeflussufers und damit begaben wir uns in die tiefe, unberührte Wildnis des Richtersveldgebietes. Von hier an bildeten wir unsere eigenen Pfade und mussten unseren eigenen Kurs durch die Wendungen und unerwarteten Biegungen des Orangeflusses finden. Die erste Hälfte des Tages stellte sich, da wir für eine Weile reiten konnten, als nicht allzu schwierig dar, aber die zweite Hälfte wurde zur Herausforderung, da der Boden und lockeres Gestein nur zu Fuß begehbar waren.

Kurz vor Sonnenuntergang suchten wir uns abgekämpft und müde einen Lagerplatz und errichteten unser Lager auf einer Sandbank hoch über dem Fluss und der Stromlinie. Wir hatten genügend Proviant für alle für genau fünf Tage bei uns und diese mussten, bis wir die Vorräte auf der anderen Seite des Richtervelds erreichen würden, genau eingeteilt werden. Die Pferde erhielten ihr Kraftfutter und wir schnitten Schilfgras, das in Mengen am Flussufer wuchs, für die Nacht. Am nächsten Morgen erwachten wir, bevor die Sonne aufging, und ließen die Pferde frei am Flussufer grasen. Wir waren noch in unseren Schlafanzügen und hatten gerade unseren Gaskocher für eine Tasse Tee angemacht, als wir ein Donnern und Hufe auf Gestein wahrnahmen. Es dauerte einen Moment, bis wir spannten, dass die Pferde wieder weggerannt waren auf ihrer eigenen Mission, frei und wild!

(Lloyd)

Mit dem Gedanken, dass die Situation dieses Mal schnell behoben sein würde, rief ich Isabel zu zurückzubleiben und auf mich zu warten, während ich vier Halfter schnappte und in meinem Schlafanzug und in Crocs hinter den Pferden herrannte. Bald war mir klar, dass diese Situation doch länger dauern würde, und saß wieder einmal zwischen zwei Entscheidungen fest. Sollte ich zurück zu Isabel oder hinter den Pferden her, solange sie noch in meinem Sichtfeld waren? Meine Wahl fiel wieder einmal auf die Pferde und ihr Tempo war schnell, während ich sie drei Stunden lang über Gestein und Sand verfolgte. Jedes Mal, wenn sie zum Grasen angehalten hatten und ich bis auf 50 Meter an sie herangekommen war, schossen sie wieder ein paar Kilometer voraus. Während ich rannte, schwitzte ich zwischen meinen Oberschenkeln, und der Stoff meines Schlafanzugs rieb so schlimm, dass ich kurzerhand beschloss, den Hosenteil auszuziehen und unten rum ohne Bekleidung zu rennen.

Die Pferde folgten derselben Route, die wir gestern gekommen waren, und rannten den ganzen Weg bis zur Außenküche zurück. Nach zwanzig Kilometern fand ich mich auf der Schotterstraße wieder und erblickte einen Geländewagen. Während ich wild mit den Armen fuchtelte, um die Aufmerksamkeit des Fahrers zu erwecken, versuchte ich gleichzeitig meine Hosen wieder anzuziehen und glücklicherweise hatte der Fahrer mich gesehen. Im selben Moment, in dem er neben mir anhielt, zog ich meine Schlafanzughose das letzte Stück herauf und ersparte dem Fahrer einen Schrecken. Gerrie fragte, ob alles in Ordnung wäre und ich Hilfe bräuchte, und nach kurzer Erklärung bestätigte er, dass tatsächlich vier Pferde wild vorbeigaloppiert wären. Er bot an die Verfolgung mit dem Auto fortzuführen und mit einem Satz sprang ich erfreut auf den Vordersitz und nach fünf Kilometern fanden wir die Pferde friedlich grasend im selben Feld wie am Vortag. Nachdem ich sie eingefangen hatte, führte ich sie zurück zu Gerries Zeltplatz am Orangefluss namens Rooiwal. Beim Zeltplatz band ich sie unter Bäumen an und lief in Gedanken versunken auf Gerries Zelt zu, als mich fast der Schlag traf. Isabel saß auf einem Stuhl ums Lagerfeuer und trank mit Gerries Frau eine Tasse Kaffee. So viel zu meiner Anweisung, zurückzubleiben, um auf unser Zeug aufzupassen! Ich konnte einfach nicht fassen, dass sie wirklich hier war, 25 Kilometer von unserem letzten Treffpunkt ent-

142

fernt! Um ehrlich zu sein, war ich erleichtert, dass sie mir zu Hilfe geeilt war, da ich mir einfach nicht vorstellen konnte, wie ich die vier alleine für 25 Kilometer über Stock und Stein zurück zu unserem Lagerplatz hätte führen sollen! Es war gerade mal zehn Uhr morgens und wir waren pünktlich zum Frühstück mit Gerrie und Frieda.

Aber was jetzt? Unsere Ausrüstung, Sättel, Geld, Handys, Kamera, Navigationsgerät und Vorräte lagen offen, unbewacht und verstreut auf einer Sandbank 25 Kilometer von uns entfernt. Paviane waren überall im Richtersveldgebiet unterwegs und mehrere Male hatten wir ihre Spuren gesehen, während ihr Gebelle gespenstisch und laut durch das Flusstal schallte. Paviane sind gerissene, listige und neugierige Kreaturen, und falls sie unser Lager entdecken sollten, würden sie ohne Zweifel Verwüstung und Chaos hinterlassen, deshalb mussten wir sobald wie möglich zurückkehren. Gerrie und Frieda boten ihre Hilfe an, aber wir wussten, dass sie den strapaziösen Spaziergang nicht geschafft hätten, und lehnten dankend ab. Stattdessen gab Gerrie uns seinen Geländewagen und seine Hilfskraft Johann, einen jungen schmalen Mann, der Züge der Buschmänner im Gesicht trug.

Wir fuhren den Geländewagen so weit, wie wir konnten, am Fluss entlang, aber nach fünf Kilometern konnte das Auto nicht weiter und wir mussten den restlichen Weg zu Fuß in schnellem Tempo über Gestein und Geröll zurücklegen. Johann war trainiert und stark und sagte immer wieder: »Verdammt, das ist aber weit weg!« Zum Glück lag alles noch da, wie wir es in unserer Hast zurückgelassen hatten, die Schlafsäcke lagen offen auf der Matte und der Topf stand noch unberührt auf dem Gaskocher für die geplante Tasse Tee. Wir deponierten das Pferdefutter, unsere Vorräte und weitere Teile der Ausrüstung, die wir nicht benötigten, unter Felsen und hofften, dass es dort vor den Pavianen oder anderen opportunistischen Tieren geschützt war. Dann teilten wir das restliche Gepäck unter uns dreien auf und trugen unsere Sättel, Schlafsäcke und Kleidung über Felsen und Gestein zurück zu Gerries Geländewagen und fuhren nach Rooiwal zurück.

(Isabel)

Wir kamen erst bei Einbruch der Dunkelheit gerade rechtzeitig zur Fütterungszeit nach Rooiwal zurück. Johann konnte einfach nicht glauben, dass eine Frau so einen anstrengenden Tag aushalten und mitmachen würde, und ich spürte den Blick seiner großen, verwunderten Augen immer wieder auf mir. Trotz der Strapazen musste ich schmunzeln, da ich mich schon öfter das Gleiche gefragt hatte ...

Seit Wochen hatte Lloyd von nichts anderem mehr als dem Richtersveld-Nationalpark gesprochen, aber je näher wir dem Park kamen, desto nervöser wurde ich. Dieses Gebiet war auf jeden Fall das abgeschiedenste und isolierteste unserer Reise. Es gab dort für Wochen keinen Handyempfang, keine Menschen lebten in der Nähe, und falls etwas schiefging, war Hilfe weit weg, und wir hatten keinen Notfallplan. Ich war an Sicherheit, Kontrolle und Organisation gewöhnt, so wie es uns in Deutschland beigebracht wurde. Dieser Ritt zwang mich sowieso schon aus meiner Sicherheitszone, aber das war noch einmal etwas ganz anderes. Als die Pferde sich am Morgen aus dem Staub gemacht hatten, waren meine Ängste und Sorgen nur noch mehr geschürt worden. Überall sah ich Zeichen, die darauf hinwiesen, nicht durch das Richtersveldgebiet zu reiten. Roan verfing sein Hinterbein in einem Strick und es war für eine Weile leicht geschwollen. Jemand schoss einen Pavian in der Nähe und die Pferde erschreckten sich und rannten noch einmal, wenn auch nur 3 Kilometer davon. Roan hatte sein Hufeisen verbogen und Tarwood hatte seines auf ihrem Ausflug ganz verloren, und um mir den Rest zu geben, sagte ein einheimischer Nachbar Gerries, dass vor Kurzem ein Wanderer von einem Leoparden in demselben Gebiet am Fluss entlang getötet worden war. All das an einem Tag, es war kein Wunder, dass ich ein komplettes Nervenbündel war!

Gerrie hatte durch seine Kontakte ein neues Hufeisen für Tarwood besorgt, welches am nächsten Morgen hier abgeliefert wurde. Wir blieben für die Nacht bei Gerrie und Frieda, aber ich schlief so gut wie gar nicht. Ich war um unsere Sicherheit besorgt und meine Gedanken hielten mich wach. Es war sehr ungewöhnlich für mich, aber ich hatte wirklich Angst, auf dieser Strecke weiterzureiten, und ich war mir sicher, dass wir eine alternative, weniger abgeschiedene Strecke finden konnten. Lloyd und ich lagen in unseren Schlafsäcken auf dem Boden des Küchenzeltes und sprachen darüber. Er sagte, dass er meine Ängste respektierte, aber nicht nachvollziehen konnte. Dieses Gebiet war für ihn ein Höhepunkt und es wurde noch deutlicher, als er mich eindringlich darum bat, es mir noch mal zu überlegen. Er ging sogar so weit, dass er mir versprach, dass ich nach dem Richtersveldgebiet jede Entscheidung treffen durfte, die unsere zukünftige Route betraf. Es war ihm so wichtig, dass ich nachgeben musste, und am nächsten Tag setzten wir unsere Reise ins Richtersveldgebiet fort.

Eine letzte Hürde (Lloyd)

Hin und wieder folgten wir den Spuren der wild lebenden Pferde des Richtersveldgebietes, die in einem der unfreundlichsten und härtesten Gebiete Südafrikas überlebten. Wir hatten jetzt echte Zweifel an unserem transportierbaren Zaun und lösten das Problem, indem wir zwei Pferde anbanden und zwei zum Grasen freiließen. Für die zwei Pferde, die angebunden waren, schnitten wir Schilfgras, das sie genüsslich manschten, und durch die Nacht hindurch tauschten wir sie alle zwei Stunden aus. Es war wunderbar, so nah am Fluss zu zelten, aber komischerweise war es schwierig, die Pferde zum Trinken zu motivieren. Weil wir so nah waren, konnte es sein, dass das Wasser immer zur Verfügung stand und sie deshalb keine Eile empfanden.

Am letzten Tag auf dem Weg durch das Orangeflusstal, bevor wir den Nationalpark betraten, lag eine letzte gefährliche Hürde vor uns. Der Pfad, dem wir gefolgt waren, endete an einem steilen und rutschigen Felsenabfall, der etwa zwei Meter tief in den Fluss stürzte. Für über eine Stunde erforschte und überprüfte ich den besten Platz zur Überquerung, bevor ich schlussendlich meine Entscheidung traf. Es war das Beste, ein Pferd nach dem anderen langsam und vorsichtig über den Felsen zu führen, und Tarwood, Roan und Fever machten ihre Sache gut und überquerten ohne weitere Probleme. Himba war als Letzter an der Reihe, und wie so oft wollte er seinen eigenen Weg gehen. Er suchte sich seinen eigenen Pfad, verlor seinen Halt und begann in Richtung des Abhangs hinabzurutschen. Alles passierte so schnell, dass ich kaum Zeit hatte, zu reagieren. Ich lag auf dem Rücken und hing mit meinem ganzen Gewicht an Himbas Führstrick, doch die Masse eines 400 Kilogramm schweren Pferdes gegen die Masse eines Mannes ist wohl kaum ein fairer Kampf. Sein Gewicht zog mich langsam in die Richtung des Abhangs, aber währenddessen klemmte sich mein Stiefel zwischen zwei Steinen fest und durch den kurzen Widerstand schaffte Himba es, auf die Beine zu straucheln und den Abhang heraufzuklettern. Das Ganze war nur geschehen, weil er Hufeisen anhatte, und wieder einmal schimpfte ich mit mir selbst, dass wir die Pferde beschlagen hatten.

Zu Beginn der Reise hatten die Pferde nachts oft in nassen und weichen Koppeln gestanden und tagsüber wurden sie auf Schotterstraßen, die ihre Hufe wie Sandpapier abfeilten, geritten. Wir hatten einfach keinen Sponsor für Hufschuhe gefunden und wir konnten es uns nicht leisten, welche zu kaufen, da jedes Pferd seine eigene Größe brauchte. Wir hatten keine andere Wahl gehabt, aber jedes Mal, wenn ihnen ein Nagel in den Huf geschlagen wurde, schüttelte es mich innerlich mit Schuld und Gewissensbissen. Wir glaubten an Barfuß- und gebissloses Reiten, und wann immer wir die Möglichkeit hatten, nahmen wir die Hufeisen ab und ritten barfuß weiter, aber trotzdem hinterließen die Hufeisen einen bitteren Nachgeschmack.

Fever vs. Isabel (Isabel)

Der Orangefluss ist Südafrikas größter Fluss und wird im Drakensberggebirge in Lesotho geboren. Von dort begibt sich der Fluss auf eine 2200 Kilometer lange Reise in Richtung Westen, bevor er schließlich in Alexander Bay in den Atlantischen Ozean fließt. Der Fluss ist mehr als atemberaubend schön und die umliegende Landschaft ist wild und unberührt. Wir verbrachten die Nächte damit, den Mond beim Auf- und Untergang zu beobachten, und wie sich die Berge um uns herum von tiefem Grau zu reichem Lila und zum endgültigen Schwarz der Nacht veränderten. Schmale steile Gipfel schienen sich, ohne zu Zögern, in die Tiefen des Flusses oder den weichen Sand der Hochwasserebenen zu stürzen und das sich verändernde Licht der Sonnenauf- und -untergänge tauchte die Berge in ein Durcheinander verschiedener Farben, was zum absoluten Genuss für den Betrachter wurde.

An einem der Tage im Tal des Orangeflusses wurden wir von den Wildpferden besucht, die wie aus dem Nichts erschienen. Wahrscheinlich hatten sie den Geruch unserer Pferde aufgefangen, aber nach kürzester Zeit verschwanden sie unauffällig und leise, als wären sie vom Erdboden verschluckt worden. Der Abschnitt des Flusstales ist von Bergen auf der südafrikanischen und namibischen Seite eingerahmt und wir reisten und rasteten auf der südafrikanischen Seite. Für fünf Tage trafen wir auf keine Menschenseele. Das Vorwärtskommen war schwierig und langsam und wir führten die Pferde nur zu Fuß, da der Boden und das Terrain einfach zu steinig und felsig zum Reiten waren. Stundenlanges Führen über Felsbrocken und Gestein ohne Unterbrechung reizte mein Knie und sehr bald bewegte ich mich meistens unter Schmerzen fort. Leider hatten die Pferde den Umständen entsprechend nicht viel Auszeit und freien Auslauf, da sie nachts im Wechsel angebunden und tagsüber geführt wurden.

Die Strecke durch das Tal und im Richtersveld-Nationalpark war schön, aber hart und es forderte körperlich und geistig viel von allen. Am fünften Tag nach dem Vorfall mit Himba weitete sich der schmale Pfad, dem wir gefolgt waren, zu einem Feldweg und dann zu einer unbefestigten Straße, die zuvor von Fahrzeugen benutzt worden war. Die Straße führte uns zu einer alten, verfallenen Diamantenmine mit einem Durcheinander aus alten Gebäuden und verrosteten Fahrzeugen, die auf dem Gelände zerstreut waren. Die offene Schotterstraße vor uns war eine mehr als willkommene Ansicht und endlich konnten wir wieder aufsteigen. Nach Tagen voller Einschränkungen waren alle vier Pferde hellauf begeistert und voller Energie, Fever aber war völlig außer sich. Er war übereifrig und begann vor Aufregung unter mir zu tanzen. Ich konnte ihn nicht einfach gehen lassen, weil erstens der Boden recht steinig war und wir keine Verletzung riskieren wollten, und zum zweiten musste ich zugeben, dass ich etwas nervös und verängstigt war, dass er einfach mit mir auf seinem Rücken davonrennen würde. Ich hielt ihn zurück und Fever begann sich unter mir zu winden, um meiner Kontrolle zu entfliehen. Meine Nerven waren bis zum Zerreißen gespannt, während ich auf einem vibrierenden Vulkan saß, der kurz vor der Explosion stand! Fever kämpfte mit allen Mitteln, aber ich ließ nicht locker und wir fanden uns in einem wahren Machtkampf wieder, in dem keiner bereit dazu war, nachzugeben.

An dieser Stelle muss ich erwähnen, dass ich mich an das Folgende nicht mehr erinnere. Es ging alles so schnell und Lloyd erzählte mir später die Geschehnisse. Letzten Endes zog Fever seinen letzten Trumpf und stieg auf seine Hinterbeine und beiden fielen wir rückwärts auf den harten Boden. Im Bruchteil einer Sekunde schaffte ich es wie durch ein Wunder, meine Füße aus den Steigbügeln zu ziehen und Zentimeter von Fevers Körper entfernt in der Hocke zu landen! Fever fing sich sofort wieder, sprang auf die Beine und rannte davon. Erschüttert und unter Schock starrte ich ihm hinterher, und als die Geschehnisse in mein Bewusstsein sanken, brach ich in Tränen der Verzweiflung aus. Die ganze Anspannung und Belastung der letzten Tage flossen in tiefen Schluchzern und Wellen aus mir heraus. Ich schlang meine Arme um meinen Körper und rief meine Verzweiflung in die weite endlose Stille hinaus: »Was ist bloß los mit diesem verrückten Pferd? Ich kann so einfach nicht mehr weitermachen. Warum sind wir sowieso auf dieser Reise und wofür?« Lloyd hatte alles wie in einem schlechten Film vor seinen Augen abspielen sehen und saß geschockt auf Tarwood. Seine Erleichterung, dass ich unverletzt war, schien offensichtlich, da er mit ernsten Rückenverletzungen durch Fevers Körpermasse auf mir gerechnet hatte.

Nach einer Weile verebbten meine Schluchzer und stille Tränen liefen mir die Wangen herunter. Hier draußen, vom Rest der Welt abgeschnitten, hatte ich keine andere Wahl, als weiterzumachen. Völlig leer und erschöpft nahm ich Himba und Roans Führstricke in die Hand und bewegte mich wie in Zeitlupe hinter Fever her. Bei seiner Flucht hatte er deutliche Spuren im Sand hinterlassen und wir folgten diesen jetzt. Meine Gedanken waren durch den Schock ein absolutes Chaos, und während unserer Verfolgung flossen bittere Tränen, als ich die Geschehnisse in Gedanken mehrmals wiederholte. Drei Kilometer später erblickte ich Fever, der schwitzend, aber unverletzt und unbeeindruckt auf einem Hügel stand. Er stand in kompletter Ausrüstung da und schaute mit einem Blick auf mich herab, der eine Reihe verschiedener Gefühle in mir auslöste, und als ich mich näherte, hallten folgende Worte durch meinen Kopf: »Ah, da bist du ja. Lass uns mal weitergehen! Du hast es immer noch nicht kapiert.« Es gab keine Alternative, ich unterdrückte Niedergeschlagenheit, Wut und Traurigkeit, schnappte mir seinen Führstrick und dann setzten wir unsere Reise fort.

(Lloyd)

Während ich auf Tarwood saß, beobachtete ich, wie Fever keine fünf Meter vor mir stieg und Reiter und Pferd rückwärts fielen. Ich rechnete mit dem Schlimmsten, doch wie durch ein Wunder blieb Isabel unverletzt und meine Erleichterung war schwer in Worte zu fassen. Wir waren alleine hier draußen und es gab keine Hilfe und keinen Handyempfang, um jemanden zu benachrichtigen. Ich wäre auf mich allein gestellt gewesen und hätte Isabel stabilisieren und versorgen müssen. Der nächste Ort, in dem wir Hilfe gefunden hätten, war ein voller Tagesritt entfernt, und im schlimmsten Fall hätte ich Isabel zurücklassen müssen, um schnellstmöglich Hilfe zu besorgen. Dieses Szenario spielte sich mehrere Male in meinen Gedanken ab, während wir Fever folgten.

Meine Geduld mit der Fever-und-Isabel-Dynamik war am Ende, und nachdem Isabel sich etwas beruhigt hatte, war ich an der Reihe. All meine Sorgen und Ängste um Isabel und um unsere Gruppe mussten heraus. Ein großer Teil meiner Schlaflosigkeit war die Verantwortung unserer Gruppe und Entscheidungen, die uns betrafen, nahm ich sehr ernst. Ich war ständig angespannt und schlief leicht, da ich immer auf das Unerwartete wartete! Jede Hürde, die vor uns lag, wurde untersucht und eine Entscheidung nur bei hundertprozentiger Sicherheit getroffen. Am Ende war ich für uns alle verantwortlich und ich hatte uns alle heil und in einem Stück durch die schwierigste Strecke der Reise gebracht.»Kaum ist das geschafft, bringst du dich in Lebensgefahr! Warum musst du dich immer mit ihm anlegen?! Du hättest wirklich schlimm verletzt werden können und ich wäre derjenige gewesen, der dich hätte versorgen, Hilfe holen und die Neuigkeiten deinen Eltern beibringen müssen!« Mein Ausbruch war Grund für mehr Tränen und ich erklärte etwas sanfter, dass ihre Reaktion auf Fevers Reaktion nur von einem Knall übertroffen werden konnte. Feuer konnte nicht mit Feuer bekämpft werden und beide, Fever und Isabel, waren gleichermaßen hitzköpfig.

Ohne Wasser – das Erste und einzige Mal

Wir setzten unsere Reise in den Richtersveld-Nationalpark fort und die Frage, ob unsere Vorräte, die wir vor einigen Wochen im Nationalpark versteckt hatten, unberührt geblieben waren, lag uns schwer auf dem Gemüt. Wir waren ernsthaft besorgt, dass Paviane oder andere Wildtiere die Luzerne gerochen und alles vernichtet hatten. In Vioolsdrif waren wir von Parkbeamten daraufhin hingewiesen worden, dass es auf unserem Weg einen Trinkbrunnen für Wildtiere gebe, an dem wir unsere Pferde tränken konnten. Zu unserem Entsetzen stellte sich das aber als eine Lüge heraus und nach Einbruch der Dunkelheit gaben wir die Suche nach dem Brunnen auf und ritten weiter.

Ein Vollmond war aufgegangen und leuchtete uns mit seinem hellen Schein den Weg zu unseren Vorräten. Erleichtert und vor Freude ganz außer uns fanden wir alles unberührt und unversehrt vor. Die Pferde hatten zuletzt gegen 14 Uhr aus dem Orangefluss getrunken, aber jetzt war es 21 Uhr und alle, besonders Fever, waren sehr durstig. Zum Glück war es kein heißer Tag gewesen, aber die Tatsache, dass wir ihnen kein Wasser geben konnten, erfüllte uns mit Gewissensbissen und Schuldgefühlen. Wir gruben sogar in einem trockenen Flussbett nach Wasser, aber leider ohne Erfolg. In den 581 Tagen auf dieser Reise hatten die Pferde jeden einzelnen Tag am Morgen und Abend und oft während des Tages unbegrenzt Wasser zu sich nehmen können. Heute Nacht war das erste und letzte Mal, dass wir ihnen kein Wasser geben konnten, und auch wir hatten das letzte Mal um 14 Uhr getrunken und waren jetzt ohne Wasser.

Eine kühle Nacht brachte schweren Nebel und am frühen Morgen packten wir unser feuchtes Hab und Gut, um uns auf die Suche nach Wasser zu machen. Wir wussten mit Sicherheit, dass wir in ein paar Stunden an einer Windmühle vorbeikommen würden, die auf jeden Fall Wasser hatte, aber nach etwa einer Stunde spitzten die Pferde plötzlich gemeinsam ihre Ohren und hoben ihre Köpfe ruckartig. Wie auf ein Zeichen beschleunigten sie ihre Schritte und marschierten von der Straße auf eine Böschung zu, die durch das dichte Gebüsch kaum sichtbar gewesen war. Wir hatten keine Ahnung, warum sie auf einmal ins Gebüsch steuerten, aber wir vertrauten ihnen und griffen nicht ein. Ihr sechster Sinn und ihr geschärftes Bewusstsein für ihre Umgebung hatten uns mehr als einmal vor Gefahren gewarnt, und als wir durch die Büsche drangen, erkannten wir den Grund der Aufregung! Mitten im Winter sprudelte lebensspendendes Wasser aus dem Erdboden in einem der trockensten Gebiete Südafrikas und die Pferde hatten diese natürliche Quelle gefunden! Der Niederschlagsdurchschnitt des Richtersveldgebietes lag bei 68 Millimeter pro Jahr, und hätten wir dieses Wunder nicht selbst erlebt, hätten wir uns schwergetan es zu glauben. Die Pferde stürzten sich auf die Quelle und tranken sich voll! Hinterher konnten sie sich nur schwer und langsam vorwärtsbewegen und wir führten sie durch die Wüste mit einem Gefühl der tiefen Zufriedenheit.

Abgeschiedenheit und anderes (Isabel)

In gehobener Stimmung liefen wir zu Fuß den Hellshoogte-Pass hinauf, was übersetzt ganz unverblümt »Höllenhöhe« heißt, und kurz vor dem Gipfel hörten wir das fremde und ungewohnt klingende

Geräusch sich nähernder Fahrzeuge. Vor unseren Augen erschienen drei weiße Pick-ups mit Allradantrieb, die bis zum Dach ausgestattet waren und in einer Wagenkolonne durch den Richtersveld-Nationalpark reisten. Drei Fahrzeuge waren nötig, falls zwei aus welchem Grund auch immer plötzlich funktionslos werden sollten. Die Fahrzeuge hatten wirklich alles, Satellitentelefone, Funkgeräte, Campingkühlschränke und jeden anderen Apparat, den man sich vorstellen konnte. Das erste Auto näherte sich und verringerte sein Tempo, fuhr aber an uns vorbei. Uns war bewusst, dass wir bestimmt wie Bettler aussahen, und die Blicke der Insassen waren skeptisch und voller Unglaube. Das Paar im zweiten Fahrzeuge jedoch hielt an und fragte uns, was wir hier draußen denn machen würden und woher wir kämen. Während Lloyd zum Ehemann sprach, stieg seine Frau Sonja aus dem Fahrzeug und fragte mich, ob wir etwas benötigten. »Habt ihr denn alles, was ihr braucht? Kann ich euch etwas geben? Ich habe Biltong (in streifen geschnittenes traditionelles südafrikanisches Pökelfleisch), Schokolade, eisgekühlte Getränke, Eiscreme …« Mir klingelten die Ohren von den genannten Köstlichkeiten und mein Gesicht muss Bände gesprochen haben. Sonja benötigte keine weiteren Worte und gab uns großzügigerweise ein ganzes Kilo Schokolade und ein ganzes Kilo Biltong! Wir verabschiedeten uns, und als die Gruppe langsam in ihren Fahrzeugen den Pass hinunterkroch, winkten wir ihnen nach. Ich schaute Lloyd mit einem breiten Grinsen im Gesicht an und es stand außer Frage, wie diese Leckereien aufgeteilt wurden: Er bekam sein heiß geliebtes Biltong und ich meine Schokolade!

Was folgte, kann nicht wirklich beschrieben werden, aber »wir hauten rein« kommt dem wohl am nächsten! Innerhalb von ein paar Stunden hatten wir alles verputzt. Unsere armen Bäuche, die an einfaches und wenig Essen gewöhnt waren, spannten sich unter der gegessenen Menge und beide waren wir mit grünem Gesicht im siebten Himmel angekommen! Das zufällige Zusammentreffen mit den Reisenden machte uns bewusst, wie isoliert und abgeschieden diese Gegend eigentlich war. Die sicherste Art zu Reisen war in einer Kolonne, da Hilfe oder die nächste Tankstelle einfach zu weit weg lagen. Wenn man zu Fuß oder zu Pferd unterwegs war, hatte man eine völlig andere Reiseerfahrung und einem war gar nicht bewusst, wie weit der Rest der Welt von einem entfernt war, da nur der heutige Tag zählte. Das Reisen zu Pferd war ökonomisch freundlicher und Pferde lösten Schutzwände zwischen Menschen, die über Jahre hinweg gebaut worden waren, auf. Gleichzeitig baute man eine Freundschaft zu einem Tier auf, die schwer zu begreifen war, und es dauerte Wochen, bis man den nächsten Bestimmungsort erreichte. Lange Tage und Nächte mit täglichen Hürden und Herausforderungen und greifbaren Erfahrungen warteten auf einen, bevor man sein Ziel erreichte. Eine Fahrt mit dem Auto war oft in wenigen Stunden oder Tagen vorüber.

Diese Nacht schliefen wir in einer unbenutzten öffentlichen Toilette am westlichen Parkeingang, aber es war nichtsdestotrotz ein Dach über dem Kopf und wir waren damit zufrieden. Wir hatten vor Wochen unsere Vorräte in einer der Toiletten versteckt und sicherheitshalber die Tür von innen verriegelt. Lloyd war dann durchs Fenster hinausgeklettert und genauso musste er jetzt wieder hinein. Zum Glück wurde das westliche Parktor nicht mehr genutzt und wir hatten die Toilette für uns allein. Am nächsten Morgen reisten wir Richtung Westen und dann folgten wir für eine kurze Weile den Flusswindungen in Richtung Norden. Das Gebiet am Orangefluss war reich an natürlichen Rohstoffen und überall wurde hier nach Diamanten gesucht. Hinterher ist das Land für immer vernarbt und die natürliche Flora ist zerstört und erholt sich nie mehr. Während wir das Land durchritten, sah ich mich um und mein Herz wurde schwer. Mir kam der Gedanke, dass das Land irgendwie verflucht aussah und nach seiner Zerstörung einfach nur zurückgelassen worden war.

Gogos ist ein südafrikanisches Wort, das jegliche Art Kriechtier und Insekten beschreibt, und Bremsen und Stechmücken zählten seit dem Verlassen des Indischen Ozeans zu unseren ständigen Reisebegleitern. Normalerweise konnte ich recht gut damit umgehen, aber die Stechmücken aus diesem Gebiet waren einfach zu viel für mich. Bei ungewöhnlich hohen Temperaturen waren die Mücken eine Qual und belästigten uns ohne Pause. Die Pferde wurden glücklicherweise verschont, da diese Mücken zum höchsten Punkt flogen und diesen unter Beschuss nahmen, in dem Fall unsere Köpfe! Meine Haut war an diese Stiche nicht gewöhnt und jedes Mal, wenn ich gestochen wurde, reagierte sie heftig. Lloyd wurde auch gestochen, zeigte aber kaum eine Reaktion auf die Bisse, im Gegensatz zu mir, ich war mit bösen Schwellungen und juckenden Stichen übersät und versuchte jeden Tag verzweifelt meine Augenlider, Ohren, Lippen und den Rest meines Gesichtes zu bedecken. Ich trug einen Hut, eine Sonnenbrille und einen Halsschal, doch egal wie sehr ich auch versuchte meine Haut zu schützen, die Mücken schafften es trotzdem, mich zu stechen. Meine Augenlider waren regelmäßig bis zur Unkenntlichkeit geschwollen und die Stiche dieser winzig kleinen Mücken waren richtig schmerzhaft. Es war ein Albtraum und monatelang ertrug ich ihn ohne Klagen, aber seit dem Vorfall mit Fever war ich oft in Gedanken versunken und suchte nach Gründen und potenziellen Lösungen. Aber nichts hatte sich geändert und er war noch immer genauso schreckhaft und unberechenbar wie zuvor. Ich musste genauso auf der Hut sein und seine Züge voraussehen, und damit waren meine Nerven ständig dünn und angespannt.

An diesem Morgen waren die Mücken schon seit Stunden um meinen Kopf herumgeschwirrt und jedes Mal, wenn mich wieder eine stach, versuchte ich panikartig die Lücke in meiner Schutzkleidung zu finden. Ich fragte mich, ob es jemals aufhören würde, und mit dem Gedanken brach ich ohne weitere Vorwarnung in Tränen aus. Lloyd hielt seine Pferde an und wartete geduldig, bis ich mich wieder beruhigt hatte, und nach einer Weile hatte ich mich ausgeweint. Ich riss mich zusammen und stieg wieder auf, mit derselben Mückenwolke hinter mir, die ihre endlose Folter sofort wieder aufgenommen hatte. Ein paar Kilometer später erreichten wir die Spitze eines Hügels und spürten eine willkommene Brise auf unserer Haut und ganz plötzlich konnte ich das Meer riechen! Der Geruch war berauschend und wir jubelten und juchzten über die Vorstellung, dass der Atlantische Ozean nur noch knappe 80 Kilometer entfernt lag. Seit der Ostküste Südafrikas hatten wir mehr als 4000 Kilometer zurückgelegt und inmitten der Freude dämmerte es mir auf einmal:

Die fiese und gemeine Mückenwolke, die ständig um meinen Kopf herumgeschwirrt war, hatte sich in nichts weiter als Luft aufgelöst!

Der Toyota-Kleinwagen (Lloyd)

Am späten Nachmittag ritten wir auf einer hügeligen Schotterstraße, die mit gefährlichen und unübersichtlichen Kurven und Anhöhen übersät war. Wie gewöhnlich, wenn wir auf einer Straße, die von Fahrzeugen befahren wurde, ritten, versuchten wir so weit wie möglich am Straßenrand zu bleiben. Das war jedoch nicht immer möglich und wir hatten eine gewisse Strategie für diese Fälle entwickelt. Da der Verkehr uns auf der rechten Seite entgegenkam, ritten wir jede Anhöhe auf der linken Seite an, und Fahrzeuge, die sich von hinten näherten, hatten uns durch den Hang klar im Blickfeld. Sobald wir über dem Gipfel der Anhöhe waren, wechselten wir auf die rechte Seite, da wir jetzt für den Verkehr, der sich von hinten näherte, erst im letzten Moment sichtbar wurden, und der Verkehr vor uns konnte uns von Weitem erkennen. Außerdem war es einfacher, abzubremsen, wenn man einen Hügel hinauffuhr, im Gegensatz zu hinab. Bei jeder Anhöhe hielten wir an dieser Strategie fest, es war etwas, auf das wir größten Wert legten und an das wir uns gegenseitig erinnerten.

An diesem Nachmittag ritt Isabel auf Fever voraus und führte Himba auf ihrer linken Seite, während ich Tarwood ritt und Roan führte. Als wir uns dem Kamm der Anhöhe näherten, schoss ein weißer Toyota-Kleinwagen in einem Höllentempo über den Kamm. Er raste nicht nur, sondern fuhr auch noch auf der falschen Seite der Straße direkt auf uns zu. Der Fahrer sah uns in letzter Sekunde, bremste heftig und schwenkte in letzter Sekunde nach links. Isabel und Fever wurden nur um Haaresbreite verfehlt und Geröll und Kieselsteine regneten auf uns herab! Alles passierte so schnell, dass niemand bis auf Fever Zeit gehabt hatte, zu reagieren. Fever hatte nicht mit der Wimper gezuckt und hatte furchtlos, ohne nach links oder rechts zu scheuen, seinen Kurs beibehalten. Hätte er sich beim ersten Anblick des Autos erschrocken und auf die Straße gescheut, hätte er als Anführer der Herde die anderen Pferde mit sich gerissen und das Auto hätte uns alle getroffen. Für Isabel und mich stand es außer Frage, dass seine Courage und sein Mut uns heute das Leben gerettet hatten.

Mit etwas wackeligen Beinen stiegen wir beide ab und lobten unseren Helden überschwänglich. Nachdem ich wieder aufgestiegen war, beobachtete ich, wie Isabel ihr Gesicht zärtlich auf Fevers Hals drückte. Die Geste erinnerte mich an jemanden, der eine stumme Frage stellte, aber keine Antworten erhielt. Seit dem Vorfall im Richtersveld-Nationalpark hatte sie sich, was Fever betraf, in ihre eigene kleine Welt zurückgezogen, und ich wünschte mir, dass sie bald Antworten finden würde. Etwas später fanden wir heraus, dass der Fahrer des Fahrzeugs für Geschwindigkeitsüberschreitungen und Trunkenheit am Steuer bekannt war und dass es nicht das erste Mal gewesen war, dass er Menschen in Gefahr gebracht hatte.

Orangeflussmündung – Alexander Bay

Die letzten 80 Kilometer nach Alexander Bay ritten wir wieder am Orangefluss entlang, der lebensspendendes Wasser durch die Wüste trug. In diesem Gebiet war der Fluss ein wahrer Lebensretter, da Alexander Bay die niedrigste Niederschlagsrate des ganzen Landes mit weniger als 50 Millimeter pro Jahr hatte. Nach Monaten der Hitze durch die Limpopo- und Nordwest-Provinzen, der bezaubernden Kalahari und dem harschen Richtersveldgebiet konnten wir endlich wieder das Meer sehen! Freudig begrüßten wir die kühle Meeresbrise und mit jedem Schritt, der uns näher brachte, wurden wir aufgeregter. Das Erreichen der Westküste und des Atlantischen Ozeans war ein Höhepunkt unserer Reise, da wir vom Osten des Landes Tausende Kilometer durch Hitze, Wüste und Gebirge nach Westen geritten waren. Der afrikanische Kontinent formt am südlichsten Ende eine Spitze und Südafrika liegt direkt in dieser Spitze. Südafrika hat drei Ecken, nämlich die Ostküste an der Grenze zu Mosambik, die Westküste an der Grenze zu Namibia und das Kap der guten Hoffnung im Süden.

Wir hatten uns zum Ziel gesetzt, den Strand und die Mündung des Orangeflusses in den Atlantischen Ozean zu besuchen, und damit hatten wir zwei Ecken des Landes erreicht. Auf Afrikaans heißt die Flussmündung des Orangeflusses *Oranjemond*, doch jedes Mal, wenn wir jemanden nach einer Wegbeschreibung fragten, schickten die uns ins Landesinnere und nicht auf die Küste zu. Nach mehreren Fehlversuchen wurde uns klar, das *Oranjemond* auch der Name eines Ortes auf der namibischen Seite des Fluss war. Das war wieder einmal typisch, wir waren so kurz vor dem Ziel und doch so fern!

(Isabel)

Endlich erreichten wir den Strand, aber es lagen noch einige Kilometer bis zur Flussmündung vor uns. Das Meer war in den Klauen eines Sturmes und zeigte gewaltige Wellen, die von einem heulenden, ohrenbetäubenden Wind angetrieben wurden. Der Orangefluss bildete kurz vor der Mündung eine Lagune und die Wellen waren so gewaltig, dass sie über die Sanddünen in die Lagune spülten. Fever und Tarwood kamen aus den Kaapsehoopbergen und beide hatten noch nie zuvor das Meer gesehen. Der heutige Tag war wohl kaum eine guter, um ihnen das Meer zum ersten Mal vorzustellen! Ich ritt Fever bis zur Flussmündung und dort machten wir ein paar Bilder, kehrten aber wegen des unangenehmen Windes bald wieder zurück. Fever war angespannt und tanzte unruhig herum, während er die schaumigen Wellen skeptisch im Auge behielt. Jede einzelne Muskelfaser in seinem Körper war hart wie Stahl und er fühlte sich an wie eine Ladung Dynamit, die kurz vorm Losgehen war. Wie er sich verhielt, machte mir Angst, und während ich versuchte ihn zurückzuhalten, schossen mir Bilder des Richtersveld-Nationalparks in Erinnerung. Beim Gedanken daran wurden meine Hände eiskalt und in meinem Bauch bildete sich ein fester Knoten. Ich konnte das einfach nicht noch einmal erleben, dachte ich mir, dieses Mal würde bestimmt was Schlimmeres passieren!

Als wir den Strand verließen und auf eine offene Sandstraße

kamen, realisierte ich im selben Moment, dass ich keine Kraft mehr hatte und Fever nicht mehr bekämpfen konnte. Mein Griff lockerte sich und ich ließ ihn einfach gehen. Fever fiel in einen Trab und der Trab schien mit jedem Atemzug schneller und schneller zu werden. Seine Schritte verlängerten sich mehr und mehr, aber er war nicht auf Flucht eingestellt und ich war immer noch Herr der Geschehnisse. Nach einer Weile löste sich der Knoten in meinem Bauch und ich begann mich zu entspannen, da Fever keine Anstalten machte, davonzurennen oder mich anderweitig zu verletzten. Ein Kichern der Freude und des Genusses entglitt mir, und dann hörte ich plötzlich lautes Lachen hinter mir. Ich drehte mich um und rief Lloyd zu, was denn so komisch wäre, und er stieß seine Antwort zwischen Gelächter hervor: »Schau mal, ich muss auf Tarwood galoppieren, um mit dir mithalten zu können!« Das überraschte mich, da ich nicht bemerkt hatte, wie schnell wir im Trab unterwegs waren und wie leistungsfähig Fever eigentlich war. Fever hatte ein gutes Herz und mit dem richtigem Umgang, wusste ich, würde er alles für mich tun. Seit unserem ersten Treffen in Kaapsehoop hatte er versucht mir etwas beizubringen. Indem ich die Kontrolle über Fever gehen ließ, hatte ich ihm erlaubt mir sein wahres Potenzial zu zeigen, und damit hatte ich den besten Weg gefunden, mit Fever umzugehen.

Mit diesem Gedanken wurde mir die wahre Bedeutung dieser Worte erst bewusst. Jeden Tag aufs Neue hatte ich mich unter Druck und Stress gesetzt, weil ich genau wissen wollte, wo wir übernachten und wann wir dort ankommen würden. Ständig fragte ich mich, ob wir dort Wasser finden und ob es für uns alle sicher sein würde, und wollte das Auskommen und den Verlauf des Tages kontrollieren und planen, um sicherzugehen, dass alles glatt lief. Dieser Ritt zwang mich aus meiner Sicherheitszone und mein großherziger Fever zeigte mir, wie ich damit umgehen konnte. Mit absoluter Klarheit realisierte ich, dass ich nicht alles kontrollieren konnte, egal wie sehr ich es auch versuchte. Kontrolle war eine Illusion und existierte nur in meinem Kopf. Das Leben und der Ritt geschahen in ihrer eigenen Zeit und so, wie es vorgesehen war. Davon einmal abgesehen ging jeden Tag alles gut aus, wir waren nicht einmal in einer Situation gewesen, aus der es keinen Ausweg gab. Der ganze Stress und Druck, die ich auf mich und auf meine Weggefährten ausgeübt hatte, waren komplett unnötig gewesen und fielen, während ich auf Fever dahintrabte, von mir ab.

(Lloyd)

Ich lachte laut auf, als ich Isabel und Fever beobachtete, wie sie in einem Wahnsinnstempo vor mir hertrabten. Es war pure Freude, die beiden so zu sehen. Fever und Isabel waren sich in vielerlei Hinsicht so ähnlich und dieser Moment war bezeichnend für ihre Beziehung. Obwohl wir jeden Tag für viele Monate so nah beieinander gelebt hatten, wusste ich nicht wirklich, wie ich am besten mit Isabel umgehen konnte. Als ich die beiden gemeinsam beobachtete, wurde mir klar, dass ich unsere Beziehung durch sanften und behutsamen Umgang fördern konnte. Isabel ist so motiviert und engagiert, leidenschaftlich, direkt in ihrem Umgang und Verhalten, organisiert und strukturiert und manchmal reagiert sie wegen gewisser Dinge über. Sie nahm so viel an und wollte alles ordentlich und organisiert in kleinen Boxen halten, aber mit solch hohen Erwartungen konnte sie nur enttäuscht werden, wenn es mal nicht so lief, wie sie es sich vorgestellt hatte. Fever wollte frei und ungebunden sein und sich auf seine Art und Weise ausdrücken, und nach Monaten voller Höhen und Tiefen schienen sich die beiden zum ersten Mal als Einheit in dieselbe Richtung zu bewegen. Das war etwas, wonach ich in meiner Beziehung zu Isabel strebte, was ich aber noch nicht gemeistert hatte. Auf dieser Sandstraße in Alexander Bay bewegte sich unsere Herde als komplette Einheit und miteinander verknüpft.

Ein Mistkäfer (Isabel)

Ich war zufriedener und begann die Reise mehr zu genießen, ohne auf das Erreichen unseres Übernachtungsplatzes zu warten. Meine

Beziehung mit Lloyd hatte unter meiner Kontrollsucht gelitten, und durch die Veränderung in mir wurde unser Verhältnis besser und stärker. Die Westküste Südafrikas sah verlassen, trostlos und ausgetrocknet aus, als wir wieder einmal Vorräte zwischen Port Nolloth und Hondeklip Bay versteckten. Die erste Nacht, nachdem wir Port Nolloth zu Pferd verlassen hatten, schliefen wir neben der Straße auf dem Boden. Die Chancen auf Niederschlag oder Regen waren gleich null und wir hatten kein Zelt dabei, sondern schliefen nur mit unseren Schlafsäcken und Schlafmatten mit einem Regenumhang als Unterlage. Direkt unter den Sternen zu schlafen hatte etwas Magisches und wir wurden dem nie müde. Nach einem trägen Abendessen, das aus Nudeln mit Tomatensoße bestanden hatte, machte ich mich bettfertig. Ich schlüpfte in meinen Schlafsack und lag mit beiden Augen offen auf dem Rücken. Die Stille hier draußen war fast greifbar und ich starrte in Gedanken versunken in den Sternenhimmel hinauf. Plötzlich wurde ich von einem sehr ungewöhnlichen Kratzgeräusch aus den Gedanken gerissen und versuchte herauszufinden, woher das Geräusch kam. Die Pferde hatten es auch gehört und schnaubten nervös in meine Richtung, also musste die Ursache bei mir in der Nähe sein. Ich schaute mich im Licht meiner Stirnlampe um und entdeckte einen Mistkäfer, der gerade dabei war, einen Pferdeapfel über unseren Poncho zu rollen. Die Stille war so überwältigend gewesen, dass das leiseste Geräusch wie in dreifacher Lautstärke erschien, und als die kleinen Beine des Mistkäfers über den Poncho kratzten, störte er unabsichtlich die Ruhe und Stille.

Einsamkeit (Lloyd)

Es war so still, völlig abgelegen und verlassen und ich lief herum, während ich in mein Diktiergerät sprach, das ich als mein Tagebuch nutzte. Ganz in der Nähe riefen Schakale und eine Eule tutete vom Zaun nebenan und hier draußen inmitten des unendlichen Universums erfüllte mich plötzlich ein Gefühl der Unwichtigkeit und der Nebensächlichkeit. Unsere scheinbar unendliche Reise ließ gelegentlich viel Zeit für Reflektion und ich dachte über meine Familie, meinen Vater und seine Krankheit nach und Einsamkeit überkam mich. Ich fühlte mich nicht allein, aber einsam und ich konnte im ersten Moment gar nicht verstehen, warum, aber in jener Nacht ergriff mich dieses Gefühl wie nie zuvor. Oft sprachen Isabel und ich über gewisse Gefühle, die in einem erwachten, während man durch eine bestimmte Landschaft reiste. An der Westküste Südafrikas empfanden wir beide dasselbe, Abgeschiedenheit und Trostlosigkeit. In diesem Moment fühlte ich mich genauso, von meiner Familie abgeschieden und weit entfernt. Die letzten 17 Jahre meines Lebens hatte ich von meiner Familie entfernt gelebt und mein eigenes Ding durchgezogen, aber mir war nie die wahre Bedeutung einer Familie bewusst gewesen, bis auf heute Nacht. Was war ein Leben ohne Familie? Ich dachte über meinen Bruder Byrne nach und darüber, wie viel er mir bedeutete, doch diese Worte waren noch nie laut zwischen uns ausgesprochen worden. Ich war zwei Jahre älter als er und die Erinnerungen an die Gemeinheiten, die ich ihm als Kind zugefügt hatte, suchten mich im Hier und Jetzt heim. »Wenn ich wieder zu Hause bin, werde ich mich bei ihm entschuldigen«, schwor ich mir. Auf meiner 40. Geburtstagsfeier tat ich vor meiner Familie und engsten Freunden genau das und erklärte zur selben Zeit, warum diese Zeit der Einsamkeit und Isolation nötig gewesen war und zu den persönlichen Offenbarungen unserer Reise beigetragen hatte.

»Diamonds are forever« (Isabel)

Das Diamanten- und Rohstoffabbaugebiet in Namaqualand konnte ohne eine Genehmigung nicht durchquert werden, und um eine ausgestellt zu bekommen, mussten wir nach Kleinzee reisen. Die Genehmigung erlaubte uns nur an der Küste entlangzureiten, aber das Inland war nach wie vor verbotenes Gebiet. Zwischen Alexander Bay und Hondeklip Bay übernachteten wir bei vier verschiedenen Familien, deren Ertragsgewerbe das Diamantentauchen war. Das Leben eines Diamantentauchers war schwierig, da es zu 100 Prozent von einem unberechenbaren Ozean abhängig war. Wenn die Strömung oder das Wetter ungünstig waren, blieben die Tauchboote manchmal für Wochen im Hafen. Viele der Küstenorte an der Westküste Südafrikas existieren hauptsächlich wegen der Diamanten, obwohl es eine absolute Seltenheit war, einen rohen Diamanten zu entdecken. Gesetzlich war es sogar illegal, den Diamanten aufzuheben oder ihn zu verkaufen, und trotzdem konnten wir uns nicht helfen und ritten, mit unseren Augen auf den Boden fixiert, auf der Suche nach einem schimmernden Gegenstand.

Die Westküste war sehr trocken und von Hondeklip Bay an, das übrigens Hundeklippenbucht heißt, weil einer der Klippen wie der Kopf eines Hundes aussieht, war das Beschaffen von Trinkwasser auf dem Weg durch den Namaqualand-Nationalpark ein richtiges Problem. Der Besitzer eines Backpackers direkt am Strand sagte, nachdem wir eine Nacht bei ihm verbracht hatten, dass er unseren Pick-up ohne Probleme für die nächsten Tage fahren würde. Bruce sagte auch, dass die Westküste wirklich fast kein Süßwasser beherberge, und um sicherzugehen, dass wir und die Pferde genügend zu Trinken hatten, half er uns mit Vergnügen aus. Ich wollte schon immer einmal die berühmten Blumen des Namaqualandes sehen und durch pures Glück wurde mir dieser Wunsch gewährt. Die Blumensaison war eigentlich schon für dieses Jahr vorüber, aber ungewöhnlich späte Regengüsse hatten die berühmten Namaqualandblumen erneut erblühen lassen. Ein bunter Teppich aus leuchtendem Rot, sonnigem Gelb und Orange und sattem Lila und Blau war vor meinen Augen ausgelegt und ich dachte an meine Mama und Oma in Deutschland und daran, wie sehr die beiden die Sicht auf diese Blumenpracht genossen hätten. Ich witzelte sogar mit Lloyd, dass wir sie hier vermutlich für einen Monat hätten aussetzen können, und hinterher hätten sie jede einzelne Blume beim Namen gekannt.

Wir zelteten direkt an der Küstenlinie entlang und bis auf einen artesischen Brunnen kurz nach dem Aufbruch von Hondeklip Bay war nirgendwo Süßwasser vorhanden, aber damit, dass wir für die nächsten drei Tage in strömendem Regen unterwegs sein mussten, hatten wir im Traum nicht gerechnet. Wir ließen Bruce beim Zeltplatz zurück und machten aus, dass wir uns mit ihm nach etwa 15 Kilometern wieder treffen würden. Normalerweise ohne die Hilfe und Unterstützung durch einen Fahrer waren Lloyd und ich auf alles vorbereitet aber bei Sonnenschein und warmem Wetter, war eine Jacke das Letzte an das wir dachten. Innerhalb der nächsten Stunde wurden wir für diese Nachlässigkeit bitter bestraft. Der berühmte Nebel der Westküste zog mit voller Wucht auf und brachte schlechte Sicht und innerhalb weniger Minuten eisige Kälte mit sich. Zwei Stunden später zitterte ich vor Kälte wie Espenlaub, und da Bruce noch immer nicht aufgetaucht war, begann ich mir Sorgen zu machen. Hatte er sich verfahren oder war er vielleicht mit dem Pickup im Sand stecken geblieben? Der Sand hier war tief und es war einfach, sich festzufahren.

In der Zwischenzeit waren wir abgestiegen und führten die Pferde, da es einen wärmer hielt als Reiten, und schließlich mussten wir sogar joggen, weil die Kälte unerträglich wurde und unsere Kerntemperatur gefallen war. Wir hatten keine Streichhölzer, keine Decken, wirklich gar nichts, um uns zu wärmen, und mit jeder weiteren Minute, die verstrich, wurde ich besorgter. Es war am späten Nachmittag und der nasse Nebel hatte alles bedeckt und wir waren bis auf die Knochen durchnässt. Ich bevorzuge Hitze und Wärme und habe Kälte noch nie wirklich vertragen oder gemocht, deshalb hatte ich auch immer, unter normalen Umständen, eine Jacke bei mir … Meine eigene Vergesslichkeit ärgerte mich. Es wurde spät und wir begannen nach einem Unterschlupf zu suchen, aber die Westküste mit diesem typischen niedrigen Gebüsch hatte nicht viel zu bieten. Irgendwann war ich so kalt, besorgt und verängstigt, dass ich Lloyd entgegenschrie: »Ich habe kein Interesse daran, hier draußen an einem Kälteschock zu sterben! Hörst du das?« Etwa eine Stunde später tauchte ein recht unbekümmerter Bruce auf und wurde von zwei verfrorenen und verzweifelten Seelen willkommen geheißen. Das Auto stand noch nicht still und wir rissen schon die Türen auf der Suche nach Jacken, Decken und anderen Gegenständen, die unsere verfrorenen Glieder wärmen konnten, auf.

Die Nordkap-Provinz wurde für uns zu einem Ort der Selbstfindung und des persönlichen Wachstums. Manche Gebiete waren so abgeschieden und vom Rest der Welt isoliert, dass uns viel Zeit zur Reflektion gegeben wurde. Wir hatten so viel über uns selbst und unsere Pferde gelernt und eines war klarer als je zuvor geworden: Diese Reise war zu unserem Leben geworden. Wir waren nicht aus unserem Leben getreten, um diese Reise zu bewältigen, sondern die Reise selbst war zu unserem Leben und unserer wirklichen Realität geworden!

Kapitel 6

DIE BERGE DES MEERES

WESTKAP-PROVINZ
28. August 2010 – 13. November 2010
Gereiste Entfernung: 6360 Kilometer
Pferde: Djuma und Marafi
Fever und Tarwood
Himba und Roan

(Isabel)

Als es Zeit wurde, uns von Bruce zu verabschieden, waren wir an einem weiteren spektakulären Weinanbaugebiet der Westküste angelangt. Bevor wir aber über die Grenze in die Westprovinz traten, ließen wir uns in einem Ort namens Koekenaap für ein paar Tage zur Rast nieder. *Koekenaap* ist ein afrikaanses Wort und heißt »Guck mal, ein Affe«. Worte wie diese amüsierten mich köstlich und ich hatte mir immer vorgenommen, diese aufzuschreiben und eine Seite mit lustigen Worten und Begriffen zusammenzustellen. Die Westprovinz war vom staatlichen Amt für Tiermedizin zur Kontrolle der Afrikanischen Pferdepest in vier verschiedene Zonen eingeteilt worden. Die Zonen waren um Kapstadt herum errichtet worden, da Kapstadt die einzige Stadt in Südafrika war, aus der man Pferde nach monatelanger Quarantäne ins Ausland exportieren durfte. Die äußerste Zone war die **infizierte Zone**, die nächste war die **Schutzzone** und dann kam die **Überwachungszone**. Die innerste Zone, die **Freizone**, war sehr klein und lag quasi nur um den Hafen Kapstadts und die Quarantänegebäude herum. Jedes Pferd, das eine der Zonen betreten wollte, brauchte einen Pass mit dem Nachweis, dass die Pferdepestimpfung jährlich von einem Tierarzt gegeben worden war. Vor dem Betreten der Zonen musste das Pferd von einem Tierarzt untersucht werden und zusätzlich ein Gesundheits- und Versandgutachten durch

165

einen staatlichen Tierarzt ausgestellt werden. Pferde, die ins Ausland exportiert wurden, mussten vorher für drei Monate in Quarantäne in Kapstadt, um sicherzugehen, dass sie keine Krankheiten und vor allem keine Pferdepestviren mit sich ausführten. Wir hatten unsere Pferde immer selber geimpft und hatten deshalb keine Pässe mit Impfausweisen für sie. Das bedeutete, dass sie nicht in die Zonen der Westprovinz einreisen durften und wir geeignete Pferde für das Stück borgen oder kaufen mussten.

Wir verbrachten zwei Wochen bei Naide und Douglas, die uns netterweise für die ganze Zeit in Koekenaap in ihrem B&B unterbrachten. Die zwei Wochen vergingen mit der Suche nach geeigneten Pferden und dem Austausch unserer vier Pferde wie im Flug. Die vier hatten sich sowieso eine längere Rast verdient, und wie so oft wurden wir durch Zufall mit einem Gestüt nur ein paar Kilometer außerhalb der Zonen, quasi auf der Ostseite Kapstadts, in Verbindung gebracht. Die Besitzer des Gestütes hatten uns angeboten unsere Pferde bei ihnen auf der Farm unterzubringen, bis wir durch die Zonen geritten waren, und wieder mit ihnen vereint weiterreisen konnten. Mit Douglas Hilfe konnten wir einen Anhänger in Koekenaap ausleihen, da wir selber keinen hatten, aber leider hatte der nur eine Tragefläche für zwei Pferde und musste die 600 Kilometer zweimal hin und zurück fahren.

Die erste Fahrt mit Himba und Roan dauerte viel länger als geplant, und um Himba und Roan für eine Rast aus dem Anhänger zu laden, mussten wir einen spontanen Zwischenstopp einlegen. Es war spät am Abend und eiskalt, als wir auf den Parkplatz des Lord-Milner-Hotels auffuhren. Unser Budget erlaubte keinen unnötigen Luxus, da der Benzinverbrauch während des Pferdetransports ein Loch in unser Konto fraß. Das Resultat war eine Nacht auf dem kalten, harten Parkplatzboden neben einem Hotel. Ich konnte mich einfach nicht damit abfinden und war unglaublich schlecht gelaunt. Ich war kalt, ungeduscht und das Hotel vor meiner Nase fühlte sich wie ein Schokoladenkuchen hinter einem Schaufenster an, das man, ohne auch nur die kleinste Chance auf ein Stück des Kuchens, anschaute! Trotzdem versuchte ich mein Glück und stichelte, um einen Streit zu provozieren, aber Lloyd blieb eisenhart und änderte seine Meinung nicht.

Nachdem wir für Monate unzertrennlich gewesen waren, war es sehr schwierig, unser Traumteam in der Obhut anderer zu lassen, und als ich schließlich auch Fever und Tarwood auf der Koppel freiließ, die für die nächsten sechs Wochen ihr, Himbas und Roans Zuhause sein würde, liefen mir traurige Tränen die Wangen herab. Wer hätte gedacht, dass ein solch tiefes Band zwischen uns geknüpft worden war? Wir hatten immer mit unseren Pferden gesprochen und jetzt sagte ich zu ihnen, dass wir bald wieder zurück wären und dass sie sich eine gute Rast mehr als verdient hätten. Die vier galoppierten freudig auf die Koppel hinaus und ich stellte mir die Frage, ob es möglich war, dass sie sich über die plötzliche Veränderung wunderten und ob auch sie Traurigkeit empfanden.

Nach vielen erfolglosen Telefonaten fanden wir schließlich jemanden, der bereit dazu war, uns zwei seiner Pferde für die Strecke durch die Zonen auszuleihen. Der Leiter vom Maine Chance Zuchtstall lieh uns Djuma, seinen fünfjjährigen Boerpferd-Wallach, und seinen neun Jahre alten Araber Marafi aus. Nachdem wir sie mit dem Anhänger abgeholt und nach Koekenaap gebracht hatten, traten Marafi und Djuma dem »Riding for Horses«-Team ohne weitere Probleme bei. Bevor wir unsere Reise auf zwei Pferden, über die wir nichts weiter wussten, in Richtung Süden fortsetzten, gaben wir ihnen ein paar Tage Zeit, um sich einzugewöhnen. Auf langen Reisen wie dieser lernte man sich schnell kennen und Djuma und Marafi passten sich dem Rhythmus des Ritts sehr schnell an. Den ersten Tag ritten wir mit einem Zaumzeug und Gebiss, doch schon am zweiten Tag waren wir auf ein Halfter ohne Gebiss umgestiegen. Ihnen schien das zu gefallen und für den Rest der Zeit zusammen benutzten wir nur noch das Halfter.

Radio Namaqualand

Um mit Djuma und Marafi in die Schutzzone einreisen zu dürfen, mussten sie in Vredendal von einem Tierarzt untersucht werden. Im Ort parkten wir den Anhänger auf einem öffentlichen Parkplatz nicht weit vom Tierarzt und beide wurden vom lokalen Tierarzt für gesund befunden. Wann immer wir Orte oder Städte durchreisten, versuchten wir mit den ansässigen Zeitungen und Radiostationen in Kontakt zu treten, um eventuell einen Bericht über den Ritt zu veröffentlichen. Ein auffallend großer, freundlicher Mann mittleren Alters spazierte auf der gegenüberliegenden Straßenseite entlang, und nachdem er den Anhänger entdeckt hatte, kam er direkt auf uns zu, um ein Gespräch zu suchen. Die Pferde zogen Menschen verschiedener Klassen und Rassen wie magnetisch an und nach einem Blick in den Anhänger meinte er, was für wunderschöne Tiere Djuma und Marafi doch wären. Während des Gespräches fanden wir heraus, dass er der Besitzer der lokalen Radiostation Namaqualand war und unbedingt ein Interview fürs Radio mit uns führen wollte. Unsere nächste Entdeckung aber war wirklich ein Grund zum Staunen. Bernadette, die Leiterin der Etali Lodge im Madikwe-Tierreservat hatte uns damals bei unserer Durchreise erzählt, dass ihr Vater ein richtiger Pferdenarr wäre und dass wir ihm eine unglaublich große Freude machen würden, falls wir ihn in Vredendal besuchten. Wir hatten das komplett vergessen und durch puren Zufall war der Mann, der uns angesprochen hatte, Bernadettes Vater.

Zwei anstatt vier

Es war so viel einfacher, mit zwei anstatt mit vier Pferden zu reisen, und ohne ein weiteres Ersatzpferd führen zu müssen, konnten wir uns zu 100 Prozent auf ein Pferd konzentrieren. Zu Beginn war es ungewohnt und fühlte sich irgendwie zu einfach an, aber gleichzeitig bedeutete ein Pferd auch, dass es niemanden zur Teilung der Arbeitslast gab, und deshalb führten wir Djuma und Marafi zum Ausgleich Stunden über Stunden. Oft wurden wir skeptisch von Passanten gefragt, ob diese beiden uns den ganzen Weg um Südafrika getragen hätten. Es gab uns ein gutes Gefühl, sagen zu können, dass wir die Entfernung zwischen zehn Pferden aufgeteilt hatten. Die Vorstellung der Öffentlichkeit von einem Reisenden zu Pferd oder Reisenden mit einem Motorrad, Fahrrad, zu Fuß oder mit einem Kanu waren komplett verschieden. Mit einem Motorrad voller Dreck, Dellen und Kratzern irgendwo aufzutauchen war komplett akzeptiert und oft hieß es: »Ja, der sieht so aus, als ob er ein wahres Abenteuer erlebt hat.« Ein Pferd, das im selben Zustand in der Öffentlichkeit auftauchte, war unakzeptable und wir waren froh darüber. Jede Person, auf die wir trafen, war von dem Zustand unser Pferde beeindruckt. Das Wohlbefinden und der Zustand unserer Pferde war und blieb unsere höchste Priorität, egal wie viel Geld, Stress oder Nerven uns der Wechsel der Pferde kostete, es war jeden einzelnen Cent wert. Jedes Mal, wenn wir bei Leuten übernachteten, die in der Pferdeindustrie, zum Beispiel als Tierärzte, in Zuchtställen oder Reitschulen tätig waren, waren wir stolz, wenn sie auf den makellosen Zustand unserer Pferde hinwiesen. Um ehrlich zu sein, hatten wir manchmal das Gefühl, dass der Öffentlichkeit nicht bewusst war, wie viel Pflege und Liebe wir in unsere Pferde steckten!

(Isabel)

Zwischen Vredendal und Velddrif wurden wir wieder einmal von der warmen und großzügigen Gastfreundlichkeit der Einheimischen überschüttet, da die verschiedenen kleinen Küstenorte mit bodenständigen Fischern und ihren warmherzigen Ehefrauen gefüllt waren. Das Land zwischen den Orten war abgelegen und wasserarm, aber reich an spektakulären Alkoven und Buchten. Der heutige Tag war der fünfte September, mein Geburtstag. Lloyd wollte mich verwöhnen und lud mich zum Mittagessen in ein offenes Restaurant mit dem Namen Muisbosskerm, das direkt am Strand lag, ein. Ein *Muisbos* ist eine Art Busch, der an der Westküste Südafrikas wächst, und ein *Skerm* ist ein Unterschlupf. Der Begriff *Muisbosskerm* stammt von einheimischen Hirten, die ihre Unterschlüpfe aus Muisbosbüschen errichteten, während sie mit ihrem Tierbestand zwischen den Wasserstellen und dem Weideland hin und her reisten. Das Restaurant hatte bis auf den Eingangsbereich kein Dach und das Gebäude, oder besser gesagt die Wände, waren aus Büschen und Zweigen errichtet worden, die an der Westküste heimisch sind. Das Dach über dem Eingangsbereich war auch aus Büschen gebaut worden, mit einer Plane an der Unterseite, um auf eventuellen Niederschlag vorbereitet zu sein. Muisbosskerm ist auf der ganzen Welt für seine Fisch- und Tiefseeköstlichkeiten bekannt und unsere Mägen spannten unter dem vielen Essen und konnten der Auswahl des üppigen und opulenten Büfetts einfach nicht gerecht werden. Es war kaum zu glauben, das seit meinem letzten Geburtstag, den ich in Deutschland während meiner Operation verbracht hatte, schon ein ganzes Jahr vergangen war. Seitdem hatte ich so viel gesehen und erlebt, dass ein Jahr wie eine Ewigkeit schienen, und trotz der Freude, die ich empfand, sehnte ich mich nach meiner Familie, die so weit weg war. Der mütterliche Instinkt meiner Mama aber war sogar über die weite Entfernung hinweg untrüglich und sie wusste immer, wenn es mir nicht so gut ging. Mein Geburtstag war einer dieser Tage, an denen ich einfach nur ihre vertraute Stimme hören wollte, und ihr Anruf war eines der schönsten Geburtstagsgeschenke, die ich je erhalten hatte!

Eine Filmdokumentation

Von Anfang an hatten wir in Erwägung gezogen eine Kamera mitzunehmen, um die Reise und die Geschehnisse zu filmen. Wir debattierten oft, ob eine Filmcrew nötig war oder ob sie eher störend und im Weg wäre. Während der ganzen Reise und sehr oft hinterher wurden wir gefragt, ob wir das ganze auf Film festgehalten hatten, aber leider waren Finanzen immer eine schwere Bürde und ohne Förderung konnten wir uns weder Kamera noch eine Filmcrew leisten. Fünfmal trafen wir auf einen Filmer oder jemanden, der Film studierte, und alle fünf gaben an, dass sie garantiert Interesse hätten, die Reise zu filmen. Fünfmal wurden wir nach langen Verhandlungen und viel Aufregung bitter enttäuscht. In Elands Bay trafen wir auf einen Filmstudenten, der kurz vor seinem Abschluss stand und ein Filmprojekt benötigte. Alles war vorbereitet und arrangiert, aber kurz vor seiner geplanten Anreise wurden unsere Anrufe plötzlich ignoriert und Mails nicht beantwortet. Dieses Mal waren wir uns so sicher gewesen und nach dieser Enttäuschung entschieden wir, dass es das letzte Mal sein würde. Wahrscheinlich war es so besser, da uns beiden immer bewusst gewesen war, dass eine dritte Person die Dynamik und die Nähe zwischen uns verändert hätte. Zusätzlich wäre die Logistik mit einer dritten Person noch schwieriger und teurer geworden. Es schien, als ob unsere Reise um Südafrika nicht dafür bestimmt war, gefilmt zu werden, und am Ende waren wir jedes Mal doch erleichtert, dass es nie geklappt hatte!

Zeit für uns selbst

Ohne einen einzelnen Tag voneinander getrennt zu sein, reisten wir nun schon seit einem ganzen Jahr gemeinsam. Es gab so gut wie keine Zeit für individuelle Aktivitäten oder Bedürfnisse, da die Reise volles Engagement von uns beiden ohne Ausnahme oder Entlastung forderte. Alle Erlebnisse erlebten wir gemeinsam als Einheit, einschließlich der Herausforderungen, des Stresses und der Mühsal. Unser einziges Ventil waren wir selbst und zum größten Teil war es außergewöhnlich, dass wir es überhaupt gemeinsam so weit geschafft hatten.

Kapstadt wartete am Horizont und die Wochen bis zu unserer Ankunft empfanden wir als überaus anstrengend und hart. Wir freuten uns auf eine Auszeit in Kapstadt und auf ein normales Leben in der Mutterstadt für eine Weile. Das Jahr, das hinter uns lag, war facettenreich und herausfordernd gewesen, oft voller Ungewissheit über Übernachtungsplätze oder die Frage, wie wir »dort« ankamen. Das Herausfinden, wo »dort« überhaupt war oder welche Weggabelung die richtige war, waren Hürden, die tagtäglich auf uns zukamen. Unsere Ankunft im »Dort« oder in einer Unterkunft geschah fast immer im Dunkeln und die Sorgen um die Pferde in der Nacht oder den finanziellen Druck und Stress waren extrem belastend. Nichtsdestotrotz warteten gleichzeitig unentdeckte Abenteuer, wunderbare lebensverändernde Erlebnisse, Wachstum und letztlich Liebe, die wir niemals vergessen würden, auf uns.

(Isabel)

Wir waren seit Stunden auf der Suche nach unserem Übernachtungsplatz und hatten schon einige Male eine falsche Abzweigung genommen. Aus Erfahrung wusste ich, dass solche Situationen uns gereizt machten und leicht in einem Streit enden konnten. Obwohl mir das bewusst war, begannen wir uns gegenseitig wegen der falschen Abzweigungen zu beschuldigen, und weder Lloyd noch ich waren zu einem Kompromiss bereit. Ich war hundertprozentig davon überzeugt, dass meine Richtung die richtige war, und Lloyd war davon überzeugt, dass er wusste, wohin wir gehen mussten. Es war ein sinnloses Hin und Her und letztendlich verlor Lloyd die Kontrolle und schrie mir vom Rücken seines Pferdes aus Böse entgegen: »Ich habe einfach keine Lust mehr auf dich und diese Beziehung!« Diese Worte ließen mich verletzt zusammenzucken und ich verstummte mit einem Schlag. In totaler und unangenehmer Stille vergingen ein paar Momente und dann entschuldigte Lloyd sich mit den Worten, dass er es nicht so gemeint hätte. Trotz der Entschuldigung und der Reue, die er sichtlich empfand, erschütterten seine Worte mich. Streite wie diese ließen mich an unserer Beziehung und an meinem Verstand zweifeln. War es die richtige Entscheidung gewesen, nach Südafrika und auf diese Reise mit Lloyd zu gehen? Es war eine wunderbare Erfahrung, aber war es den Schmerz, die Strapazen und die täglichen Herausforderungen wert?

Nach langem Hin und Her kamen mir zum Schluss aber immer dieselben Gedanken in den Sinn, Gedanken, die alles wieder in ein neues Licht rückten. Jede Beziehung, egal wo man ist oder was man gemeinsam arbeitet oder unternimmt, muss zahllose Herausforderungen und Hürden überstehen, und unsere Beziehung, auch auf dieser Reise um Südafrika, war da nicht anders. Eine unserer Hürden war, dass wir ständig aufeinandersaßen, und meiner Meinung nach war es wichtig, in einer Beziehung auch etwas Freizeit ohne einander zu verbringen. Weil Lloyd und ich immer beieinander waren, hatte ich mich als Individuum total verloren. Wir beide mussten trotz der ungewöhnlichen Umstände versuchen etwas Zeit mit uns selbst zu verbringen, und wenn es auch nur eine halbe Stunde in einem anderen Raum war. Ich war davon überzeugt, dass es uns helfen würde, das Miteinander wieder mehr zu genießen, ohne mit ständigen Streitereien über Kleinigkeiten den Moment zu verderben.

(Lloyd)

Wir stritten über so viele Kleinigkeiten, dass ich irgendwann aufhörte zu zählen. Welche Weggabelung oder Richtung war die richtige, wo schlugen wir unser Nachtlager auf oder wofür gaben wir unser mageres Budget aus? Ich akzeptierte hundertprozentig, dass jede Beziehung einen fairen Anteil an Streitereien brauchte, aber mit Isabel war es anders. In meinen vorherigen Beziehungen hatte ich nie gestritten. Es lag ohne Zweifel an uns beiden, und je nachdem, wie ich oder Isabel mit der Situation umgingen, fanden wir einen Kompromiss oder eben nicht. Heute kochte meine Frustration über und ich schrie Isabel eine Gemeinheit ins Gesicht. Kaum waren die Worte, die mir aus dem Mund flogen, um Gefühle zu verletzen, anstatt eine Lösung zu finden, herausgeplatzt, bereute ich sie auch schon. Nur für eine Sekunde fühlte es sich gut an, aber dann sah ich Isabels Reaktion auf meine Worte und im selben Moment setzten Reue und Schuldgefühle ein. Ich hätte mir selber eine reinhauen können … Trotz ihrer offensichtlich verletzten Gefühle schaffte Isabel es, die Dinge in ein anderes Licht zu rücken, und nahm schließlich meine Entschuldigung an. Wäre ich alleine gewesen, hätte ich niemanden außer mich selbst für Dinge verantwortlich machen können, der einfachere, aber auch einsamere Pfad. Dieses Mal hatte ich meine Kommunikationsleine, meinen Führstrick, zwischen Isabel und mir nicht fair und konstant gehalten. Diese Tatsache war nicht schön, aber ich war menschlich und wir alle machten Fehler und mein heutiger ließ mich für den Rest des Tages mit einem schlechten Gewissen zurück.

Koinzidenz Nummer ... (Lloyd)

Mein Onkel hatte, nachdem wir die Westküste erreicht hatten, vor ein paar Wochen eine Email an uns geschickt, mit dem Ratschlag, gewisse Freunde von ihm zu kontaktieren. Er sagte, dass seine Freunde sehr gute Freunde in St. Helena Bay hatten, die Pferde hielten und ritten. Oft rieten uns Leute oder Familienangehörige Monate im Voraus, Bekannte oder Familienangehörige von ihnen aufzusuchen, die an unserer Strecke lebten. Aber der Ritt hatte seine eigene Dynamik und unsere Route wurde oft von vielen Faktoren beeinflusst. Um ehrlich zu sein, hatten wir sogar Gefallen daran gefunden, abzuwarten und die Dinge einfach geschehen zu lassen, da wir dadurch die Chance auf neue, unerwartete Bekanntschaften und Erlebnisse hatten.

Wir erreichten St. Helena Bay am späten Nachmittag und hatten noch keinen Übernachtungsplatz für unsere Gruppe gefunden. In einem kleinen Straßenladen hielten wir an und fragten die Besitzer, ob sie jemanden kennen würden, der Pferde in der Nähe hielt. Es wurde einstimmig verneint und das Gleiche geschah im lokalen Hotel ein paar Hausnummern weiter die Straße entlang. Da sich nichts ergeben hatte, beschlossen wir einfach für eine Weile weiterzugehen. Die Straße, auf der wir die Pferde führten, war recht schwer befahren und nach ein paar Kilometern fuhr ein weißer Pick-up hinter uns auf und bog nach links ab. Es war Zeit, etwas auf die Beine zu stellen, und ich wollte die Fahrerin um Rat fragen, also winkte ich ihr zu. Sie hielt ihren Wagen am Straßenrand an und wie es der Zufall wollte, hatte Babeta selber Pferde und lud uns ein die Nacht in ihrem Haus zu verbringen. Wir folgten ihr für zehn Minuten bis zu einem kleinen, aber netten Reitstall, wo wir unsere Pferde versorgten und danach mit Babeta zu ihrem Haus fuhren. Babetas Mann kochte gerade das Abendessen und wir ließen uns nach der Begrüßung in der Küche nieder und sprachen über ihre Pferde und alles Mögliche.

174

Während des Essens kam das Gespräch irgendwie auf die Email meines Onkels und ich erwähnte die Namen der Freunde meines Onkels. Mit einem Ausruf der Begeisterung sagte Babeta, dass das Paar sehr gute Freunde von ihr wären, und dann fiel der Groschen. Babeta und ihr Mann waren die guten Freunde der Freunde meines Onkels, die in St. Helena Bay lebten und Pferde hielten!

Paternoster (Isabel)

Paternoster ist ein kleiner, verschlafener Ort an der Westküste Südafrikas. Es ist einer dieser besonderen Plätze mit flachem aquamarinblauem Meer und wir hätten uns hier für Wochen niederlassen können. Der offene, flache weiße Strand lag vor uns und vor lauter Aufregung fielen Djuma und Marafi in einen Galopp. Wir ließen meistens die Pferde entscheiden, ob sie galoppieren wollten, und das war das erste Mal auf Djuma und Marafi. Freies und unbeschwertes Gelächter entglitt unseren Kehlen, als sie lebendig und voller Lebensfreude am Strand entlanggaloppierten! Der Wind wehte durch ihre Mähnen und wir fühlten uns absolut frei und unbeschwert!

Direkt am Rand des Strandes bemerkten wir ein rot gestrichenes Restaurant und beschlossen spontan dort anzuhalten. Das hatten wir noch nie getan und wie zwei Cowboys aus einem Western parkten wir die Pferde außerhalb des Restaurants an einem Geländer. Die Gäste im Restaurant schauten uns an, als ob wir von einem anderen Planeten wären, und nachdem wir die Pferde getränkt hatten, setzten wir uns zu einem Getränk nieder. Die Kellnerin war sehr freundlich und fragte neugierig, wieso wir mit Pferden unterwegs wären und was wir denn machen würden. In ein paar kurzen Sätzen erläuterten wir unsere Situation und daraufhin stand die Dame vom Nachbartisch auf, kam auf uns zu und reichte uns mit folgenden Worten 200 Rand: »Ihr beide seht so aus, als ob ihr ein saftiges Mittagessen und ein gekühltes Getränk vertragen könnt! Viel Spaß und macht weiter so!« Damit setzte sie sich wieder, aß genüsslich ihr Mittagessen ohne weiteren Kommentar und uns blieb nichts anderes übrig, als ihr verblüfft hinterherzustarren. Die ganze Episode war surreal und meistens taten wir uns unglaublich schwer, solch freundliche Gaben einfach so anzunehmen. Ein paar Mal zuvor hatten wir eine Spende von Fremden, denen wir auf der Straße begegnet waren, erhalten und jedes Mal wussten wir nicht, wie wir damit umgehen sollten. Das Gleiche galt für die unglaubliche Großzügigkeit, die uns von unseren Gastgebern gezeigt wurde. Es war überwältigend und oft hatten wir das Gefühl, dass wir immer am empfangenden Ende standen, wünschten uns aber so sehr etwas zurückgeben zu können. In solchen Situationen, egal wie einladend, war uns immer unbehaglich zumute, bis jemand einmal Folgendes zu uns sagte und mit seinen Worten unsere Gewissen beruhigte: »Die Leute lieben es, jemandem helfen und etwas beisteuern zu können. Es gibt ihnen das Gefühl, ein Teil eurer Reise gewesen zu sein.« Wir hatten also keine andere Wahl und lernten ein freundliches und von Herzen kommendes Danke zu sagen und die Gaben anzunehmen.

Westküste-Nationalpark

Ein Reitstall außerhalb Langebaans hatte zugestimmt die Pferde für die Nacht unterzubringen und bei unserer Ankunft dort war Heidi, eine Massagetherapeutin für Pferde, gerade dabei, einen Patienten zu behandeln. Wir verstanden uns auf Anhieb und sie lud uns sofort zum Mittagessen ein, um mehr Zeit miteinander verbringen zu können. Vorher aber zeigte sie uns sogar ein paar einfache, aber effektive Handgriffe, die wir in Zukunft an unseren Pferden anwenden konnten. Wir hatten gehofft, dass wir durch den Westküste-Nationalpark reiten konnten, und machten uns auf den Weg in das zuständige Büro. Dort wurde uns kurz und unverbunden mitgeteilt, dass diese Woche niemand aus der Leitung anwesend wäre und wir deshalb niemanden um Erlaubnis fragen konnten, deshalb blieb uns nichts anderes übrig, als auf der Außenseite des Zauns entlang der R 42 nach Ysterfontein zu reiten.

Während wir an der Straßenseite zwischen Langebaan und

Ysterfontein eine Rast einlegten, kam uns ein junger Mann auf einem Fahrrad entgegen. Er hatte zwei schwere Gepäcktasche an sein Fahrrad geschnallt und Kopfhörer in den Ohren. Der Wind wehte ihm stark entgegen, doch er trat bestimmt und überzeugt in die Pedale in Richtung Norden. Als er uns erblickte, hielt er an und wir begannen ein Gespräch. Ganz aufgeregt erzählte er uns, dass er für einen guten Zweck von Kapstadt nach London radeln wolle und dass er plane pro Tag 120 Kilometer zurückzulegen. Heute war sein zweiter Tag und er hatte schon 80 Kilometer zurückgelegt. Dann fragte er, was wir hier machen würden, und etwas ungemütlich erzählten wir, woher wir gekommen waren und dass wir seit mehr als einem Jahr zu Pferd unterwegs wären. Die Vorstellung, dass wir dem Ende unserer Reise näher lagen als dem Beginn, füllte uns mit Stolz und doch wollten wir nicht überheblich sein und seinen Anfangsenthusiasmus unterdrücken oder überschatten. Wir beide wussten, dass viele bedeutende Erlebnisse und zahllose Tief- und Höhepunkte noch vor ihm lagen. Wir hatten eine gewisse Einsicht und wir fragten uns, ob er eine Vorstellung hatte, was noch auf ihn zukommen würde. Um ehrlich zu sein, als wir uns auf diese Reise begaben, hatten wir keine Ahnung gehabt und hätten uns in unseren wildesten Träumen nicht vorstellen können, was auf uns zukommen würde. Ganz besonders die wunderbaren Zeiten der Reflektion und des persönlichen Wachstums, das Gefühl absoluter Freiheit oder der Verbundenheit miteinander, mit unseren Pferden oder unserer Umwelt hatten uns völlig unerwartet überkommen!

Nachdem unsere Wege sich getrennt hatten, ritten wir auf einen Hügel nur ein paar Kilometer weiter und erhaschten durch die Wolkenschicht einen Blick auf einen Berg. Zuerst wussten wir nicht, was wir gerade erblickt hatten, doch dann löste sich die Wolkenschicht etwas auf und der klare, unverkennbare Umriss des Tafelbergs zeigte sich. Die Konturlinie des Berges war uns so bekannt, dass der Moment unwirklich schien, aber unsere Verwunderung wurde bald zur Aufregung. Die Sicht auf den Tafelberg bedeutete so viel mehr und der bloße Gedanke daran, bald in Kapstadt zu sein, machte uns ekstatisch! Kapstadt war die erste Stadt, die in der *südafrikanischen*

Kolonialzeit gegründet worden war, daher wird sie gelegentlich auch als »Mutterstadt« bezeichnet. Beide liebten wir Kapstadt und planten dort eine längere Rast bei Freunden und bekannten Gesichtern zu verbringen.

Zecken, Zecken, Zecken (Isabel)

Mit nur noch 60 Kilometern vor uns bis nach Kapstadt wuchs der Tafelberg jeden Tag zusehends in Größe und Pracht. Kapstadt war jetzt eine todsichere Realität und ich konnte unsere Ankunft kaum erwarten. Der heutige Sonntagnachmittag war herausfordernd und schwierig gewesen, da wir einfach keinen passenden Platz zur Übernachtung finden konnten. Mit einer nahe gelegenen Farm wurde es nichts, da der Farmer unter der Woche in Kapstadt lebte, und alle Schlösser und Tore waren bereits verriegelt, da der Farmer schon auf dem Weg zurück war. Uns blieb keine andere Wahl, als unser Nachtlager am Straßenrand in dichtem Gebüsch aufzubauen, und während Djuma und Marafi ihr Abendbrot vertilgten, errichteten wir das tragbare Zaungehege. Ich liebte den Geruch des Fynbos, der überwältigend stark nach erdigem Heilkraut und Gewürzen roch, und machte unser Bett auf dem Boden inmitten der artenreichen einheimischen Küstenvegetation. Nach einem mageren und einfachen Abendessen legten wir uns für unsere x-te Nacht unter dem Sternenhimmel nieder.

Bald döste ich weg und war im Halbschlaf, als mich plötzlich ein wahnsinniger Juckreiz am ganzen Körper heimsuchte! Ich hatte mich in meiner Reithose schlafen gelegt, da es recht kühl war, und jetzt riss ich panisch meinen Schlafsack von mir und sprang auf. Lloyd leuchtete mit seiner Stirnlampe auf meinen Körper, und als ich mein T-Shirt hob, traute ich meinen Augen nicht und konnte nur mit Entsetzen nach Luft schnappen! Mein ganzer Körper war mit braunen Zecken bedeckt, die sich sogar in meinen Haaren und an meinem Hals, zwischen meinen Fingern und Zehen festgebissen hatten! Normalerweise machten mir Zecken nichts aus, da sie etwas waren, woran man sich gewöhnte, wenn man mit Pferden arbeitete. Das aber ging zu weit! Ich begann eine nach der anderen aus meiner Haut zu ziehen, und als ich bei fünfzig angekommen war, hörte ich auf zu zählen und rief voller Ekel verzweifelt aus: »Wir sind fast in Kapstadt. Ist es zu viel verlangt, einen ordentlichen Lagerplatz zu finden, der nicht in der Mitte von Zeckenhofen liegt?!« Die Tatsache, dass Lloyd nicht eine einzige Zecke an seinem Körper hatte, trug zu meinem Ärger und meiner Verzweiflung nur bei. Es war einfach nicht fair, dass alle möglichen fiesen Stechmücken, Bienen, Bettwanzen und Schnaken immer mehr an mir als an ihm interessiert waren!

Um dem ganzen noch die Krone aufzusetzen, hatten wir heute eine Mail von einer gemeinsamen Freundin erhalten, in der sie von ihrem Freund Lloyd, der auf dieser langen, abenteuerlichen Reise war, gesprochen hatte und in der nicht ein Wort von mir erwähnt wurde. Am Anfang passierte das dadurch, dass ich etwas später dazugestoßen war, verständlicherweise recht oft, aber das ein ganzes Jahr später und von einer gemeinsamen Freundin zu hören war einfach zu viel. Obwohl ich alle Emails beantwortete, Zeitungsartikel schrieb und vorbereitete und die Homepage mit Tagebucheinträgen und Bildern erneuerte, waren die meisten Antworten generell an Lloyd adressiert. Ich war auch hier draußen, wurde von Zecken aufgefressen, kümmerte mich um mehr als nur meinen Anteil und jeder bezog den Ritt immer nur auf Lloyd und das war einfach nicht fair! Ich fühlte mich unsichtbar und nutzlos und fragte mich, ob es einen Unterschied machte, ob ich hier war oder nicht …

(Lloyd)

In meiner klassischen Art versuchte ich die Probleme zu lösen, anstatt Isabel zuzuhören. Ich konnte nicht wirklich erklären, warum ich keine einzige Zecke an mir finden konnte und warum alle Insekten und Kriechviecher immer Isabel attackierten, aber ich probierte es trotzdem. Logisch durchdacht antwortete ich, dass es vermutlich meine Lederchaps waren, die mich vor den Zecken schützten, und dass der Grund, warum Leute den Ritt immer auf mich bezogen, vermutlich der war, dass unsere Email-Adresse meinen Namen beinhaltete. Die Tatsache, dass unsere beiden Namen am Ende der Email geschrieben waren, machte dabei keinen Unterschied. »Mein Schatz, ich weiß, wie viel Arbeit und Aufwand du in das Projekt steckst. Du selber weißt, wie viel Zeit du investierst, und die Leute haben einfach keine Ahnung!« Am Ende halfen meine leeren Worte natürlich nicht und es wäre besser gewesen, meinen Mund zu halten und Isabel einfach nur in meine Arme zu nehmen.

Vier in vier Minuten (Lloyd)

Während der ganzen Reise um Südafrika wollten Leute, die wir kennenlernten, immer wissen, ob wir Schlangen begegnet wären, und im Besonderen Kinder waren immer neugierig und fragten nach. Es war kaum zu glauben, aber wir waren auf der Strecke zwischen Durban bis zum Limpopofluss nicht einer einzigen Schlange begegnet. In der Limpopo-Provinz wurden wir ständig gefragt, ob wir der gefürchteten schwarzen Mamba begegnet wären, da diese hochgiftige Schlange in der Gegend anscheinend im Überfluss vorhanden wäre. Tagtäglich ritten wir auf den Sand- und Schotterstraßen über die typischen Spuren verschiedener Schlangen, aber nicht ein einziges Mal sahen wir eine echte Schlange. Wir hatten sogar angefangen die unterschiedlichen Spuren zu identifizieren, zum Beispiel ist eine gerade, fette Spur eine Python oder Pofadder oder eine schlangenförmigen Spur von einer Mamba und anderen Schlangen. Da wir oft im langen Gras am Straßenrand entlangritten, unter Bäumen schliefen oder durch dichtes Gebüsch und Tierreservate reisten, waren wir ständig darauf gefasst, auf eine Schlange zu stoßen. Einmal an einem heißen Sommerabend im Limpopogebiet kurz vor 21 Uhr erspähten wir im Licht unserer Stirnlampen die Umrisse einer Pofadder, die auf der warmen Straße lag. Pofaddern beißen und töten mehr Menschen in Südafrika als alle anderen Schlangen, da sie sich nicht von einer sich nähernden Gefahr entfernen, sondern in ihrem Versteck liegen bleiben. Bis auf diesen Vorfall aber sahen wir keine weiteren Schlan-

gen mehr, bis wir auf der Bundesstraße R 27 in Richtung Melkbosstrand außerhalb Kapstadts ritten.

Gute Freunde, Marco und Meike, hatten angeboten uns für den
Tag zu helfen, und wir waren darüber sehr erleichtert, da die R 27
nach einem langen Wochenende extrem hektisch und voll manischen
Verkehrs war. Der Grasseitenstreifen gab uns etwa einen halben
Meter, auf dem wir die Pferde führen konnten, bevor das Bankett
einen Meter tief ins anliegende Sandfeld fiel. Der Boden dort war
voller Maulwurfshöhlen und der Sand war tief, aber hin und wieder
wurde der Verkehr so hektisch, dass wir die Pferde im Sand führen
mussten, wobei sie bis zu den Knien in den Maulwurfslöchern ver-
sanken. Bei einer dieser Gelegenheiten trat ich mit meinen Pferden
von der erhöhten Bank in das Sandfeld und entdeckte im selben
Moment eine riesige gelb-braune Schlange, die vor mir und Djuma
aus einem der Maulwurfslöcher geschlittert kam. Das Ganze ging so
schnell und die Schlange war so nah, dass ich fast auf sie drauf trat,
doch glücklicherweise verkroch sie sich blitzschnell wieder in einem
weiteren Maulwurfsloch und war weg! Über den Lärm des Verkehrs
hinweg rief ich Marco und Meike zu, dass ich eine Kapkobra gesehen hätte und fast drauf getreten wäre, und beide schüttelten ungläubig den Kopf. Innerhalb weniger Minuten stießen wir auf drei weitere Kobras, die im warmen Sand lagen und die heiße Sonne nach einer
einfachen Maulwurfmahlzeit genossen. Auf über 4000 Kilometern
hatten wir keine einzige Schlange gesehen und hier kurz vor Kapstadt stießen wir auf vier Kobras in buchstäblich vier Minuten!

Kapstadt (Isabel)

Die Pferde verbrachten die Nacht auf dem Gelände der Melkbosstrand Grundschule und wir kamen bei Marco und Meike unter. Am
nächsten Morgen, recht bald nachdem wir die Grundschule hinter
uns gelassen hatten, erreichten wir den wunderschönen Strand Blou-
bergs mit dem berühmtesten, prachtvollsten Ausblick auf den Tafelberg. Es war ein wunderschöner Tag und wir waren aufgeregt, gera-

dezu ekstatisch und stolz, dass wir es so weit geschafft hatten. Natürlich gab es keinen besseren Weg, um das zu feiern, als im Sonnenschein am Strand auf dem Rücken eines Pferdes mit dem Tafelberg vor uns unterwegs zu sein! Unserer überschwänglichen Freude wurde aber schnell ein Dämpfer versetzt, als uns ein Polizeibeamter vom Strand holte und fragte, ob wir denn eine Genehmigung dafür hätten, auf dem Strand zu reiten. Kleinlaut verneinten wir und fanden heraus, dass man eine spezielle Genehmigung brauchte, um auf dem Strand, auf der Straße, auf dem Gehweg, im Park, also im Endeffekt überall innerhalb des Zuständigkeitsbereiches Kapstadts reiten zu dürfen. Wir erklärten dem Beamten, dass wir Tausende von Kilometern zu Pferd hinter uns gelegt hätten und dass wir nicht gewusst hätten, dass man eine Genehmigung benötigte. Wir hatten vorgesehen zum Milnerton Rennstall zu reiten, um die Pferde dort unterzubringen, und von dort aus konnten wir uns ja um eine Genehmigung bemühen. Der Polizeibeamte schien recht freundlich und genehmigte uns von hier ohne weitere Umwege bis nach Milnerton zu reiten, und er sagte sogar, dass, falls wir von jemand anderem gestoppt werden würden, wir einfach auf ihn verweisen sollten. Aber er wies noch einmal deutlich daraufhin, dass wir uns ohne Genehmigung innerhalb des Zuständigkeitsbereiches nicht bewegen durften. Dies verpasste unseren heiteren Gefühlen einen ordentlichen Dämpfer und die Aufregung, in Kapstadt angekommen zu sein, verflog etwas. Später fanden wir heraus, dass niemandem ohne eine Genehmigung erlaubt war, privat oder geschäftlich auf den Stränden Kapstadts zu reiten, und dass die Beantragung dieser Genehmigung regelrecht unmöglich war.

Nach ein paar Interviews mit lokalen Zeitungen gelangten wir zum Rennstall in Milnerton und zu diesem Zeitpunkt hatten wir noch keine Ahnung, wie kompliziert und lange der Prozess für eine Genehmigung sein würde. Wir schrieben unzählige Emails und warteten stundenlang am Telefon mit einer unglaublich freundlichen, aber auf Dauer irritierenden Computerstimme am anderen Ende, die einem »Bitte bleiben Sie am Apparat« oder »Bitte warten« ins Ohr säuselte. Ums kurz zu machen, wir verbrachten zwei Wochen damit, aber ohne Erfolg. Niemand in der zuständigen Behörde wollte uns die Genehmigung erteilen, und stattdessen wurden wir von einem Beamten zum nächsten geschickt. Das Frustrierendste war, dass Einheimische ohne eine Genehmigung mit ihren Pferdekarren durch ganz Kapstadt fahren durften, da sie, um ein Einkommen zu verdienen, ihre Pferdekarren nutzen, um Alteisen und Metallschrott von den Straßen zu sammeln. Die armen Tiere, die dafür genutzt wurden, waren für eine lange Zeit in schockierendem Zustand gewesen, bis 1995 eine Wohltätigkeitsorganisation für die Pferdekarren Kapstadts gegründet wurde. Heute müssen Pferdekarren, die die Straßen Kapstadts befahren, ein einzigartiges Nummernschild tragen, das den Namen des Besitzers, des Pferdes und ihre Wohltätigkeitsnummer klar zeigt. Die Tatsache, dass wir mit zwei Pferden nicht nur ein einziges Mal durch die Stadt reiten durften, machte deshalb einfach keinen Sinn. Ein Reporter, der einen Bericht über uns schrieb, sagte während des Interviews sogar, dass er am liebsten entblößt hätte, wie die Stadt uns bewusst keine Genehmigung erteilen wollte.

Während der Zeit in Kapstadt wurden wir von Marco und Meike verwöhnt und für die ganze Zeit gaben sie uns ein Zuhause. Die Mutterstadt hatte eine besondere Atmosphäre und so vieles zu bieten und trotz des ganzen Ärgers und Frustes versuchten wir etwas davon zu genießen. Am zweiten Tag nach unserer Ankunft gingen wir in das Waterfront-Shopping-Zentrum, waren aber bei dem Glanz und Schein der angebotenen Waren wie geblendet. Wir hatten so viel Zeit in der Wildnis und Isolation weit weg von solchem Überfluss und Luxus verbracht!

Nach ein paar Tagen luden wir Djuma und Marafi in den Anhänger des Rennstalles und brachten sie zu der berittenen Polizei Kapstadts, wo die beiden neben den Polizeipferden für ein paar Tage unterkamen. Die beiden sahen neben den großen und stämmigen Friesen und anderen gekreuzten Kalbblutrassen wie Zwerge aus. Die berittene Polizei war faszinierend und wir tauschten Informationen und gemeinsames Wissen aus, und der freundliche Kommandant konnte selbst nicht glauben, dass die Behörden sich so blöd anstellten. Um bessere Chancen auf die Befürwortung unserer Genehmigung zu haben, hatten wir sogar das Kap der guten Hoffnung in unserem Antrag ausgelassen und nur eine Genehmigung für den Ritt von Milnerton durch die Kapfläche nach Muizenberg beantragt. Das waren läppische dreißig Kilometer und trotzdem sollte es einfach nicht sein. Die Stallanlage der berittenen Polizei lag am Fuß des Signalhügels, und um wenigstens etwas von Kapstadt, wenn auch nur für ein paar Stunden, zu Pferd zu erleben, ritten wir den Signalhügel hinauf und wieder hinab.

Nach zwei frustrierenden Wochen des Wartens und der ungerechten Bürokratie waren wir an einem Punkt angelangt, an dem wir eine Entscheidung treffen mussten. Wir hatten die Zeit in Kapstadt mit diversen Magazinartikeln, Zeitungsberichten und einem Fernsehauftritt in der Espressoshow gut genutzt, doch je länger wir an einem Ort blieben, desto mehr Geld benötigten wir, und außerdem waren wir vier erpicht darauf, weiterzuziehen. Von Anfang an hatten wir immer gesagt, dass wir die Pferde für ein Stück im Anhänger fahren würden, falls eine Situation je illegal oder gefährlich würde, und diese Situation war jetzt gekommen ... Es war uns wichtig, ein gutes Beispiel für andere zu sein, und wir wollten den Ruf der »Riding for Horses«-Kampagne nicht mit etwas Illegalem beschädigen, deshalb ließen wir Kapstadt schweren Herzens mit Djuma und Marafi im Anhänger hinter uns.

Hermanus (Lloyd)

Ein paar Tage später, während wir in Richtung Hermanus ritten, konnte ich den Geschmack der Enttäuschung und des Frustes der Kapstadtsaga einfach nicht abschütteln. Ich war so enttäuscht, dass ich sogar in Erwägung zog, zurückzugehen, um ein Pferd der Einheimischen zu leihen und die dreißig Kilometer, die wir Djuma und Marafi mit dem Anhänger über die Kapfläche gefahren hatten, zu Pferd zu bezwingen. Durch meine wirren und enttäuschten Gedanken hörte ich, wie Isabel etwas zu mir sagte, das eine andere Sicht der Dinge bot. Sie sagte:»Lloyd, du hast über 6000 Kilometer zu Pferd zurückgelegt. Du hast wirklich keinen Grund, dich über ein paar

Kilometer aufzuregen oder zu denken, dass du deinen Teil nicht erfüllt hast.« Im Nachhinein zeigte diese Episode nur, wie schwierig es war, so eine Reise in der heutigen Zeit zu unternehmen.

(Isabel)

Hermanus war einfach atemberaubend schön und die Wale kamen ganz nah in die Bucht herein und konnten vom Ufer aus beobachtet werden. Als ich ganze Walfamilien im Meer neben uns entdeckte, wurde ich ganz aufgeregt und schnappte mir meine Kamera und knipste wild drauf los. Die gute und entspannte Atmosphäre in Hermanus mit Ferien- und Wochenendbesuchern war ansteckend und nach dem Kapstadtdebakel wollte ich einfach eine Nacht hier bleiben, um positive Energie aufzutanken. Lloyd aber hatte kein Lust darauf, und wie auf ein Zeichen entfachte ein weiterer altbekannter Streit. Wer traf die endgültige Entscheidung, Lloyd oder ich? Blieben wir oder gingen wir weiter? Schlussendlich gab ich nach und wir ritten in eisiger Stille weiter. Ich muss zugeben, dass wir ja die letzten zwei Wochen in Kapstadt festgesessen hatten und es keinen Sinn machte, einen weiteren Tag zu verlieren. Wir waren auf dieser Reise durch so viele magische und wunderschöne Orte geritten, dass wir, falls wir in jedem angehalten und übernachtet hätten, nie unser Endziel erreicht hätten. Normalerweise hatte ich auch kein Problem damit, und doch wäre ich an diesem bestimmten Tag gern meinem spontanen Impuls gefolgt und in Hermanus geblieben, um die Sonne, die Wale und die gute Stimmung zu genießen.

Kap Agulhas, der südlichste Punk des afrikanischen Kontinents!
(Isabel)

Der Küstenstrich zwischen Hermanus und dem Kap Agulhas beherbergte ein paar wunderschöne Küstenreservate mit einzigartiger Pflanzen- und Erdvegetation. Am Kap Agulhas treffen der Atlantische und der Indische Ozean aufeinander und verschiedene Meeresströmungen führen oft zu extrem hohem Wellengang. Deshalb und wegen der Riffe gilt das Gewässer um Agulhas als sehr gefährlich für jegliche Seefahrer. Es schien so, als ob das Gebiet für Landbewohner auch nicht viel sicherer war, da man uns vor den hier ansässigen Wilddieben gewarnt hatte. Die Diebe nahmen illegalerweise Abalone (Meeresschnecken) aus dem Meer und uns wurde geraten, einen weiten Bogen um jeden, der verdächtig oder zweifelhaft aussah, und auf keinen Fall Fotos zu machen. Manche sagten sogar, dass sie wegen der Wilderer diesen Bereich der Küste nie besuchen würden. Aber wie immer nahmen wir den Rat an, ohne jedes Wort für bare Münze zu nehmen. Wir genossen die Landschaft und die Umgebung, ohne uns wegen potenzieller Gefahren verrückt zu machen, da wir von einer Sache, die sich immer wieder bestätigt hatte, felsenfest überzeugt waren. Unsere Pferde hatten immer Brücken der Verständigung zwischen gespaltenen Gemütern, Kulturen und sogar Sprachen gebaut und es schien, als ob sie unseren Pfad immer offenhielten und potenziell gefährliche Situationen verhinderten. Egal wie verletzlich wir in den Augen der Öffentlichkeit wirkten, wir fühlten uns nie bedroht oder in Gefahr. Pferde waren in manchen Gebieten Südafrikas kein gewöhnlicher Anblick und deshalb wurden sie immer warm willkommen geheißen und begrüßt.

Am südlichsten Punkt des afrikanischen Kontinents hielten wir an, um ein paar Fotos zu machen, aber Djuma und Marafi waren eher weniger beeindruckt und weigerten sich ihr schönstes Lächeln für die Kamera aufzusetzen. Wir hatten des Öfteren bemerkt, dass Pferde einfach den Grund für diese unnötige Anhalterei und die Bilder nicht nachvollziehen konnten. Unsere Körper warfen schon lange, gestreckte Schatten als wir endlich müde und erschöpft in Agulhas ankamen, und als wir am wohl meist fotografierten Leuchtturm des Landes vorbeiritten, hörten wir plötzlich das Wiehern eines Pferdes. Djumas und Marafis Köpfe schossen hoch und sie spitzten ihre Ohren mit regem Interesse, und im Einklang beschleunigten beide ihre Schritte auf den Ursprung des Rufes zu. Als wir um die Ecke bogen, entdeckten wir ein elektrisches Schaukelpferd, das gerade einem kleinen Mädchen die Freude eines »Ausrittes« bereitete. Marafi und Djuma starrten auf das ungewöhnliche Pferd hinab und wir führten sie ganz nah heran, um sie an dem »Ding«, das so wie sie aussah und die gleichen Geräusche machte, riechen zu lassen. Es vergingen ein paar Momente, bis ihnen klar wurde, dass der Gleichgesinnte nicht echt war. In Agulhas mieteten wir uns zum ersten Mal seit dem Beginn der Reise in einem Backpacker ein, da Lloyd sich eine böse Grippe eingefangen hatte und gescheite Ruhe brauchte.

Nackt und ohne Papiere (Isabel)

Wir waren nicht darauf vorbereitet, dass wir irgendwelche Flüsse durchschwimmen mussten, aber als wir den De-Monde-Fluss erreichten, wurde klar, dass ein Bad auf uns wartete. Wir hatten noch nie zuvor mit Djuma und Marafi einen Fluss überquert und waren deshalb nicht sicher, wie die beiden reagieren würden. Ohne Badeanzug oder Badehose mussten wir improvisieren und ich beschloss in meiner Unterwäsche zu schwimmen, während Lloyd sich nackt in das warme Flusswasser warf. Djuma und Marafi meisterten die kurze Überquerung ohne weitere Probleme, und als ich erfreut aus dem Wasser trat, erblickte ich drei Parkwächter, die uns entgegenstarrten. Ihre Augen waren groß und geschockt und hastig kreuzte ich meine Arme über meinem spärlich bekleideten Körper, während ich näher an Marafi herantrat, um seinen Körper als Sichtschutz zu benutzen. Lloyd in seinem Adamskostüm bedeckte sein bestes Stück und machte sich daran, die Parkwächter respektvoll zu begrüßen – so respektvoll wie möglich, wenn man einmal davon absah, dass er komplett nackt war! Es war ein peinlicher, aber auch unglaublich erheiternder Moment und ich konnte mir das Lachen kaum verkneifen. Die Verlegenheit der Parkwächter aber verflog recht rasch, als sie uns nach einer Genehmigung für das Reservat, das wir gerade betreten hatten, fragten. Lloyd erklärte höflich, dass wir nicht gewusst hätten, dass man eine Genehmigung benötigte und dass wir nur auf der Durchreise wären. Ohne weitere Fragen wurde uns die Erlaubnis gegeben, weiterzureisen, solange wir das Reservat unverzüglich und ohne Umwege verließen. Ich konnte mir eine kleine Stichelei nicht verkneifen und fragte Lloyd ganz unschuldig, ob er glaubte, dass die schnelle Klärung des Problems mit seiner offensichtlichen Nacktheit zu tun gehabt hatte.

Amüsiert zogen wir unsere Kleidung wieder an und machten uns auf den Weg zum ältesten historischen Farmhaus der Gegend. Die Passage des Farmhauses war knappe 38 Meter lang und uns wurde die Ehre erteilt, eine Nacht dort zu verbringen. Mir war bewusst, dass das Farmhaus historisch und berühmt war, aber wenn man mitten in der Nacht die Toilette aufsuchen will und dafür über 30 Meter im Dunkeln gehen muss, verliert diese Tatsache ein bisschen seinen Reiz!

Mein Vater (Lloyd)

Nach einem Besuch bei seinem Bruder in Kapstadt hatte mein Vater beschlossen uns für eine Weile zu begleiten und seine lang ersehnte Ankunft war endlich gekommen. Mein Vater hatte die Möglichkeit genutzt, seinen Finanzberater in Kapstadt aufzusuchen, und der hatte ihm seinen Chauffeur geliehen, um zu uns nach Bredasdorp zu gelangen. Die Wiedervereinigung war ein sehr freudiger Moment, da wir uns seit seinem Besuch mit meiner Mutter in Kakamas nicht mehr gesehen hatten! Vaters Prostatakrebs war Gott sei Dank nach einer Strahlen- und Hormontherapie in Remission, und abgesehen von leichten Schwellungen in seinen Beinen nach zu langem Sitzen und einer gelegentlichen Hitzewallung schien es ihm gut zu gehen und er war guten Gemütes. Auch mein Vater sehnte sich nach der Freiheit einer neuen, unentdeckten Straße vor ihm, und er hatte sich immer gewünscht, mehr Zeit mit uns verbringen zu können, doch sein striktes Therapieprogramm hatte ihn verständlicherweise in Durban und in der nahen Umgebung gehalten. Wir waren von seiner Anwesenheit begeistert und genossen einen ganzen Monat bis nach Port Alfred mit ihm.

Abschied von Djuma und Marafi

Die gemeinsame Zeit mit Djuma und Marafi war, als wir durch die Hafer- und Weizenfelder der Westprovinz auf den Breedefluss zuritten, fast abgelaufen. Der Breedefluss markierte die äußerste Pferdepestzone, und bevor wir sie zurück nach Robertson brachten, verbrachten wir die Nacht auf einer Rinderfarm in der Nähe des Flusses. Die Besitzer der Farm hatten einen alten Wallach, der ganz allein und ohne jegliche Kameradschaft auf einer Koppel untergebracht war. Als wir uns mit Djuma und Marafi näherten, hob er langsam seinen Kopf und schaute uns merkwürdig mit glasigem Blick entgegen. Es schien, als ob er seinen Augen nicht trauen wollte, und erst nachdem wir Djuma und Marafi auf die Koppel geführt hatten, um ihn zu begrüßen, schüttelte er sich aus seiner Einsamkeit heraus und realisierte, dass zwei andere Pferde mit ihm auf der Koppel waren. Ein paar Sekunden lang stand er ohne Reaktion da und dann plötzlich trabte er entzückt und erfreut auf die Gesellschaft zu. Der unmittelbare Moment der Trennung, der vor ihm stand, stimmte uns jetzt schon traurig. So oft sahen wir Pferde, die allein gehalten wurden, und jedes Mal war es ein trauriger und herzzerreißender Abschied für alle. Pferde waren gesellige Herdentiere und brauchten Gesellschaft und wir hatten mehrere Gespräche über die Grundbedürfnisse eines Pferdes geführt; Futter, Wasser, Freiraum, Bewegung und die Gesellschaft anderer Pferde. Es war verstörend, wie oft wir Pferde antrafen, denen eines oder mehrere dieser Grundbedürfnisse fehlten.

(Isabel)

Vor ein paar Jahren war dieser Wallach von der Farm gestohlen worden und für Buschrennen in einer illegalen Ansiedlung genutzt worden. Sogar mithilfe der Polizei dauerte es ein ganzes Jahr, bis seine Besitzer ihn wiedergefunden hatten, und der Zustand, in dem er gefunden worden war, schockte jeden, der ihn zu Gesicht bekam. Anscheinend war er klapperdürr gewesen, voller Wunden und Para-

189

siten, und er sei charakterlich nie mehr derselbe gewesen. Monatelang ließ er niemanden, nicht einmal die Tochter der Besitzer, die er zuvor so geliebt hatte, an sich heran. Heute sind seine äußerlichen Wunden verheilt, aber innerlich ist er nur noch ein Schatten seines alten Ichs und in unseren Augen war er immer noch dünn und sein Fell stumpf und glanzlos. Zweimal am Tag wurde er gefüttert und ich bemerkte, dass die Hälfte seines Futter während des Fressens aus seinem Mund herausfiel und er nicht gescheit kauen konnte, da seine Zähne abgefeilt werden mussten. So etwas ärgerte mich ungemein und ich fragte mich, wie man denn nicht bemerken kann, wenn sein eigenes Pferd vor seinen Augen verhungert! Die Besitzer waren etwas zurückhaltend, als ich fragte, wann denn der Zahnarzt das letzte Mal da gewesen wäre, und sie schienen mehr um die Kosten für den Zahnarzt besorgt zu sein als um das Wohlergehen des Pferdes. Kurzerhand sagte ich, dass ich die Kosten und die Suche nach einem Zahnarzt übernehmen würde, und verbrachte einen halben Tag damit, einen zu suchen, der bereit war, in diese abgelegene Farmlandschaft zu kommen. Das war nicht das erste Mal, dass wir eine Horrorgeschichte über den Missbrauch eines Pferdes gehört hatten, und ich rief mir die traurige Geschichte eines Farmers in der Kalahari über seinen geliebten Boerpferd-Zuchthengst zurück in Erinnerung. Die Familie des Farmers war übers Wochenende weggefahren, und als sie am Sonntagabend zur Farm zurückgekehrt waren, hatten sie den pechschwarzen Hengst tot in seinem Feld liegend gefunden. Einer der Farmarbeiter hatte sich am Samstagabend betrunken, den Hengst gestohlen und das arme Pferd in derselben Nacht in die nächste Stadt zu einer Bar und wieder zurück geschunden. Die Entfernung betrug über 120 Kilometer und der Hengst war wortwörtlich zu Tode geritten worden!

Am folgenden Tag liehen wir einen Anhänger aus und verluden Djuma und Marafi. Marafi machte das Vorhaben schwierig und wir brauchten fast eine Stunde, um ihn zu verladen. Der alte Wallach war außer sich und rannte verstört und unter Stress an seinem Zaun auf und ab. Wir hatten das schon so viele Male mit gebrochenem Herzen beobachten müssen! Es war immer das Gleiche, wir kamen an, die Pferde waren außer sich vor Freude über die Kameradschaft und am

Boden zerstört, wenn wir wieder weiterzogen. Ihre Traurigkeit und der Stress waren offensichtlich. Manchmal ritten wir an Farmen vorbei und wurden von einem Pferd im Innern der Farm begrüßt, das sich unserer Herde anschloss. Je nachdem, wie groß die Farm oder das Gehege war, begleiteten sie uns manchmal sogar für ein paar Kilometer, bis sie auf den Zaun ihres Geheges stießen. Unsere Pferde zurückzulassen war immer schwierig und wir konnten uns nie daran gewöhnen, und mit Djuma und Marafi war der Abschied in Robertson nicht anders. Unsere gemeinsame Reise hatte mit Unsicherheit zwischen uns begonnen, aber nach sechs Wochen miteinander waren wir zu einem engen Team geworden und wir waren ihnen dankbar, dass sie den Streckenabschnitt durch die Pferdepestzonen möglich gemacht hatten. Sie hatten ihre Sache unglaublich gut gemacht und den Ritt bis auf den ersten Tag in Halftern ohne Gebiss gemeistert. Nachdem wir sie zurückgebracht hatten, meldete sich ihr Besitzer bald und sagte, dass sich beide in wunderbare Reitpferde verwandelt hätten. Djuma war zuvor recht nervös und sprunghaft gewesen, doch jetzt sei er souverän und selbstsicher. Marafi war unglaublich gut für lange Distanzen geeignet und sie hatten entschieden, dass er an Ausdauerrennen teilnehmen sollte.

Das Traumteam in Riversdale

Noch am selben Tag machten wir uns auf den Weg nach Riversdale, um uns wieder mit unserem Traumteam Fever, Tarwood, Roan und Himba zu vereinen. Doch wie es der Teufel will, hatten wir seit Tagen Sturmniederschläge, und die niedrige Brücke über einen kleinen Fluss kurz vor dem Gestüt war überflutet und unpassierbar. Geduld war angebracht und mit Lloyds Vater machten wir uns auf die Suche nach einem Gasthaus, in dem wir die Nacht verbringen konnten. Die heutige Nacht wurde zur ersten Nacht seit über einem Jahr, in der wir nicht für Pferde verantwortlich waren. Das Team bestand nur aus Lloyd und Isabel und das fühlte sich eher unvollständig und merkwürdig verkehrt an.

Am nächsten Morgen erwachten wir vor Sonnenaufgang wie kleine Kinder am Weihnachtsmorgen und machten uns gleich auf den Weg zu den Pferden. Der Fluss war in der Nacht etwas gesunken und die Brücke war wieder passierbar, aber der Pick-up stand trotzdem bis zur Karosserie im Wasser, als wir langsam und vorsichtig über die Brücke krochen. Glücklicherweise hatte jemand zwei Pfähle in den Boden gesteckt, um die Weite der Brücke anzuzeigen, sodass niemand in den Fluss fuhr. Bei Ankunft pfiffen wir unser gewöhnliches Futtersignal und die vier kamen angerannt, und wie wir uns freuten, dass sie uns nicht vergessen hatten! Alle vier hatten Muskeln verloren und sahen eher mollig aus, waren aber rund und fröhlich. Es schien, als ob auch sie sich über die Wiedervereinigung freuten, da sie unter viel Gejauchze und Bucklerei in ihrem Feld herumrannten.

Nach einem Tag der Vorbereitung fuhren wir sie im Anhänger zurück zum Breedefluss und nahmen unsere gemeinsame Reise wieder auf. Himba, Roan, Tarwood und Fever fielen ohne Umschweife, als ob keine Zeit vergangen wäre, in die Routine zurück und jeden Nachmittag, wenn es Zeit wurde, nach einer Unterkunft zu suchen, hielten sie wie zuvor Ausschau nach einem Tor oder einer Einfahrt zu einer Farm. Am ersten Tag der Wiederaufnahme unserer Reise machten sie keine Ausnahme und bogen in die erste gebotene Einfahrt zum malerischen, kleinen Dorf Vermaaklikheid ein. *Vermaaklikheid* ist ein afrikanisches Wort und kann mit Gemütlichkeit übersetzt werden und Vermaaklikheid war wirklich ein Dorf gefüllt mit gemütlichen und gastfreundlichen Einwohnern.

Still Bay (Lloyd)

Mein Vater war in seinem Element und passte sich unserer Reise super an. Seine Rolle als Back-up, ansässiger Paparazzo und rundum größter Fan vollführte er mit solcher Freude und generell fuhr er mit dem Pick-up voraus, um alles für unser nächstes Rendezvous und eine kleine Zwischenmahlzeit vorzubereiten. Oft wartete er mit gekühlten Getränken in der Hand und Kräckern griffbereit und dann erzählten wir uns gegenseitig, was wir in den letzten Stunden ohne einander erlebt hatten. Wir fanden ihn regelmäßig unter einem Baum sitzend vor, entweder in sein Buch vertieft oder mit seinem Handy in der Hand, während er lange, detaillierte SMS-Nachrichten an meine Mutter schrieb. Der Cousin meines Vaters, Johnny Gillespie, lebt in Still Bay auf einer kleinen Heimstätte und mein Vater arrangierte, dass wir dort übernachten konnten. Wir hatten einen sehr interessanten Abend, während wir meinem Vater und Johnny zuhörten, wie sie in Erinnerungen an ihre gemeinsame Kindheit schwelgten. Der Abend erinnerte mich stark an den Abend, den wir in Piet Retief mit Norton Gillespie, Johnnys Bruder, verbracht hatten.

Am selben Abend erfuhr ich auch ein paar interessante geschichtliche Details über meinen Großvater, Lesley George Gillespie, der aus Schottland gemeinsam mit seinem Bruder auf dem Weg nach Australien war und in Südafrika gelandet war. Lesley hatte sehr schlimmes Asthma und ihm wurde von seinen Ärzten geraten, in ein trockeneres Klima umzusiedeln. Während ihres Zwischenstopps verliebte Lesley sich in das Land Südafrika und blieb gemeinsam mit seinem Bruder einfach hier. Lesley kaufte sich einen Ochsenkarren mit zwei Ochsen und begann den Handel mit verschiedenen Waren durch ganz Südafrika. Kurz bevor der Burenkrieg ausbrach, traf er auf eine junge Frau mit dem Namen Letty van Aswegen, die bald seine Freundin wurde. Dann brach der Krieg aus, und während des Krieges wurden Letty und ihre Mutter in einem Konzentrationslager gehalten. Lesley belieferte sie und andere Insassen über die Dauer des Krieges mit Verpflegung und Vorräten und gleichzeitig unterstützte er die Burentruppen mit Waren und Ausrüstung, während er neben ihnen mit seinem Ochsengespann herreiste. Am Ende des Krieges reichte das Burenkommando Lesley zum Dank einen handgeschnitzten Miniaturochsenkarren, welcher von Lesley an Johnny Gillespie vererbt worden war, und der hatte die Schnitzerei vor ein paar Jahren an ein Museum in Westville, meinem Geburtsort, zur Aufbewahrung gegeben. Den ganzen Weg um Südafrika herum wurde ich von den Afrikaanern geneckt, weil ich englischer Abstammung war. Die gut gemeinten Frotzeleien hießen mich manchmal einen *Rooineck/Rot-hals*, einen *Sleg Engelsman/schlechten Engländer* oder einen *Sout-piel/Salzpenis*. *Soutpiel* ist ein alter Kriegsbegriff und entstand, weil die Engländer, die nach Südafrika gekommen waren, angeblich mit einem Bein in England und dem anderen in Südafrika standen, und der Rest hing quasi dazwischen im salzigen Meerwasser!

Erst vor Kurzem hatte ich herausgefunden, dass mein Urgroß-vater von der anderen Seite der Familie in der ehemaligen Transvaal-Republik ein Präsident des obersten Gerichtshofes gewesen war. Wie gerne hätte ich das vorher gewusst und das den Afrikaanern, die mich so gerne foppten, unter die Nase gerieben!

Eine kritisierende Email (Isabel)

Wir hatten seit Längerem keine Gelegenheit mehr gehabt, unsere Emails zu lesen, und an einem Abend hatte ich die Möglichkeit dazu und las mich durch über fünfzig Stück. Der Betreff einer der Mails stach mir sofort ins Auge und neugierig öffnete ich die Nachricht, die Folgendes las: »Hallo *Reiten für Pferde*, ich finde, was ihr beide macht, ist den Pferden gegenüber nicht fair und eine Art der Tier-quälerei. Sie müssen euch so weit tragen und ich denke, das ist ein-fach nicht fair!« Bestürzt rief ich Lloyd, der sich gerade mit seinem Vater unterhielt, zu mir herüber. Nach Tausenden von positiven und unterstützenden Emails, die wir über das letzte Jahr hinweg erhalten hatten, waren wir über diese Nachricht geschockt, um ehrlich zu sein, obwohl wir gewisse Bedenken der Öffentlichkeit verstehen konnten, da sie unseren eigenen ähnlich waren. Gemeinsam schrieben Lloyd und ich eine Antwort, in der wir erklärten, dass das Wohlergehen und die Pflege unserer Pferde immer unsere oberste Priorität seien. Gleich-zeitig legten wir dar, warum wir auf dieser Reise waren und dass es eine Kampagne gegen die Afrikanische Pferdepest sei. Wir schrieben auch über unser Pferdehilfsprojekt in der ehemaligen Transkei, in welchem wir etwa 300 Pferde versorgten. Ich war davon überzeugt, dass die Mail von einem jungen, enthusiastischen Mädchen kam und dass sie wahrscheinlich nicht viel Zeit damit verbrachte hatte, unsere Homepage genauer anzuschauen.

Eine Antwort ließ nicht lange auf sich warten. Das Mädchen sagte, dass sie jetzt besser verstünde, worum es ging, und dass sie Pferde genauso liebte und ihnen zu Hilfe kam, wo sie nur konnte. Diese Mail aber brachte Fragen und Bedenken auf, die wir regelmäßig hegten, und wir fragten uns wieder einmal, ob die Pferde die Reise und unsere Gesellschaft genauso genossen wie wir die ihre. Waren wir ihnen gegenüber fair, und falls sie eine Wahl hätten, würden sie die Fortsetzung der Reise wählen? Pferde, die in einem Reitstall als Reitpferde für Anfänger genutzt wurden oder als Turnierpferde, hatten auch keine Wahl und Antworten auf solche Fragen waren natürlich unmöglich und blieben fragwürdig. Deshalb hatten wir das Wohlergehen und die Pflege der Pferde zu unserer Pflicht gemacht und gaben immer unser Bestes. Pferde waren unsere Leidenschaft und wir hatten Jahre damit verbracht, sie zu pflegen, zu reiten oder mit ihnen zu arbeiten. Wir waren davon überzeugt, dass unsere Pferde die Freiheit der offenen weiten Straße, den überwältigenden Freiraum, die gesunde Bewegung und die Kameradschaft untereinander genauso genossen wie wir, und jedes Mal, wenn wir bei einer Farm ankamen, warteten sie auf ihr Futter und liebten es, danach ihr neues Nachtquartier zu erkunden. Jeden Morgen warteten sie auf uns, und wenn wir uns auf die offene Straße begaben, waren sie frisch, willig und fleißig und guter Stimmung. Auf dieser Reise waren sie alles für uns und wir wurden zu allem für sie.

Lloyds Papa fragte mich, ob das die erste Mail dieser Art sei, die wir erhalten hatten, und als ich in Zustimmung nickte, erwiderte er sanft: »Man kann es nicht immer jedem im Leben recht machen. Ihr beide wisst, wie wertvoll die Pferde für euch sind und wie viel Zeit und Energie ihr in ihr Wohlergehen und ihre Pflege steckt! Das ist, was zählt!« Dennis hatte Recht und wir versuchten uns keine weiteren Gedanken mehr darüber zu machen, was andere Leute dachten.

Von George nach Knysna (Isabel)

Um auf den alten Ochsenwagenpfad zu gelangen, der sich von Great Brak River nach George schlängelte, mussten wir den Gouritsfluss auf der Nordseite der Bundesstraße N2 überqueren. Typisch für George im Winter, schüttete es tagelang wie aus Eimern, aber Dennis war zum besten und aufmerksamsten Backup aller Zeiten geworden. Es war Erdbeersaison und täglich reichte er uns tonnenweise süße und leckere Erdbeeren, die wir gierig verschlangen. In George verbrachten wir zwei wundervolle Tage mit Freunden der Gillespie-Familie. Jochen war aus Deutschland und lebte mit seiner russischen Frau Tanja seit Jahren in Südafrika. Während des Abendessens tauschten wir immer wieder lustige Kommentare auf Deutsch aus, welche trotz der Entfernung ein Gefühl der Heimat in mir erweckten. Obwohl Lloyd recht gut Deutsch versteht, tat er sich schwer, auf Deutsch zu kommunizieren und aus Höflichkeit ihm und seinem Vater gegenüber unterhielten wir uns aber meistens auf Englisch.

Der vor uns liegende Streckenabschnitt war voller tiefer, flussartiger Täler und Schluchten mit engen Brücken und viel Verkehr und versprach deshalb schwierig zu werden. Mit Jochen und Tanjas Hilfe suchten wir nach einer alternativen Route durch die Berge und auf ruhigen Schotterstraßen nach Knysna, und sie empfahlen die alte Hauptstraße, die auch als »Die alte Straße der sieben Pässe« bekannt war. Diese Alternative wurde wahrlich zum Glücksgriff, da die alte Schotterstraße kaum befahren und der Ausblick und die Landschaft wunderschön waren. Wir liebten die Wälder Knysnas und überquerten tiefe Schluchten und Täler über zahlreiche Brücken. Es war nicht schwer, sich vorzustellen, wie die scheuen und stillen Knysnaelefanten durch diese spektakulären, tiefgrünen Wälder streunten. Nur noch ein kleiner Rest der früheren Herden des Kapbuschelefanten lebte hier und aus der originalen Gruppe war nur noch ein Weibchen übrig. Deshalb wurden vor Kurzem drei Elefanten aus dem Krüger-Nationalpark dazugebracht, um das Überleben des Kapbuschelefanten Knysnas zu sichern.

Es war schon eine ganze Weile her, seit wir das letzte Mal in

Knysna gewesen waren, und wir machten uns Gedanken darüber, wie wir von der Westseite des Waldes in die Stadt Knysna gelangen konnten, ohne auf der stark befahrenen N2 gehen zu müssen. Die N2, an die wir uns erinnerten, war immer sehr eng und ohne Seitenstreifen gewesen und verlief direkt an der Lagune entlang. Wir hatten geplant die Lagune etwas stromaufwärts im niedrigeren Wasser zu überqueren, doch die Flussbank war entweder zu steil und überwuchert oder das Land war privat und der Zutritt strengstens verboten. Die Schotterstraße, auf der wir ritten, mündete schließlich in die Bundesstraße N2 und zu unserem Erstaunen fanden wir einen weiten Bürgersteig über die Knysna-Lagune, der bis in die Stadt hineinführte. Das war ein wahrer Glücksfall, und kurz bevor wir das Stadtzentrum erreichten, bogen wir wieder nach links ab in das Herz des Waldes und kamen so bis nach Plettenberg Bay.

Wir hatten große Freude daran, Kontakt mit Leuten, die wir auf der Straße trafen, zu knüpfen, und als wir in den Wäldern Knysnas auf zwölf Fahrradfahrer trafen, hielten wir an, um ein Gespräch zu suchen. Die Gruppe war über vier Tage von Hakerville nach Plettenberg Bay geradelt und erzählte uns ganz aufgeregt von den Herausforderungen und Aufgaben, die sie auf dem Weg erlebt und gemeistert hatten. Doch wie immer kam bald die Frage auf, was wir hier machen würden, und unsere Antwort ließ sie sprachlos und erstaunt verstummen. Sie witzelten, dass sie sich jetzt im Vergleich zu uns wie Trottel vorkämen, da sie so mit ihrer viertägigen Tour geprahlt hatten. Unter viel Erheiterung meinte einer der Radler, dass, falls er mit seiner Frau für eine Woche wegführe, sie sich scheiden lassen müssten, und das sei auch der Grund, warum er mit seinen Kumpels diese Viertagestour machte und nicht mit seiner Frau. Es war nie unsere Absicht, die Erfahrungen anderer in unseren Schatten zu stellen oder als weniger wichtig erscheinen zu lassen, und wir liebten es, wenn wir auf Gleichgesinnte trafen und eine Möglichkeit zum Austausch hatten!

Der wohl bizarrste Vorfall der Reise um Südafrika (Lloyd)

Spät am Nachmittag, mit nur noch ein paar Kilometern nach Plettenberg Bay vor uns, hielten wir an einem Pferdebetrieb an, um nach einer Unterkunft zu fragen. Ich kannte die Pferdeindustrie und wusste, dass manche schicke Pferdebetriebe eher unhöflich mit Eindringlingen umgingen, und deshalb ließ ich Isabel, die Pferde und meinen Vater außerhalb des Eingangs zurück und fuhr mit dem Pick-up alleine zu dem Stallgebäude. Ein kleiner Hinweis vorweg, wir werden im Bezug auf die betreffende Person den Begriff *die Besitzerin* verwenden und wollen ihren richtigen Namen unbenannt lassen. Ich fand die Besitzerin telefonierend vor und wartete mit meinem Anliegen, bis sie aufgelegt hatte. Als sie mich erblickte, drehte sie mir ihren Rücken zu, um ihr Telefonat fortzuführen, und nach zehn Minuten hatte die Besitzerin immer noch nicht aufgelegt. Ich hatte schon beim Betreten dieses Ortes ein komisches Gefühl gehabt und frustriert drehte ich den Zündschlüssel, um wieder zu den anderen zurückzukehren. Als die Besitzerin das Geräusch des startenden Motors vernahm, sagte sie etwas in den Hörer und hing auf. Ich hatte nicht alles verstanden, aber es klang wie:»Ah, entschuldige, ich muss da mal was erledigen.« Sie drehte sich mir zu und schaute mir fragend entgegen. Ich holte tief Luft und sagte, wie schon Hunderte Male zuvor, was wir machten, und fragte, ob sie vielleicht jemanden kannte, der uns aushelfen konnte. Diese Vorgehensweise war die Beste, da es den Leuten eine Ausweichmöglichkeit gab, ohne direkt Nein sagen zu müssen. Die Besitzerin hatte mich kaum ausreden lassen und schoss mir auch schon aggressiv entgegen, ob wir denn Ausweise für unsere Pferde hätten und dass dies eine Voraussetzung hier wäre. Ohne ein weiteres Wort hob ich zur Verteidigung meine Arme, sagte ein höfliches Dankeschön und lief zum Auto zurück. Ein komisches Gefühl sagte mir, dass die Besitzerin es nicht dabei belassen würde, und damit fuhr ich zu Isabel und meinem Vater zurück und erklärte ihnen, was geschehen war.

Mein Vater konnte kaum glauben, wie die Besitzerin mich behandelt hatte, und wollte zu dem Betrieb zurückfahren und die Sache klarstellen. Wir liefen auf die Straße zurück, und wie ich befürchtet hatte, fuhr nach ein paar Minuten ein weißer Pick-up mit der Besitzerin heran. Wir waren eher überrascht, als sie ihr Fahrzeug halb auf der Straße parkte und ausstieg. Sie kam forschen Schrittes auf mich zu und fragte mich, warum ich einfach weggelaufen wäre, woraufhin ich antwortete: »Es war nicht, was Sie zu mir gesagt haben, sondern wie Sie es gesagt haben, und ich hatte das Gefühl, ohne Grund attackiert zu werden, und wollte einfach keine Konfrontation, deshalb.« In dem Moment fuhr ein weiteres Fahrzeug hinter dem Fahrzeug der Besitzerin heran. Es war ein Straßenarbeiter, der die Straße abmessen wollte, und das Auto der Besitzerin war offensichtlich illegal geparkt und im Weg. Der Straßenarbeiter stieg aus seinem Auto und fragte die Besitzerin höflich, ob sie bitte ihr Fahrzeug woanders parken könne, sie aber würdigte ihn keines Blickes und ignorierte seine Bitte. Unbehaglich sah ich mich nach Isabel und meinem Vater um und sah, wie beide dastanden und mit offener Verwunderung auf die Besitzerin starrten.

Mir tat der arme Straßenarbeiter leid, da er nur seinen Job erledigen wollte, und schlussendlich blieb ihm nichts anderes übrig, als zurück in sein Fahrzeug zu steigen. Damit versuchte er eine neue Taktik und begann wie wild zu hupen, um die Besitzerin dazu zu bringen, ihr Auto von der Straße zu fahren. Wir hatten schon genügend ungewollte Aufmerksamkeit, mit dem Auto der Besitzerin halb auf der Straße geparkt, auf uns gezogen, aber das Hupkonzert teilte nun jedem mit, dass hier etwas Außergewöhnliches im Gange war. Die Besitzerin fuchtelte wütend mit den Armen in die Richtung des Mannes, der jetzt zu ganz anderen Mittel griff. Er fuhr langsam an den Pick-up der Besitzerin heran und ließ drohend seinen Motor aufheulen! Die Besitzerin, die jetzt angefangen hatte den Mann lauthals anzubrüllen, weigerte sich immer noch ihr Auto auch nur einen Millimeter zu bewegen. Wir drei standen perplex da und beobachteten die Situation wie in einem Film. Uns war das Ganze unglaublich peinlich und wir wollten nichts mit dieser Sache oder dieser verrückten Frau zu tun haben.

Plötzlich lief die Besitzerin auf den Wagen des Straßenarbeiters zu und trat zweimal mit aller Kraft gegen die Karosserie! Das war unser Stichwort, und ohne einen Laut zu machen, schnappten wir uns die Stricke der Pferde und liefen so schnell wie möglich in die entgegengesetzte Richtung davon. Mein Vater sprang in unseren Pick-up und folgte uns. Als wir einen letzten Blick über unsere Schulter warfen, konnten wir gerade noch sehen, wie die Besitzerin in ihr Auto stieg und rückwärts in das andere Auto fuhr! Wir trauten unseren Augen nicht und beschleunigten unsere Schritte zusehends, um so schnell wie möglich außer Sicht- und Hörweite zu gelangen. Nach ein paar Hundert Metern nahmen wir die erste Abzweigung auf eine Schotterstraße und suchten so schnell wie möglich nach einer Unterkunft für die Nacht. Ja, wir waren auf der Flucht, und ich schaute mehr als einmal panisch über meine Schulter, um nach einem weißen Pick-up Ausschau zu halten!

Himbas Flagge (Isabel)

Nachdem mehr als verwunderlichen und außergewöhnlichen Vorfall mit der Besitzerin am Vortag erhofften wir uns etwas Normalität und einen entspannteren Tag durch Plettenberg Bay. Kurz vor der Mittagszeit führten wir die Pferde vom Beacon Isle Hotel an der Hauptstraße entlang. Die Hauptstraße war recht hektisch mit viel Verkehr, aber der Bürgersteig breit und kaum benutzt. Wir hatten es zur Hälfte den steilen Hang hinauf geschafft, als plötzlich eine Flagge direkt über uns von einer Windböe erfasst wurde und zu flattern begann. Himba, der auf der Verkehrsseite des Bürgersteigs lief, erschrak und scheute in den entgegenkommenden Verkehr! Zum Glück waren keine Fahrzeuge direkt neben uns und der Verkehr hatte Zeit, abzubremsen, bis ich Himba zurück auf den Bürgersteig geführt hatte. Das Ganze hatte nicht mehr als zehn Sekunden gedauert und wir hatten noch mal Glück gehabt.

Die Reise mit Pferden an einer Teerstraße entlang war immer unglaublich stressig, und wann immer es ging, versuchten wir dies zu vermeiden. Nach 200 Metern bogen wir in eine ruhige Seitenstraße und kurz darauf für ein Auto heran. Eine sehr besorgte Fahrerin streckte ihren Kopf aus dem Fenster und fragte schroff, was um Himmels Willen wir hier tun würden. Sie hatte gesehen, wie Himba auf die Straße gescheut war, und war wegen der Sicherheit unserer Pferde besorgt. Wir erklärten, dass wir genauso über ihre Sicherheit besorgt wären und wir uns riesig erschrocken hätten. Nach anderthalb Jahren auf dem Ritt war so etwas noch nie zuvor passiert und das war genau der Grund, warum wir von Teerstraßen wegbleiben wollten. Die Dame hielt uns einen Vortrag darüber, wie wichtig Tiere waren, viel wichtiger als Menschen, und dass wir besser auf unsere Pferde achtgeben sollten. Lloyd erkannte die Situation und erklärte geduldig die Initiativen und Ziele unseres Ritts und dass der Ritt in der Tat für das Wohlergehen der Pferde Südafrikas und der ehemaligen Transkei wäre. Letztendlich schien sie zu verstehen, worum es ging, und nickte ihre Zustimmung, aber bevor sie sich verabschiedete, rief sie noch einmal aus dem Fenster, dass wir besonders gut auf unsere Kameraden aufpassen sollten, dann winkte sie und fuhr davon.

Wir hatten gewusst, dass dieser Abschnitt schwierig sein würde und dass das Vermeiden der Teerstraßen eine Herausforderung sein würde. Gleichzeitig aber waren Städte und bebaute Gebiete, wo wir auf Menschen und Gleichgesinnte trafen, wichtig, um unsere Nachricht weiter zu verbreiten. Ein paar Stunden später mussten wir mit den Pferden an der Bundesstraße N2 entlang, und um die Straße zu vermeiden, führten wir sie durch dichtes, eng geflochtenes Gebüsch oder im Sturmwasserabfluss, bis wir endlich die Abzweigung zum Natures Valley erreichten. Der viele Verkehr und das hektische Treiben waren anstrengend gewesen und der heutige Tag hatte mich erschöpft und ausgelaugt und Plettenberg Bay blieb eher eine stressige und unangenehme Erinnerung. Ich hoffte, dass wir von jetzt an wieder auf Schotterstraßen und in ruhigeren Gebieten reiten konnten.

Kapitel 7

FRONTIERLAND

OSTKAP-PROVINZ
13. November – 8. Februar 2011
Gereiste Entfernung: 7230 Kilometer
Pferde: Fever und Tarwood
Himba und Roan
Courtney und Ballantyne

Tsitsikamma-Nationalpark, Bloukranspass, Storms Riverpass

Es war kaum vorstellbar, dass wir so weit gekommen waren und dass
die Reise um Südafrika sich dem Ende näherte. Dieses Gebiet Südafrikas war atemberaubend schön, aber voller tiefer Flussfurchen,
die das Reisen zu Pferd fast unmöglich machten. Die einzige Lösung
war, gelegentlich auf Teerstraßen zu gehen oder einen gewaltigen
Umweg durch die kleine Karoo zu machen. Das Karoogebiet ist eine
Halbwüste und in zwei Regionen eingeteilt, die Great Karoo im
Norden des Landes und die kleine Karoo im Süden. Nach langer
Überlegung beschlossen wir, dass die beste Lösung zur Einreise in
die Ostkap-Provinz der Bloukranspass war. Massive Überschwem-
mungen und Hochwasser hatten vor Kurzem ganze Teile des Passes
weggespült und der Pass war sozusagen eine riesige Baustelle und
wurde deshalb für die Öffentlichkeit geschlossen gehalten. Im Haupt-
sitz des Tsitsikamma-Nationalparks fragten wir einen Beamten um
Rat, und wie wir am einfachsten durch die Pässe, die Teil des Parks
waren, reiten konnten. Der Beamte machte einen Anruf bei der Stra-
ßenbaubehörde und erläuterte dem Beamten am anderen Ende des
Hörers unsere Situation. Der gab uns den Namen der Person, die für
den Bloukranspass zuständig war, und es wurde beschlossen, dass
uns eine Eskorte der Behörde durch den schlimmsten und baufällig-
sten Abschnitt des Passes begleiten würde, und danach wären wir auf

uns allein gestellt. Der Pass war teilweise sehr eng und manchmal fehlten große Abschnitte in der Straße.

(Lloyd)

Es faszinierte mich immer wieder aufs Neue, wie das Leben immer wieder zu einem Anfangspunkt zurückkehrte. Als ich ein junger Bub war, fuhren wir jährlich bestimmt über zehn Jahre über diesen Pass, um unsere Sommerferien in Plettenberg Bay zu verbringen. Mein Vater saß hinter dem Steuer seines blauen Kombis mit einem Sechserwohnwagen angehängt und vier schreienden, unruhigen Kindern auf dem Rücksitz. »Papa, sind wir schon da?«

Mehr als dreißig Jahre später waren wir plötzlich wieder hier, dieses Mal aber reiste ich zu Pferd um Südafrika, und mein Vater fuhr unser Hilfsfahrzeug. Der Bloukranspass aber war mit seinen Brücken, die sich über Schluchten erstreckten und an architektonische Zauberei erinnern, derselbe. Mein Vater war eine unerlässliche Hilfe für uns, nicht nur, wenn er uns mit dem Auto unterstütze, sondern weil er immer nur einen Anruf weit weg war, um Worte der Ermutigung zu teilen oder um logistische Probleme zu lösen. Er war immer sofort bereit, ein Paket mit dringend benötigtem Inhalt in Orte zu schicken, von denen manch Südafrikaner noch nie gehört hatte. Obwohl wir einen Zeitplan hatten, hielten wir immer wieder an, um die Landschaft und die Ausblicke zu genießen. Als wir das untere Ende des Passes erreichten, überquerten wir den Bloukransfluss, der die unsichtbare Grenze zwischen der West- und der Ostkap-Provinz markierte, und ohne weitere Aufregung betraten wir unsere Heimatprovinz.

Durch die Geschichte des Tsistikamma-Nationalparks hindurch wurden Percheronpferde als Zugpferde für die Försterei an steilen Abhängen gebraucht. Diese enormen Arbeitspferde werden auch heute noch dafür genutzt und wir ritten an vier schneeweißen Giganten vorbei, die unsere vier Pferde wahrlich wie Miniaturpferde aussehen ließen. Für die nächsten Stunden wurde uns eine Genehmigung für den Ritt durch das einheimische Gehölz auf der Nordseite der Bundesstraße N2 erteilt, und in Storms River trafen wir wieder auf meinen Vater. Dort fanden wir heraus, dass von dort eine weitere alte Passstraße in das Storms Rivertal verlief, welche wir nutzen und so die Bundesstraße vermeiden konnten.

Mein Vater hatte in Storms River in einem Café auf uns gewartet, aber zu seiner Enttäuschung war am Morgen ein Feuer in dem Café ausgebrochen, welches die elektrischen Kabel verbrannt hatte mit dem Resultat, dass ganz Storms River ohne Strom war. Die Überredungskünste meines Vaters waren außergewöhnlich und er hatte die Cafébesitzerin dazu bringen können, ihm eine Tasse Kaffee auf dem Gasherd zu machen. Während er in der Dunkelheit in dem Café saß, traf er auf einen Landsmann mit schottischen Vorfahren, wie er selbst sie hatte, und der erzählte ihm folgenden Witz: »Woran erkennt ein Schotte, dass ihm eine Münze aus der Tasche gefallen ist? Daran, dass die Münze ihn am Hinterkopf trifft!« Als wir auf meinen Vater trafen, stand er immer noch unter dem Einfluss seines Lachkrampfes über den Witz, und es war so schön, ihn so entspannt und fröhlich zu sehen. Ich hatte ihn noch nie zuvor so erlebt und es wurde immer klarer, dass diese Reise genau das war, was er brauchte. Die Erfahrungen und Erlebnisse waren nach dem Stress und den Sorgen über seinen Krebs und der darauffolgenden Therapie Balsam für seine Seele.

Wir lachten immer noch über den Witz, als wir die Pferde nach einer Rast aufsammelten, um weiterzugehen, und gerade, als ich Tarwood und Courtney durch das Tor des leeren Grundstücks, auf dem sie gegrast hatten, führen wollte, fuhr ein schwarzer BMW in die Einfahrt. Hinterm Steuer saß ein großer, bulliger Mann mit Goldketten, einem fiesen Gesichtsausdruck und, wie es aussah, extrem schlechter Laune. Wir waren zur gleichen Zeit in der Einfahrt angelangt und blockierten uns quasi gegenseitig. Ich machte mich daran, Tarwood und Courtney zur Seite zu führen, aber mit Pferden dauerte alles immer etwas länger. Dem Fahrer schien das Ganze zu lange zu dauern und er hupte laut und begann das Auto vorwärts direkt in mich und Tarwood zu fahren. Er schob uns ungeduldig aus dem Weg und hätte ich nicht schnell genug reagiert, wäre er ohne Zögern voll in uns hineingefahren. Passanten, die durch Storms River spazierten, starrten offen auf den Fahrer, aber niemand traute sich etwas zu sagen. Wir hörten geflüstertes Gemurmel hinter unserem Rücken, dass er ein Immigrant aus Nigeria sei, der gefährlich und in alle möglichen illegalen Dinge wie Drogen usw. involviert wäre. Es schien, als ob alle Angst vor ihm hatten und sich nicht unnötiger Gefahr aussetzen wollten. Solche Erlebnisse waren extrem selten und während des ganzen Ritts um Südafrika war dies das einzige Erlebnis dieser Art.

Ein alter Doppeldeckerbus (Isabel)

Während des nächsten Tages ritten wir durch üppiges grünes Farmland mit Milchkühen am Rande der Tsitsikamma-Bergkette entlang und trafen gegen Ende des Tages auf einen anderen Reiter, der eine Farm in der Gegend besaß. Der Reiter ritt für eine Weile mit uns und wir tauschten wissbegierig Details über Pferde und Ritte über lange Distanzen aus, bis er netterweise anbot unsere Unterkunft für die heutige Nacht zu organisieren. Ein guter Freund von ihm hatte ein Grundstück nicht weit von hier direkt an der Küste, und wann immer er und seine Familie Ferien machten, kamen sie zu dem Grundstück.

Als wir die richtige Stelle erreichten, traute ich meinen Augen kaum, aber dort stand ein alter Doppeldeckerbus, der unter großer Mühe an die Küstenlinie geschafft worden und einfach nur an der Kante einer Felsklippe abgestellt worden war. Die Lage war superspektakulär und der Bus war mit nichts mehr als ein paar Betten und ein paar alten, durchgelegenen Matratzen eingerichtet. Wir oder besser gesagt ich kochte das Abendessen im Licht unserer Stirnlampen und ein paar Kerzen. Mit dem Gedanken daran, dass diese Behausung als eine der ungewöhnlichsten zählte, schlief ich mit dem Geräusch der Wellen, die gegen die Felswand unter uns schlugen, friedlich ein. Wir hatten, wann immer wir auf Bequemlichkeiten verzichten mussten, einen Schlafsack, aber wir hatten keinen dritten Schlafsack für Dennis, aber Eulalie hatte in der Kalahari eine sehr warme, dicke und bunte Volksdecke gekauft und Dennis wickelte sich eng darin ein.

Nur seine Nase schaute aus der Rolle heraus und am Morgen war er immer gemütlich warm, oft wärmer als Lloyd oder ich. Lloyd und ich waren oft erstaunt, wie einfach Dennis sich anpasste, und die gemeinsame Zeit war besonders und formte ein tiefes Band zwischen uns.

(Lloyd)

Ich war noch nie zuvor mit meinem Vater auf diese Art und Weise gereist und er nahm alles locker und entspannt hin. Ohne den Stress und Druck seines normalen Lebens im Weg, sah er so aus, als ob er Frieden gefunden hätte. Am nächsten Morgen erwachte mein Vater mit einem steifen rechten Arm und mir fiel auf, dass er die letzten paar Tage über schon ein paar Mal seinen rechten Arm erwähnt hatte. Er sagte, dass je älter man wurde, desto eingeschränkter die Flexibilität des Körpers wurde, und dass es wichtig war, mit Gymnastik flexibel zu bleiben. Der steife Arm hing wahrscheinlich damit zusammen, wie er ihn auf den geöffneten Fensterrahmen legte, während er den Pick-up fuhr. Mein Vater war 69 Jahre alt und er war der fitteste 69-Jährige, den ich kannte. Mein Vater hatte elf 80-Kilometer-Comrades-Marathons hinter sich, er konnte weiter joggen als ich und hatte sein Leben dem Sport gewidmet. Mein Rücken machte mir seit Jahren Probleme und ich benötigte immer wieder eine chiropraktische Behandlung und einer der Chiropraktiker gab mir ein paar Übungen, die ich während der Reise ausführen konnte, um meinen Rücken stark und flexible zu halten. Ich zeigte meinem Vater ein paar und wir führten die Übungen, welche die Steifheit und Unbeweglichkeit in seinem Arm etwas linderten, gemeinsam durch.

Jeffreys Bay

Nach ein paar Nächten in Jeffreys Bay hatten wir beim Wiederaufbruch ein Interview mit der lokalen Zeitung direkt am Strand bei Supertubes. Supertubes gilt mit seinen langen, schnellen und rechtsbrechenden Wellen als einer der besten Surfflecke der Welt. In den Wellen entdeckten wir ein paar Delfine, die durch das Wasser tanzten und hüpften, und amüsanterweise hatten die Pferde sie auch entdeckt. Himba schien besonders fasziniert und neugierig und die Frage kam auf, ob Pferde mit Delfinen im Infraschallbereich kommunizieren konnten.

(Isabel)

Von diesem Abschnitt der Ostkap-Provinz an kreuzten Flüsse verschiedener Größe, Tiefe und Strömungskraft regelmäßig unseren Pfad. Durch jahrelange Erfahrung im Trailgeschäft in der Transkei waren wir an Flussüberquerungen gewöhnt, aber trotzdem war es etwas, das wir nie auf die leichte Schulter nahmen. Wir hatten noch nie zuvor einen Fluss mit Tarwood und Fever durchschwommen und der Gamtoosfluss, der vor uns lag, wurde zur Lehrstunde für Tarwood und Fever. Die beiden waren sehr unerfahren und wir wollten ihnen eine gute erste Erfahrung bieten, deshalb beschlossen wir den Fluss während der Ebbe zu überqueren. Es gab einiges, das beachtet werden musste, um mit Pferden zu schwimmen, aber der allerwichtigste Punkt war, dass die meisten Pferde das Gewicht eines Reiters während des Schwimmens nicht tragen können. Sobald der Fluss tief wird und das Pferd seinen Halt verliert, ist es absolut notwendig, dass der Reiter vom Rücken des Pferdes heruntergleitet und sich daneben ins Wasser legte, dann hält der treibende Reiter sich an der Mähne des Pferdes fest und wird vom Pferd übers Wasser zur anderen Seite gezogen. Diese Regel wird leider von vielen Reitern nicht beachtet und wir haben schon oft beobachtet, wie Reiter auf ihren Pferden sitzen blieben und diese fast ertränkten! Es ist das Gleiche, wie wenn man eine Person Huckepack trägt und dann in einen Fluss oder See läuft. Das Wasser wird immer tiefer, aber das Gewicht der Person drückt einen unters Wasser, sobald man zu schwimmen anfängt … Ein ziemlich erschreckender Gedanke!

Unsere Umstände waren immer recht unberechenbar und wir hatten früh gelernt, das Wertsachen, Kleidung, Schuhe und andere Teile unserer Ausrüstung in einem wasserdichten Beutel untergebracht werden mussten, um Enttäuschungen und Ärger zu vermeiden. Um hundertprozentig sicher zu gehen, dass nichts nass wurde, verstauten wir unsere Wertsachen wie Kameras, Geldbeutel und Handys in einem zweiten, extra starken, wieder verschließbaren Plastikbeutel. Zwei Handys hatte ich schon auf diese Art und Weise ertränkt, und jedes Mal ärgerte ich mich darüber, dass ich nachlässig gewesen war und den Plastikbeute nicht gescheit verschlossen hatte.

Heute am Gamtoos ritten wir die Pferde ohne Sättel in den Fluss und alle vier waren daran gewöhnt, durch schultertiefes Wasser zu waten und nur zwischendurch für ein paar Momente schwimmen zu müssen. Nach kurzer Zeit hatten sie immer wieder festen Boden unter den Hufen und das gab Fever und Tarwood Selbstvertrauen und sie machten ihre Sache sehr gut. Auf der anderen Seite des Flusses banden wir die Pferde bis auf Fever an einem Baumstumpf an, da wir zurück auf die andere Seite des Flusses mussten, um unsere Ausrüstung abzuholen. Manchmal brachten wir die Ausrüstung schwimmend vor den Pferden rüber und manchmal hinterher. Mit etwas Glück hatten wir auch schon ein kleines Boot von Einheimischen ausleihen können, um unser Gepäck zu transportieren. In Gedanken an den Mbasheefluss neben dem Havenhotel, in dem wir schon öfter Haifischflossen, besonders im Sommer, entdeckt hatten, schauten wir uns immer ganz genau um, wenn wir einen Fluss überqueren mussten. Wann immer wir mit den Pferden schwammen, war es nicht so nervenaufreibend, da sie durch ihre Größe und den Lärm, den sie durch das Schwimmen im Wasser erzeugten, wie ein »großes, fieses Etwas« wirkten. Mit flauem Magen schwammen wir auf die andere Seite und in dem Moment, in dem Lloyd direkt vor mir wieder Bodenkontakt erhielt, trat er auf etwas und stieß einen spitzen Schrei aus. Das Wasser um ihn herum sah für einen Moment aus wie ein Kessel mit kochendem Wasser darin, aber als der riesige Stechrochen, der unsanft geweckt worden war, davonschoss, glättete es sich recht schnell wieder. Ich beobachtete das Ganze vom Wasser aus, während ich noch keinen festen Boden unter mir hatte, und mir liefen kalte

Schauer über den Rücken. Lloyd hatte in der Zwischenzeit trockenes Land erreicht und amüsierte sich von sicherem Boden aus köstlich über mein Unbehagen.

Aus dem Augenwinkel erblickte ich drei Fischer, die mit stapelweise Holz auf ihren Köpfen auf die Pferde auf der anderen Seite zukamen, und Fever hatte sie auch entdeckt und bestätigte meine Befürchtungen, als er begann auf und ab zu tänzeln. Es war ein Segen, dass er nicht angebunden war, aber sein unruhiges und nervöses Verhalten färbte auf die anderen drei ab. Im Nu schnappten wir uns unsere Ausrüstung und schwammen damit auf der Schulter oder sie neben uns her treibend so schnell wie möglich zurück. Jegliche Gedanken an Haie oder Stechrochen wurden zur Nebensache, als Fever in der Zwischenzeit noch einen drauflegte und angefangen hatte mit hoch erhobenem Schweif und schnaubenden Nüstern um die anderen drei herumzutraben, so als ob er sie zusammen und zur Flucht treiben wollte. Es wurde klar, dass wir nicht mehr viel Zeit hatten, bevor die Pferde sich losreißen und davonrennen würden, und Lloyd brüllte den Fischern etwas entgegen, doch das Rauschen des Wassers übertönte seine Rufe. Keinen Moment zu früh spürten wir den sandigen Boden unter unseren Füßen und begannen gegen das brusthohe Wasser aus dem Fluss zu rennen, und sobald wir sicher sein konnten, dass die Ausrüstung nicht ins Meer treiben würde, schmissen wir sie unachtsam auf den Boden. Ich rannte auf Fever zu und bremste meine Schritte kurz vor ihm zu einem gemächlichen Spaziergang ab, atmete tief durch, um meinen Atem zu beruhigen, und damit erlaubte er mir seinen Führstrick zu ergreifen – keinen Moment zu früh, da die Fischer weniger als 20 Meter entfernt waren und die brisante Situation gar nicht wahrgenommen hatten!

Sardinia Bay und Port Elizabeth (Isabel)

Wieder auf weißen und endlos weiten Ostkap-Stränden zu sein war ein absolutes Vergnügen, und wenn wir uns dem Rhythmus der Ebbe und Flut zeitlich anpassten, wurden wir mit einem kompakten, flachen und harten Sandstrand belohnt, der ideal war, um darauf zu reiten. Lloyds Papa Dennis wartete in einem Vorort von Port Elizabeth, Sardinia Bay, auf uns und schon von Weitem erspähten wir ihn auf einer der großen Wanderdünen. Sardinia Bays Wanderdünen verändern durch die dominierende Windrichtung in diesem Gebiet regelmäßig ihren Standort. Sardinia Bay beherbergt eine große Reitergemeinschaft, und nachdem wir den Strand verlassen hatten, fanden wir innerhalb von ein paar Minuten auch schon ein Grundstück, auf dem die Pferde die Nacht verbringen konnten.

Während der Reise um Südafrika war das Timing gewisser Dinge immer Grund zum Staunen. Zum Beispiel konnten wir in den entlegensten Winkeln Südafrikas, nachdem wir seit Stunden und manchmal sogar Tagen keiner Seele begegnet waren, entlangreiten, aber jedes Mal, wenn ich pinkeln musste, tauchte ohne Ausnahme jemand von irgendwoher auf. Oder einmal ritten wir für Stunden neben Eisenbahngleisen entlang und nicht ein Zug war an uns vorbeigekommen, aber im selbem Moment, in dem ich meinen Hosenknopf öffnete, um mich zu erleichtern, hörte ich das familiäre Geräusch eines sich nähernden Zuges. Noch eine dieser Timing-Situation, die einen am Verstand zweifeln ließen, war, wenn wir die Pferde zusammengestellt hatten, um ein schönes Foto von der gegenüberliegenden Straßenseite mit dem Selbstauslöser zu machen. Wenn die zehn Sekunden abgelaufen waren und der Auslöser knipste, rauschte garantiert ein Lastwagen vorbei, der das komplette Bild verdeckte! Wie wäre es damit, wir überquerten im Nirgendwo eine Brücke und wie aus dem Nichts fuhr urplötzlich eine ganze Horde Motorradfahrer auf die Brücke und beide Parteien standen sich dann in der Mitte der Brücke gegenüber und suchten nach einem Ausweg aus der prekären Lage. Es war einfach unfassbar und manchmal machte mich dieses Timing-Ding ganz verrückt. Lloyds Vater hatte einen guten Sinn für Humor und erwähnte, das Timing im Leben manchmal unvermeidbar war, und wir konnten ihm nur zustimmen.

Zurück in Sardinina Bay hatte Dennis den Pick-up auf dem Seitenstreifen geparkt und wir machten uns daran, die Pferde abzusatteln und zu füttern. Aber ich musste so dringend pinkeln, dass ich mich einfach nicht mehr auf meine Aufgabe konzentrieren konnte. Lloyd stand Schmiere und ich dachte mir, dass ich nur schnell hinter dem Pick-up pinkeln gehen würde. Mit einem raschen Blick schaute ich mich um, zog meine Hose runter und hockte mich schnellstens hin. In meiner Hast jedoch setzte ich mich mit einem harten Knall auf dem Ball der Anhängerkupplung und der unerträgliche Schmerz, der von meinem Steißbein durch meinen Rücken schoss, lähmte meinen Körper! Ich konnte nicht atmen oder mich bewegen und ich brach in unkontrollierbare Schluchzer aus. Lloyd rannte um das Auto herum und nahm mich fest in die Arme, um mich aufrecht zu halten. Wir hatten beide während des Aufpralls ein Klicken gehört und ich klammerte mich an ihm fest, bis der Schmerz langsam etwas nachließ. Ohne Röntgenbilder konnten wir unmöglich sagen, ob etwas gebrochen war, aber die nächsten paar Tage waren schrecklich, weil ich kaum sitzen konnte, aber Bewegungen waren auch nicht besser oder schmerzfrei. Das Ausmaß der Verletzung war schwierig zu beurteilen, aber mein Steißbein plagte mich für den Rest der Reise bis zurück nach Durban und darüber hinaus.

Am nächsten Tag trafen wir uns mit der Pferdehilfseinheit, die in der Küstenregion Port Elizabeth (P.E.) und Umgebung tätig war. Die zwei Häfen von Port Elizabeth und Coega stellten sich als unüberwindbare Hürden dar und mithilfe der Einheit verluden wir die Pferde in zwei Anhänger und fuhren sie um die zwei Häfen herum.

Die Überquerung des Sundayflusses (Isabel)

Zwischen P.E. und dem Sundayfluss lag eine riesige Abalonezuchtfarm direkt an der Küste. Abalone sind essbare Meeresschnecken und besonders in Ostasien gelten die Füße der Abalone, mit denen sie sich an der Küste anhaften, als begehrte Delikatesse. Dieser Umstand trug wesentlich dazu bei, dass mehrere Arten der Abalone inzwischen vom Aussterben bedroht sind. Dieser Abalonebetrieb war am Vortrag von Räubern mit Gewehren überfallen worden und die Mitarbeiter waren noch immer sichtlich nervös und erschüttert.

Ohne respektlos sein zu wollen, konnten wir beim Gedanke an Räuber, die mit schwer beladenen Säcken voller Abalone vor der Polizei flüchteten, kaum ein Lachen unterdrücken. Manch anderer hätte sich vermutlich Sorgen darüber gemacht, ob die Diebe noch in der Nähe waren, aber wir bewältigten Hindernisse oder negative Situationen, die aufkamen, lieber mit Humor. Während der ganzen Reise fühlten wir uns nicht ein einziges Mal bedroht, gefährdet oder ungeschützt!

Als wir auf den enormen, sonnengebleichten Rippenknochen eines Wales stießen, wurde unser heutiger Ritt am Strand zu einer wissenschaftlichen Exkursion. Es machte einem nur mehr bewusst, wie gewaltig diese besonderen Tiere waren und wie winzig die Pferde im Gegensatz dazu aussahen. Nur ein paar Meter weiter fanden wir einen riesigen Lachs, der an den Strand gespült worden war, und Lloyd, ein Mann mit vielen Talenten und jahrelanger Erfahrung als Angler und Meereswissenschaftler, inspizierte den Fisch, um herauszufinden, ob der mit einem Forschungsanhänger versehen worden war. Er nahm sein immer bereitliegendes Taschenmesser vom Gürtel und entfernte mit geschickter Hand die Otolithknochen des Fisches, um sie seinem Fischforscherfreund in Port Alfred zu geben. Bis wir nach unseren wissenschaftlichen Erforschungen beim Sundayfluss ankamen, war die Ebbe vollends eingetreten und das Wasser war so niedrig wie möglich. Die Stelle, die wir für die Überquerung ausgewählt hatten, war etwa 500 Meter lang und so niedrig, dass die Pferde durchs Wasser waten konnten. Der Kanal, der richtig durchschwommen werden musste, war an die 50 Meter breit und die Strömung floss schnell hindurch.

(Lloyd)

Mein Papa, unser ansässiger Paparazzo, hatte sich auf der anderen Seite des Flusses stationiert und wartete geduldig mit dem Fotoapparat schussbereit in der Hand auf uns. Wir wollten diesen Fluss recht zügig hinter uns bringen und mit einer fließenden Bewegung schwammen wir alle gemeinsam in den Kanal. Alle Pferde schwam-

212

men harmonisch, doch mit nur noch zehn Metern bis zum gegenüberliegenden Ufer entschied Tarwood, der mich übers Wasser zog,
plötzlich, dass er genug davon hatte und nicht mehr schwimmen
wollte. Er unterbrach die Ruderbewegungen seiner Beine und rollte
auf die Seite. Ich ließ Roans Führstrick gehen und versuchte Tarwoods Kopf über der Wasseroberfläche zu halten, aber ich hatte
keine Ahnung, wie lange ich das beibehalten konnte. Im selben
Moment spürte ich zu meiner Erleichterung, wie meine Füße den
Boden berührten, und dann rief ich Isabel zur Hilfe. Sie ließ Fever
und Himba gehen und schwamm auf mich zu und im selben Moment
drehte Tarwood sich und stapfte aus dem Wasser, so als ob nichts
geschehen wäre. So etwas war in all den Jahren, in denen ich Flüsse
mit Pferden durchschwommen hatte, noch nie passiert und ich war
bis in die Knochen erschüttert. Mich schüttelte es bei dem Gedanken
daran, was hätte passieren können, hätte Tarwood in der Mitte des
Flusses an der tiefsten Stelle aufgehört zu schwimmen und ich für
längere Zeit ohne Bodenkontakt geblieben wäre.

(Isabel)

Als Lloyd nach mir rief, um ihm mit Tarwood zu helfen, ließ ich
Fever und Himbas Führstricke widerwillig los und schwamm zu
Lloyd rüber. Quasi im selben Moment drehte Tarwood sich und marschierte ohne weitere Beschwerden aus dem Fluss und mit Entsetzen
beobachtete ich, wie Fever aus dem Wasser schoss und mit den anderen drei im Schlepptau davonrannte! Als ich seinen Strick hatte
gehen lassen, hatte ich mir schon gedacht, dass er jetzt etwas aushek-
ken würde. Nach einem kurzen Kampf gegen die Wellen erreichte
ich festen Boden und rannte aus dem Wasser hinter den Ausreißern
her! Mein Wunsch, dass Fever sich dazu entschied, nicht allzu weit
wegzurennen, stieß auf taube Ohren und nach mehr als drei Kilometern schaffte Lloyd es, den Pferden mit dem Pick-up den Weg
abzuschneiden. Verdutzt machten sie Halt und in der kurzen Unterbrechung und Verwirrung, die folgte, schaffte ich es, ein paar Führ-

stricke zu ergreifen. Pferde, Pferde, Pferde und im Besonderen Fevers unberechenbares Temperament brachten uns immer wieder interessante und aufregende Tage!

Woody-Cape-Naturreservat

Offene, weite Sandstränden lagen vor uns und die Pferde liebten die salzige Brise, waren voller Energie und trabten mit Begeisterung fleißig voran. Wir beabsichtigten uns mit Dennis im Alexandriawald zu treffen, doch da wir die Gegend kaum kannten, hatten wir noch keine Ahnung, wo genau unser Treffpunkt sein würde. Am Morgen waren wir ein paar Fischern begegnet, die gesagt hatten, dass wir es noch vor der Flut um die Cape-Padrone-Landspitze schaffen konnten. Cape Padrone ist eine felsige Klippenwand, die von Wellen ins Land geschnitten worden war. Die Wand verlief über ein paar Kilometer an der Küste der Ostkap-Provinz entlang und die angrenzende Küste war voller Felsen, Steine und Geröll. Das Woody-Cape-Naturreservat war wirklich einen Besuch wert, da parallel zu Cape Padrone die längsten aktiven Küstensanddünen der Welt verliefen. Die Gezeiten des Meeres sind etwas Unberechenbares und die wachsende Flut rückte näher und näher und presste uns immer dichter an die Klippenwand heran.

Für etwa zwei Stunden führten wir die Pferde auf felsigem Grund an der Wand entlang, bis wir plötzlich von der Flut überrascht wurden und diese sich zu einem großen Problem entwickelt hatte. Als wir ins offene Meer waten mussten, um an gewaltigen Felsbrocken vorbeizukommen, fuhr uns ein wahrer Schrecken durch die Glieder, denn um die nächste herausragende Felsnase herum konnten wir in der Entfernung nur eine weitere Felsnase erkennen. Das machte uns ernsthaft Sorgen, denn falls nach dieser Felsnase eine weitere auf uns wartete, saßen wir zwischen den Wellen und der Klippenwand fest! Der Rückzug wäre dann nicht mehr möglich und wir wären einer vollen, gewaltigen Springflut ausgeliefert und nach einer sehr kurzen Überlegung fällten wir die einzig richtige Entscheidung. Es war sicherer, umzudrehen, um eine alternative Route zu finden, also pickten wir unseren Weg über Felsbrocken und Gestein zurück zum offenen Strand.

Die längsten aktiven Küstensanddünen waren unsere einzige Alternative und diese wurden zur absoluten Schinderei. Man kann die folgenden Stunden als ein paar der härtesten und schwierigsten Stunden der Reise um Südafrika bezeichnen. Wir hatten keine Ahnung gehabt, auf was wir uns hier eingelassen hatten, und hätten wir es vorher gewusst, dann hätten wir uns mit Sicherheit etwas anderes einfallen lassen. Es gab bestimmt einen Weg durch die dichte Küstenvegetation, um dann auf dem umliegenden Farmland zu reiten, aber nach einer Stunde zu Fuß über Sanddünen, die zu den längsten der Welt zählten, wäre es verrückt gewesen, umzudrehen, besonders da wir keine Ahnung hatten, wie weit es noch war …

(Isabel)

Vor ein paar Tagen war ein weiteres Knorpelstück aus meinem Knie, das in Deutschland operiert worden war, herausgebrochen und der Schmerz kehrte mit voller Wucht zurück. Das lockere Knorpelstück schwamm frei in meinem Kniegelenk herum und klemmte sich ständig, besonders beim Bergabgehen, fest. Jedes Mal schoss mir gnadenloser Schmerz durch das Knie und daraufhin stolperte ich dauernd und stürzte oft. Je länger der Tag voranschritt, desto gereizter und geschwollener wurde mein Knie, aber es gab nichts, das ich tun konnte, um die Situation zu ändern.

Über sechs Stunden lang führten wir die Pferde über tiefen und dicken Sand und legten knappe zwölf Kilometer zurück. Bald hatten wir kein Trinkwasser mehr, da wir nicht mit einem derart langen und anstrengenden Tag gerechnet hatten, und nach einer Weile überkamen mich Durst, Schmerz und Dehydration. Nach dem Aufstieg auf eine extrem hohe Sanddüne hatte ich einen Minizusammenbruch und vor mir erstreckte sich ein Meer aus Sand und Dünen und ein Ende lag nicht in Sicht. Als ich mich umdrehte, zeigte sich dasselbe Bild, und die Vorstellung, dass ich diese Tortur noch für eine Minute länger ertragen musste, forderte seinen Tribut und ich brach in Tränen der Verzweiflung aus. Auf einer flachen Schotterstraße wäre der Schmerz bestimmt nicht so schlimm gewesen, aber diese Sanddünen waren etwas anderes, und mit jedem weiteren Schritt knirschte mein Knie unter Schmerzen. Unter solch schwierigen Umständen war ich komplett dagegen, die Pferde zu reiten, da es einfach nicht gerecht gewesen wäre. Sie mussten sich genauso durch den dicken Sand plagen und ein Reiter auf ihrem Rücken hätte die Anstrengungen nur verstärkt.

Lloyd zeigte Mitgefühl, konnte aber nicht viel tun und sagte, dass uns nichts anderes übrig blieb, als weiterzugehen. »Babe, behalte ein gleichmäßiges und ruhiges Tempo bei, auch wenn es langsamer vorangeht, und wir werden zwischendurch Pause machen.« Also gingen wir weiter, und als Lloyd vorausging, um unsere Gruppe anzuführen, flossen mir heiße und salzige Tränen hinter meiner Sonnenbrille die Wangen hinab. Er hatte recht und doch konnte er einfach nicht wissen, wie stark die Schmerzen waren, die ich ertrug, aber falls ich jetzt zum Arzt ging, hätte das Konsequenzen für mich und konnte potenziell die Beendigung des Ritts bedeuten, und das wollte ich auf keinen Fall. Also nahm ich den Schmerz und die Beschwerden hin und wartete bis zum Ende des Ritts, um medizinische Betreuung aufzusuchen. Die viele Lauferei über die Sanddünen hatte aber einen Vorteil, es gab meinem schmerzenden Steißbein ein Pause vom Sattel …

Kurz bevor die Dunkelheit hereinbrach, erblickten wir einen Schimmer der Hoffnung, als wir auf menschliche Fußspuren im Sand stießen. Wir folgten den Spuren durch den dichten einheimischen Küstenwald und kamen zu einem Zaun mit verschlossenem Gatter, aber mit Erleichterung erkannten wir auf der anderen Seite des Zaunes ganz klar Farmen und Farmhäuser. Ich schloss meine Augen und atmete tief ein, aber dann bewegte mich ein Gefühl dazu, meinen Blick zu heben, und in dem Moment erblickte ich unseren Pick-up wie er keine 50 Meter von uns entfernt auf das Gatter zufuhr. In meinem erschöpften und dehydrierten Zustand war ich nicht sicher, ob ich halluzinierte, doch das war unverkennbar unser Fahrzeug. Das Fahrzeug hielt an, und als der Fahrer, Lloyds Papa, ausstieg, wurde mir klar, dass ich nicht halluzinierte, und ich stieß einen tiefen Seufzer aus. Was für ein Geschenk des Himmels, da wir jetzt nicht mehr auf die Suche nach Dennis gehen mussten. Ohne viele Worte erkannte Dennis die Situation sofort und reichte jedem eine eisgekühlte Fruchtschorle, die wir beide in einem Zug leer tranken. Nachdem wir unseren Durst gestillt hatten, waren die Pferde an der Reihe und ein Wassereimer nach dem anderen wurde über den Zaun gereicht, um sie zu tränken. Ich konnte es immer noch nicht glauben, nach vielen qualvollen Stunden durch Sanddünen und den Küstenwald gelangten wir zu dem gleichen Gatter wie Lloyds Vater und das zur selben Zeit. Doch eine weitere Hürde lag für den heutigen Tag noch vor uns. Das Gatter vor uns war fest verschlossen und wir waren auf einer Seite und Dennis auf der anderen – so nah und doch so fern.

(Lloyd)

Mein Vater war durch Zufall auf einen Angler gestoßen und in seiner typischen Art und Weise hatte er ein Gespräch begonnen. Mein Vater war ein unglaublich guter Konversationsmacher und die Leute, die sich mit ihm unterhielten, waren immer durch seine ruhige Art entspannt und locker. Er sagte oft, dass man sich mit anderen Menschen Mühe geben musste, da man nie wissen konnte, in was für einer Lebenssituation sie gerade steckten. Dieser Angler erzählte meinem Vater, dass wir es niemals um die Felsen herum schaffen würden und dass wir vermutlich durch die Sanddünen mussten und an diesem Gatter herauskommen würden. Der Angler war ein einheimischer Farmer und er bot meinem Vater an, dass er den Schlüssel für das Gatter bei ihm zu Hause abholen konnte, falls es notwendig werden sollte. Wie sich herausstellte, war die letzte Hürde des Tages doch keine so große und innerhalb von ein paar Hundert Metern vom Gatter fanden wir auch gleich eine Unterkunft. Müde und erschöpft versorgten wir die Pferde und gerade, als wir uns im Haus niedergelassen hatten, begann es draußen in Strömen zu regnen.

Kenton on Sea (Isabel)

Es regnete die ganze Nacht und am nächsten Morgen reisten wir in unseren bodenlangen (*drizabone* = knochentrocken) Regenmänteln nach Kenton on Sea. Dieser Küstenabschnitt war voller Felsnasen, Alkoven, Buchten und breiten schneeweißen Wanderdünen, die im Kontrast zum dichten dunkelgrünen Dünengewächs standen. Den ganzen Tag lang regnete es immer wieder und am Nachmittag kam noch sehr starker Wind hinzu. Nachdem wir das Meeresufer hinter uns gelassen hatten, lag, bevor wir Kenton erreichten, eine letzte Sanddüne vor uns, aber als wir auf diese Sanddüne hinaufritten, lief plötzlich alles unglaublich schief!

Ich war die erste Tageshälfte auf Himba geritten und hatte später auf Fever gewechselt. Fever machte seine Sache sehr gut, wenn man in Betracht zog, dass er es nicht mag, in langen, wedelnden Jacken neben dem wiegenden Meer geritten zu werden. Als ich auf den höchsten Punkt der Düne ritt, erwischte eine Windböe das Ende meiner Jacke, und damit flatterte diese in die Höhe! Für andere Pferde wäre das vermutlich kein Problem gewesen, aber für Fever war es ein Panikauslöser, der Erinnerungen an einen Albtraum an der Botswanagrenze zurückbrachte. Im Bruchteil einer Sekunde wechselte er in Überlebens- und Fluchtmodus und versuchte verzweifelt die flatternde Jacke mit wildem Buckeln und Herumschleudern loszuwerden. Der Winkel der Sanddüne und Fevers Gebuckel lockerten meinen Sattelgurt und der Sattel verschob sich in seine Leistenbeuge und damit war der letzte Strohhalm, an den ich mich geklammert hatte, verloren. Fever rastete aus und ich fiel durch seinen gewaltigen Ausbruch über seine Hinterhand in den Sand unter ihm. Fever fuhr fort wie verrückt nach dem Etwas, das ihn attackierte, auszuschlagen, und während des rasenden Ausbruchs trafen mich seine Hufe in meinen Brustkorb und meine Arme. Verzweifelt versuchte ich meinen Kopf und mein Gesicht mit meinen Händen und Armen zu schützen, da ein Entkommen seiner kraftvollen Tritte nicht möglich war. Das Gewicht meiner Satteltaschen zog den Sattel schließlich unter Fevers Bauch und damit raste er davon und zog einen bestürzten Himba mit sich.

(Lloyd)

Es war wie ein Déjà-vu, gefüllt mit »Nicht-schon-wieder-Wahnsinn«, und das Ganze geschah wie in Zeitlupe! Mit Terror, der mir das Blut in den Adern gefrieren ließ, beobachtete ich, wie in meinen Augen Isabel ins Gesicht getreten wurde und danach für einen Moment, der sich wie eine Lebenszeit anfühlte, schlaff und unbeweglich dalag. Schließlich rührte sie sich langsam und stand auf, bis auf blaue Flecken war sie, soweit ich das beurteilen konnte, unverletzt und hatte damit einen weiteren Ausbruch Fevers überstanden. Bestürzt und erschüttert murmelte sie mit leiser Stimme immer wieder etwas vor sich hin: »Nein, nicht schon wieder. Gerade, als ich dabei war, sein Vertrauen wiederzugewinnen!« Vom Offensichtlichen einmal abgesehen war Isabel in Ordnung und ich ließ sie in Roans Gesellschaft zurück, um mich wieder einmal mit Tarwood auf die Suche nach Fever zu begeben.

Tarwood war in dieser Hinsicht ein wahrer Held gewesen. Jedes Mal, wenn wir Fever verfolgen mussten, hatte er nicht einen Fuß falsch aufgesetzt. Fever und Himbas Spuren führten mich nach ein paar Kilometern in die Sanddünen und die beiden waren, aus welchem Grund auch immer, auf die höchste Düne gerannt und auf der anderen Seite wieder hinab in dichtes und dorniges Gebüsch. Ich band Tarwood an einem Busch an und erkämpfte mir meinen Weg die Düne hinab. Fever und Himba hatten sich selbst in fiesem, dornigem Gebüsch verheddert und saßen zum Glück fest. Ich schaffte es, Himba recht schnell zu entwirren, und brachte ihn zu Tarwood und band ihn daneben am selben Busch fest. Es dauerte fast eine ganze Stunde, Fever aus dem Gebüsch zu befreien, da er sich weigerte durch das dichte Dornengebüsch zu treten. Den Weg in das Gebüsch hinein hatte er ohne Zögern gemeistert, aber heraus war eine andere Sache und das brachte mich auf die Palme. Inzwischen war ich mit Kratzern übersät und in meinem Frust und Ärger stand ich kurz vor der Explosion und riss mit bloßen Händen einen offenen Pfad ins Gebüsch. Erst dann war Fever bereit, aus dem Gebüsch geführt zu werden. Erschöpft und in Gedanken bei Isabel führte ich Fever und

Tarwood für eine Weile zu Fuß und ließ Himba frei hinterherlaufen. Hin und wieder musste ich anhalten, um Teile des kaputten Sattels und der Satteltaschen wieder einzusammeln. Der Anblick des verstreuten Hab und Guts war trostlos und bei meiner Rückkehr schluchzte Isabel unkontrollierbar und die Erkenntnis, dass meine Geduld mit Fever am Ende, war traf mich wie ein Schlag. Es war ein Wunder, dass Isabel nicht ernsthaft verletzt war, und ich war nicht bereit dazu, unser oder Isabels Schicksal herauszufordern …

Die letzten paar Hundert Meter nach Kenton on Sea führten wir die Pferde und trafen uns mit meinem Vater. Mein Vater war sehr besorgt und beunruhigt, und als ich ihm die ganze Geschichte erzählte, sprach Isabel währenddessen kein einziges Wort. Sie stand einfach nur da, ohne eine weitere Regung zu zeigen. Nicht weit vom Strand fanden wir eine Farm, auf der wir die Pferde für die Nacht stehenlassen konnten. Unsere Herzen waren wie das schlechte Wetter schwer und trüb und mein Vater lud uns auf eine Tasse Kaffee ein, da er wusste, wie sehr Isabel ihren Kaffee liebte, und hoffte ihre Stimmung damit etwas aufzuheitern.

Kariega und Buschmann (Isabel)

Unsere komplette Ausrüstung, Sättel, Kleidung, Reithosen, Jacken, Satteldecken waren mit einer Mischung aus Regen und Sand bedeckt und am Abend verbrachten wir Stunden damit, alles zu reinigen, aber nasser Sand ist hartnäckig und kaum aus Leder herauszukriegen. Mein Sattel war auseinandergerissen und kaputt und musste dringend repariert werden, also benutzte ich, bis wir eine Möglichkeit hatten, meinen reparieren zu lassen, unseren Ersatzsattel. Meine Gefühle waren wie mein Sattel auseinandergerissen und nach Monaten harter Arbeit, um Fevers Vertrauen in mich geduldig und sanft zurückzugewinnen, hatte ich ihn wieder einmal enttäuscht. Natürlich trug niemand die Schuld an diesen Geschehnissen, es war ein unglücklicher Unfall gewesen, und doch fühlte ich mich verantwortlich. Das Schlimmste aber war, dass Fever nicht nur sein Vertrauen in mich verloren hatte, sondern dass ich diese Mal mein Selbstvertrauen, um ihn weiterhin zu reiten, verloren hatte. Fevers explosionsartiger Charakter brachte sein eigenes Leben und das Leben anderer in Gefahr und auf seiner panischen Flucht durch das Dornengebüsch hatte er es geschafft, sein Auge zu verletzten, welches jetzt medizinisch versorgt werden musste. Mein Körper war mit zahllosen blauen Flecken und Hämatomen übersät und das Heben und Senken meines Brustkorbes war bei der Atmung extrem schmerzhaft.

An der Ciskei- und Transkeiküste entlang lagen unzählige Flüsse und Überquerungen vor uns und wir konnten das Risiko, dass Tarwood einen weiteren Schwimmunfall hatte, einfach nicht eingehen. Deshalb beschlossen wir am nächsten Morgen einen letzten Versuch mit ihm über den Buschmannfluss zu wagen, und falls auch nur der kleinste Zweifel an seiner Schwimmtauglichkeit bestehen würde, mussten wir eine Entscheidung treffen.

Der nächste Morgen (Lloyd)

Am Morgen waren alle wegen des Vorfalls am Vortag etwas entmutigt und die Stimmung war gedrückt. Bei unserer Ankunft am Buschmannfluss wussten wir nicht genau, ob Tarwood schwimmen würde, aber nach etwas Überredung glitt Tarwood willig ins Wasser, während Isabel mit den anderen drei Pferden im niedrigen Wasser wartete. Ich ließ mich neben Tarwood im Wasser treiben und beobachtete jede einzelne seiner Bewegungen mit Adleraugen. Als er sich wie auf ein Zeichen auf die Seite rollte und aufhörte zu schwimmen, hatte ich noch immer Bodenkontakt und ohne zu zögern drehten wir um und ich führte Tarwood aus dem Wasser. Ich hatte genug gesehen und beschloss an Ort und Stelle, dass es Zeit war, Fever und Tarwood in Kleinemonde gegen Ballantyne und Courtney auszutauschen.

Nach ein paar Telefonaten hatten wir eine Polizeieskorte organisiert, die uns über die engen und verkehrsreichen Brücken des Buschmanns und des Cariegas begleitete, und danach war es ein Tagesritt über Farmländer und am Strand entlang bis nach Port

Alfred. Isabel hatte sich dazu entschieden, Fever nur zu führen, und wir teilten die Last des Tages zwischen Tarwood, Roan und Himba. Spät am Abend erreichten wir Port Alfred und es war ein komisches und zugleich familiäres Gefühl, hierher geritten zu sein. Als wir die Brücke in Port Alfred überquerten, begegneten wir ein paar Freunden von mir, die jeden Dienstagabend eine Zeitprobe rannten. Einer der Läufer war Richard Legg, der uns netterweise anbot die Pferde auf seiner Farm außerhalb Port Alfreds unterzubringen.

Heimkehr (Lloyd)

Paul und seine Frau Jane, zwei meiner ältesten und liebsten Freunde, lebten seit Jahren in Kleinemonde und wir kamen für ein paar Tage bei ihnen unter. Paul und ich kennen uns, seit ich 14 war, und er war damals ein 20-jähriger Universitätsstudent. Unser erstes Treffen war am Strand beim Fischen, und seitdem sind wir über die Jahre hinweg gute Freunde geblieben. Viele meiner Ferien und Urlaube verbrachte ich mit Paul und während ich in Kapstadt gelebt hatte, wurde Kleinemonde zum regelmäßigen Zwischenstopp auf dem Heimweg nach Durban. Vor der Reise um Südafrika hatte ich fünf Jahre in Kleinemonde gewohnt und dort mein Safariunternehmen aufgebaut und geführt und Isabel und ich hatten die ersten anderthalb Jahre unserer Beziehung hier gelebt. Körperlich und geistig war ich an einem Punkt angelangt, an dem ich einfach eine Pause und etwas Rast brauchte, und ich freute mich auf ein paar gute, entspannte Tage, zur Abwechslung unter sehr guten Freunden und nicht mit völlig Fremden, denen wir tagtäglich begegneten.

Mein Vater beschloss, dass es Zeit für ihn war, wieder nach Durban zurückzukehren, und wir verabschiedeten uns nach den fünf schönen, aber auch harten Wochen schweren Herzens. Er versprach uns am Ende der Transkei und beim Endspurt an der Südküste Natals entlang wieder zu begleiten. Eine Hürde, die nicht allzu weit entfernt schien, wenn man in Betracht zog, wie viele Kilometer wir hinter uns hatten.

Von Richard Leggs Farm ritten wir an einem Abschnitt der Küste entlang, der mir mehr als vertraut war, und es war faszinierend zu beobachten, wie Roan und Himba urplötzlich klar wurde, dass sie zu Hause angekommen waren. Beide starrten in die Dünen hinauf und unsere kleine Herde wurde von Aufregung erfasst, als sie auf denselben Weg vom Strand, den wir früher immer genutzt hatten, warteten. »Daheim« war nicht mehr weit! Vom Leuchtturm des Fishflusses fanden wir einen Pfad durch die Sanddünen auf die Anhöhe, die mein altes Reservat Fort D'Acre überblickte. In Fort D'Acre hatte ich für fünf Jahre ein erfolgreiches Safariunternehmen geleitet, und dass ich es tatsächlich geschafft hatte, zu Pferd hierher zu reiten, erfüllte mich mit Stolz und einem Erfolgsgefühl. Doch was einmal mein Daheim gewesen war, fühlte sich nicht mehr so an, und dieser Ort war ein Teil eines vergangenen Lebensabschnittes, und um ehrlich zu sein, wusste ich im Moment nicht so genau, wo mein Daheim war. Ich war in meinem Leben viel herumgereist und hatte in so vielen unterschiedlichen Gebieten Südafrikas und der Welt gelebt, da ich es einfach liebte, neue Gebiete zu bereisen und zu erkunden.

Innerhalb der nächsten Stunde vereinigten wir Himba und Roan wieder mit ihrer alten Herde und die Luft war mit Freude und Heiterkeit gefüllt, als jedes Herdenmitglied einzeln ihre alten Kameraden und auch die zwei Neuen herzlich begrüßte! Es gab Isabel und mir so viel Freude, zu beobachten, wie die Pferde sich gegenseitig wiedererkannten und die Bande zwischen ihnen nach so viel vergangener Zeit und aufregenden Erlebnissen ohne einander erneut knüpften. Wir fragten uns, was für Geschichten sie einander erzählen würden, und für mich bedeutete diese Heimkehr genau dasselbe. Ich wünschte mir Momente der Wiedervereinigung mit Freunden und dem Austausch der Erlebnisse und Erfahrungen nach so langer Zeit. Jeden einzelnen Teil dieser Reise liebte ich, sogar die harten, traurigen und müden Momente, die genauso Teil der Reise waren wie die guten Zeiten. Viele Dinge waren mir auf dieser Reise bewusst geworden und im Besonderen lernte ich meine Kräfte einzuteilen und auf die Zeichen meines Körpers zu hören. Die Reise hatte mir beigebracht ein gleichmäßiges Tempo, nicht zu schnell und nicht zu langsam, beizubehalten, was für den Körper, den Geist und die Seele einfacher war, aber jetzt brauchten mein Körper und ich eine Pause. Die ständigen Geldsorgen, die Sorgen und das Verantwortungsgefühl für Isabel und die Pferde, die Ereignisse mit Fever und Isabel, die Entfernung vom Rest meiner Safaripferde, das Geschäft in der Transkei und der kontinuierliche Schlafmangel hatten mich körperlich und emotional erschöpft und es war das erste Mal, dass ich mich nicht damit befasste, Sponsoren zu suchen oder unsere Aufklärungskampagne zu erweitern. Ich war unter Freunden und ausnahmsweise einmal konnte ich für eine Weile überhaupt nichts tun.

Nach einem Jahr und fünf Monaten des ständigen Druckes und der Bewegung tat ich nichts außer den täglichen Ausflügen zu den Pferden, um Fevers Auge zu versorgen. Isabel kümmerte sich um die Büroarbeit wie Mails beantworten oder das Homepagetagebuch mit neuen Bildern und Geschichten zu versehen, und sie hatte ein paar Interviews mit Reportern von der lokalen Zeitung und einer Radiostation arrangiert. Nach ein paar Tagen Rast erhielten wir einen Anruf von unseren Mitarbeitern des Safariunternehmens in der Transkei. Ein Zeckenausbruch, den sie nicht in den Griff bekommen konnten, wurde zum echten Problem für die Pferde und konnte sie im schlimmsten Fall sehr krank machen. Wir mussten etwas tun und ließen Fever und Tarwood bei Helen, einer Nachbarin, die zugestimmt hatte Fevers Auge zu behandeln, bis wir zurück waren.

Eine sechsstündige Autofahrt lag vor uns und wir nutzten die Gelegenheit und luden während der Fahrt Vorräte für unseren nächsten Abschnitt an verschiedenen Orten ab. Für die ganze nächste Woche waren wir damit beschäftigt, verschiedene Koppeln und Zäune für die Havenpferde aufzubauen, um die Zeckenladung unter Kontrolle zu bringen. Die dringend benötigte Pause und Rast wurde nichts und fiel damit ins Wasser!

Bevor wir uns mit einem öffentlichen Bus zurück nach Kleinemonde machten, nahm ich wieder Kontakt mit Paul und Jane auf, um zu fragen, ob wir noch eine weitere Nacht bei ihnen unterkommen konnten. Am folgenden Tag verließen wir das Hotel und bei unserer Ankunft hielten wir bei den Pferden an, da wir sie seit einer Woche nicht mehr gesehen hatten. Zu unserem Entsetzen wurden wir von einem entsetzlichen, aber leider bekannten Gestank willkommen geheißen und es dauerte nicht lange, bis wir den Ausgangspunkt des Gestankes ausfindig gemacht hatten. Centaur hatte sich an der Fessel verletzt und die kleine Wunde war mit Tausenden fleischfressender Würmer infiziert. Der sogenannte Schraubenwurm schlüpft aus Eiern, die von Fliegen in der Wunde abgelegt werden, und der Wurm ernährt sich von lebendem und nicht von totem Fleisch. Eine Wunde, die damit infiziert ist, stinkt wie etwas Verrottendes und ist extrem schmerzhaft. Wir injizierten Centaur eine starke Kombination aus einem Antibiotikum und einem hiesigen Medikament, das die Würmer innerhalb von zwei Tagen tötete. Die Wunde musste zweimal am Tag gereinigt und wieder verbunden werden und das zögerte unsere unmittelbare Abreise weiter hinaus. In der Annahme, dass wir am nächsten Tag zu Pferde weiterreisen wollten, hatten wir den Pick-up beim Haven zurückgelassen und waren jetzt ohne ein Fahrzeug. Die Pferde waren auf einer Farm sieben Kilometer vom Haus meiner Freunde entfernt und Isabel und ich liefen die Strecke mindestens einmal am Tag und manchmal hatten wir Glück und erwischten eine Mitfahrgelegenheit mit Freunden oder Bekannten. Die Verzögerung war frustrierend, da wir endlich unseren finalen Abschnitt nach Durban beginnen wollten, aber es gab nichts, das wir hätten tun können. Centaur brauchte unsere Pflege und wir hätten diese Verantwortung auf keinen Fall jemand anderem gegeben.

Vom allerersten Moment zurück in Paul und Janes Haus an wusste ich, dass etwas nicht stimmte. Es lag eine gewisse Spannung in der Luft, so als ob wir unwillkommen und nicht erwünscht seien. Beim besten Willen aber konnte ich das nicht verstehen und wusste nicht, was das Problem war. Paul war unfreundlich und schroff zu mir und einmal sagte Isabel sogar, dass sie einfach nicht glauben konnte, dass ich diesen Kerl meinen Freund nannte, und ich wusste, dass sie auf eine Situation anspielte, in der Paul mir kurz nach unserer Ankunft Folgendes an den Kopf geworfen hatte: »Lloyd, schau dich doch an, du siehst wie ein verdammtes Skelett aus!« Isabel waren fast die Augen aus dem Kopf gefallen und am selben Abend sagte sie: »Wie kannst du denn jemanden, der so mit dir spricht, als deinen Freund bezeichnen? Zusätzlich hat er dir nicht eine einzige Frage über die Reise oder dein Befinden gestellt. Ihr habt euch seit einem Jahr nicht mehr gesehen und alles, was er zusagen hat, ist, dass du wie ein Skelett aussiehst?« Sie hatte recht, aber ich wusste nicht, wie ich damit umgehen sollte oder was ich tun konnte. Beide fühlten wir uns unglaublich unwohl und zogen uns immer mehr in das Außenzimmer, in dem wir übernachteten, zurück. Paul hatte offensichtlich ein Problem mit uns, aber wenn er nicht auf uns zukam, um die Sache zu bereden, konnten wir auch nicht viel tun. Ich sagte immer wieder zu Isabel, dass wir ihm einfach etwas Zeit geben mussten und dass es sich schon regeln würde, aber die Lage, in der wir uns befanden, war scheußlich und wir konnten unsere Abreise kaum erwarten.

Erst einige Wochen nach unserer Abreise erhielt ich eine Mail von Paul, in der er schrieb, dass sein Vorsatz für das neue Jahr offenere und bessere Kommunikation mit Menschen in seinem Umfeld forderte und dass dieser Vorsatz der Grund für seine Mail war, und deshalb kam er ohne Umschweife zur Sache: »Soweit ich das beurteilen kann, Lloyd, bummelst du um Südafrika herum und nutzt die Gastfreundschaft anderer aus. Es wäre besser gewesen, wenn du und Isabel während meiner Weihnachtsferien nicht bei uns gewesen wärt, da ich Zeit mit meiner Familie verbringen wollte und brauchte.« Ich war wegen seiner verzerrten Wahrnehmung unserer Reise am Boden zerstört, aber seine Worte und sein Empfinden über mich trafen mich bis in den Kern. Paul hatte kein einziges Mal eine Frage über die Reise und den Ritt gestellt, nicht als wir persönlich bei ihm waren und auch sonst hatte er in einem ganzen Jahr nicht eine Mail oder SMS geschickt. Ich konnte einfach nicht verstehen, wie er seine Vorstellung über mich, Isabel und die Reise an nur ein paar Tagen, die wir bei ihm zu Hause verbracht hatten, festlegen konnte. Außerdem waren die Tage bei ihm sehr untypisch für mich gewesen, da es das erste Mal war, dass ich mir eine Pause unter Freunden gegönnt hatte, und natürlich hätte Paul davon gewusst, hätte er Interesse gezeigt und ein Gespräch angeboten. Ich war davon überzeugt, dass das Ganze vermeidbar gewesen wäre, hätte Paul sich offen ausgesprochen, als wir bei ihm waren, aber stattdessen hatte er mir Wochen später eine Mail geschrieben, um mir nicht in die Augen schauen zu müssen. Tarwoods Lehre kam mir wieder in den Sinn und ich fragte mich, wie Paul und ich unseren Führstrick behandelt hatten! Meine jahrelange Freundschaft mit Paul war kalt geworden und das Ganze ist bis heute noch nicht gelöst.

Von Kleinemonde zum Havenhotel (Isabel)

Schweren Herzens verabschiedeten wir uns von Fever und Tarwood und vom Rest unserer vierbeinigen Familie und ritten in Stille von Georges Farm zum Fort-D'Acre-Reservat, wo alles begonnen hatte … Lloyd und ich hatten uns hier kennengelernt, und während wir durch das Reservat auf den Great-Fish-Fluss zuritten, überkam mich ein seltsames Gefühl der Melancholie. Gemeinsam hatten wir hier gute Zeiten miteinander verbracht und heute schien diese vergangene Zeit eine Ewigkeit her. Seitdem hatten wir so viel erlebt und gesehen und mir wurde bewusst, wie sehr diese Reise mich verändert hatte. Die Pferde erkannten ihr altes Revier und waren, als wir auf einer Strecke ritten, die sie schon Hunderte Male zuvor zurückgelegt hatten, aufgeregt und fröhlich. Der Great Fish fließt 644 Kilometer durch die Ostprovinz Südafrikas und wird Great Fish genannt, um eine klare Unterscheidung zwischen dem Fishfluss, der durch Namibia fließt, und dem Fish-River-Canyon (Schlucht) zu bewahren. Diese Schlucht in Namibia ist die größte Afrikas und ist nach dem Grand Canyon mit einer Länge von 160 Kilometern, einer Breite von bis zu 27 Kilometern und der tiefsten Stelle von 550 Metern die zweitgrößte Schlucht der Welt. Der Fish konnte nicht mit Pferden durchschwommen werden, da auf der anderen Seite Felsen ins Wasser stürzten und das restliche Ufer mit tiefem Schlamm und Matsch durchzogen war, deshalb arrangierten wir eine Polizeieskorte, die uns half die Brücke zu überqueren.

Die Ciskei und die Transkei waren unter dem Apartheid-Regime zu einem *Bantustan*, einem unabhängigen Heimatland der schwarzen Bevölkerung, erklärt worden. (Der Begriff *Bantustan* wird vom Begriff *Bantu,* Leute, und vom persischen Wort für Land, *stan,* abgeleitet.) Die Regierung hatte damals zehn Bantustans in ganz Südafrika eingeteilt, um die Mitglieder der verschiedenen ethnischen Gruppen zusammenzuhalten. Diese Territorien blieben ethnisch ungemischt, um eigenständige Nationalstaaten für die verschiedenen ethnischen schwarzen Gruppen zu schaffen. Einige dieser Bantustans, wie zum Beispiel die Transkei, Boputhatswana, Ciskei und Venda, wurden unabhängig, wenn auch inoffiziell außerhalb der Grenze Südafrikas.

Als wir durch die unbewohnte, wunderschöne Ciskei ritten, realisierte ich plötzlich, wie viel einfacher alles schien, da uns die Route bekannt war. Nach 6500 Kilometern, die hinter uns lagen, wussten wir zum ersten Mal, was vor uns lag und was auf uns zukam. Die Flüsse, die wir zu überqueren hatten, waren uns bekannt und wir kannten die Entfernung zwischen den Flüssen und konnten deshalb Ebbe und Flut für Überquerungen recht genau einteilen. Das klare, tiefblaue Wasser des Keiskammaflusses gab uns ein erfrischendes und verjüngendes Gefühl und nach einem Jahr hatten wir so viele Flüsse überquert, dass die genaue Anzahl schwer zu sagen war.

Es war Sommer und viel Niederschlag und schwere Regengüsse waren zu erwarten. Egal wie gut wir auch vorausplanten, die Flüsse, die wir von jetzt an durchschwimmen mussten, wurden tückisch und schwierig mit starken Strömungen und oft schokoladenbraunem Wasser. Der nächste große Fluss, der vor uns lag, war der Chulumna, und um ehrlich zu sein, waren wir beide etwas nervös wegen dieses Giganten. Während des zweiwöchigen Ritts vor zwei Jahren hatten wir den Chulumna bei Flut erreicht und dieser Tag beherbergt schöne und erschreckende Erinnerungen zugleich.

Das Wasser war unter stürmischen, tumultartigen Strömungen durch den Kanal gerast und wir waren gezwungen gewesen eine Nacht im nahe gelegenen Busch zu verbringen. Nachdem wir unser Nachtlager aufgeschlagen hatten, kam ein Surfer auf uns zu und wir begannen ein Gespräch. Während des Gespräches fand er heraus, dass wir kein Abendessen hatten, da die Übernachtung eher unge-

plant war, und mit den Worten, dass wir etwas essen mussten, ging er zu seinem Auto. Er kehrte mit einer Tupperdose und zwei belegten Broten zurück, und trotz unserer Verweigerung reichte er uns diese mit den Worten: »Die Tomaten und der Rucola sind aus meinem Garten, das Brot habe ich selber gebacken und ich möchte, dass ihr beiden heute Nacht etwas Gesundes zum Essen habt. Also hier, nehmt es …!« Ich kann mich noch gut erinnern, als ich in das Brot biss, dachte ich mir, dass es das beste belegte Brot war, das ich jemals gegessen hatte! Lloyd war ganz meiner Meinung und wir saßen genüsslich kauend neben unserem kleinen warmen Feuer auf dem Boden. Nachdem wir unsere Brote vertilgt hatten, legten wir uns schlafen und wir hatten uns einen Wecker auf gegen Mitternacht gestellt, um nach den Pferden zu sehen. Während ich mit meiner Stirnlampe leuchtete und die vertrauten Umrisse der Pferde suchte, kündigte der Schauer, der mir über den Rücken lief, an, dass etwas nicht stimmte. Die Pferde waren verschwunden und sie hatten nichts weiter als Spuren im Sand zurückgelassen. Wir hatten keine andere Wahl und ließen unsere Ausrüstung im Dunkeln zurück und machten uns auf die Suche nach den Pferden. Sie waren für einige Zeit am Strand entlanggegangen und zum Glück war die Flut noch nicht hoch genug, um ihre Spuren für immer verschwinden zu lassen. Viele Stunden der verzweifelten Suche vergingen, bis wir sie in einem Feld hinter dichtem Gebüsch wiederfanden. Ich hatte die ganze Zeit mit den Tränen gekämpft, und als ich sie erblickte, konnte ich mir nicht helfen und ließ den Tränen freien Lauf.

Dieses Mal ritten wir, um den Chulumna zu überqueren, weit in die Brandung hinaus an die Stelle, an der Wellen brachen und eine darunterliegende Sandbank anzeigten. Der Fluss trug Bodenablagerungen und Gestein ins Meer und erzeugte im Mund eine flache Stelle, auf der wir den Fluss verhältnismäßig einfach überqueren konnten. Trotzdem reichte mir das Meerwasser bis zur Brust und gelegentlich schlug mir eine eisige Welle ins Gesicht. Wir erreichten die andere Seite etwas durchnässt, aber es war nichts im Vergleich zu einer Überquerung durch den tiefen und schnell fließenden Kanal. Kurz vor East London in Kidds Beach trafen wir uns wieder mit Caroline und

Charles Tinley. Die beiden hatten uns während unseres zweiwöchigen Ritts schon einmal untergebracht und waren auch jetzt mehr als erfreut uns für eine weitere Nacht in ihrem Hause zu Gast zu haben. Damals hatten Lloyd und ich uns erst sehr kurz gekannt und Caroline sagte, dass sie sehr erfreut darüber war, uns immer noch zusammen zu sehen. Während unserer Reise um Südafrika war auch unsere Beziehung auf eine Reise aufgebrochen, eine Entdeckungsreise zwischen zwei Menschen unter recht ungewöhnlichen Umständen.

Bei Carolines Mann Charles war vor ein paar Jahren die Motorneuronkrankheit diagnostiziert worden, und als wir sie damals besucht hatten, konnte er noch mit Krücken gehen und war recht beweglich. Dieses Mal aber begrüßte uns der ehemals große und stattliche Mann vom Rollstuhl aus und sein Zustand hatte sich in den vergangenen zwei Jahren derart verschlechtert, dass ich mir schwertat meinen Schock zu verbergen. Charles hatte früher mit den zwei berühmten Umweltschützern Nick Steele und Dr. Ian Player im Hluhluwe-Tierreservat gearbeitet. Die Dame, die wir am Tag von Lloyds Abreise in Durban am Strand getroffen hatten, war Nick Steeles Frau Nola gewesen und Caroline und sie waren durch die Zusammenarbeit ihrer Ehemänner seit Jahren sehr gute Freundinnen. Es war faszinierend, wie wir auf dieser Reise durch Zufall auf diese Menschen trafen, die durch eine gemeinsame Vergangenheit eng miteinander verbunden waren.

Vor zwei Jahren waren wir im hektischen Feierabendverkehr direkt über die Hafenbrücke und auf der Hauptstraße durch East London geritten. Wir hatten ein ziemliches Chaos veranstaltet und waren sogar in der Zeitung erwähnt worden. Aber mit vier Pferden in der Mitte solch hektischen Verkehrs zu sein war stressig und gefährlich und deshalb hatten wir kein Interesse daran, diese Prozedur zu wiederholen. Pete und Sheryls Tochter Mikaela hatte vor drei Jahren mit uns eine Fünf-Tage-Safari mit ein paar ihrer Freundinnen und deren Müttern an der Küste entlang gemacht. Sheryl war damals auch mitgeritten und Pete hatte das Auto mit Proviant und Vorräten gefahren und die Gelegenheit genutzt, um an der Küste zu fischen. Wir hatten eine tolle Zeit zusammen verbracht und blieben über die

Jahre hinweg in regelmäßigem Kontakt.

Pete und Sheryl lebten in East London und die beiden waren diejenigen, die uns jetzt mit einem Pferdeanhänger durch die Stadt halfen. Als wir gemeinsam im Auto saßen, sprachen wir über dies und jenes und das Gespräch kam auf Lloyds Schwester Delayne, die mit ihrem Mann Damian vor über zehn Jahren nach Vancouver Island ausgewandert war. Damian hatte eine Praxis auf der Insel und war in viele verschiede Aktivitäten mit anderen Ärzten involviert. Durch Zufall deckten wir auf, dass Petes Bruder auch als Arzt nach Vancouver Island ausgewandert war, und Damian und Petes Bruder hatten sich dort kennengelernt und wurden sehr gute Freunde! Pete und Sheryl waren unglaublich großzügig und als Geschenk quartierten sie uns für die Nacht in einem schicken B&B ein, damit wir uns gut erholen konnten.

Wilde Küste (Isabel)

Die Wilde Küste ist eine Region voller dichter heimischer Wälder, hügeligem Grasland, steilen Klippen und weißen Stränden. Es ist eine von Südafrikas aufregendsten und zugleich naturbelassensten Gegenden, die das ganze Jahr über einen besonderen Reiz auf Angler und Fischer ausübt. Von East London schwammen wir über den Kwelerafluss und ritten weiter nach Haga Haga. Das Wetter war wunderbar, es war heiß und die Überquerung war eine willkommene Abkühlung. Beim letzten Mal war Pula/Mr. P., Lloyds Rhodesian Ridgeback, für die zwei Wochen mit uns dabei gewesen, und während wir zum Abendessen in ein Hotel gingen, hatten wir ihn im Auto eines Freundes zur Rast gelassen. Pula hatte das Autofenster, das einen Spaltbreit offen war, aufgezwungen, um Frischluft hereinzulassen, und war auf der Suche nach uns weggerannt. Mr. P. war wie ein Kind für Lloyd und wir suchten stundenlang nach ihm. Schließlich fanden wir ihn neben dem Tor zu unserer Unterkunft. Der gescheite Kerl hatte sich dort hingelegt und geduldig auf unsere Rückkehr gewartet. Diese Gegend steckte voller Erinnerungen mit Pula und wir vermissten ihn und beschlossen, dass es Zeit für Pula wurde, wieder dazuzustoßen.

Am folgenden Tag auf dem Weg zum Seagull Hotel wurden wir von einem monströsen und wogenden Meer begleitet und der Sandstrand war zu weich und tief, deshalb suchten wir nach einer Route durch das Inland, um zu der Fähre zu gelangen, die über den Keifluss führte. Der majestätische Kei markierte das Ende der Ciskei und mit dem Erreichen der anderen Seite hatten wir die Ciskei offiziell hinter uns gelassen und betraten die Transkei. Die Transkei war auch wie die Ciskei ein ehemaliges Heimatland und die Heimat des Xhosavolkes. Mit jedem weiteren Tag rückten wir näher an unser zweites Zuhause, das Havenhotel, heran und für die heutige Nacht wurde uns netterweise ein Zimmer im Mazeppa Bay Hotel angeboten. Die Pferde verbrachten die Nacht in einem Garten, welchen wir schon einmal genutzt hatten.

Damals hatten Lloyd und ich mit nichts außer unserer Kleidung und unseren Pferdedecken auf dem Boden unter einem Vordach übernachtet. Der Garten war nicht komplett eingezäunt gewesen und wir mussten einen provisorischen Zaun mit Führstricken, Halftern und dem, was wir sonst noch so finden konnten, errichten. Ein einheimischer AmaXhosamann hatte uns beobachtet und danach angeboten für eine Bezahlung die Nacht hindurch Wache zu halten, aber kurz vor Mitternacht wurden wir abrupt von donnernden Hufen aus dem Schlaf gerissen. Die Pferde hatten den notdürftigen Zaun als kein wirkliches Hindernis angesehen und waren in der Dunkelheit davongerannt. Lloyd stieß einen Schrei nach unserem Wächter aus und wir beobachteten, wie er unter einem nahe stehenden Anhänger hervorgekrochen kam. Der Mann hatte so tief geschlafen, dass er den Ausbruch der Pferde nicht einmal mitbekommen hatte! Lloyd entließ den Wächter ohne Umschweife und wir machten uns auf die Suche nach den Pferden. Zum Glück waren sie von einer nahe gelegenen saftigen Grassstelle verführt worden und grasten friedlich und wir brachten es nicht übers Herz, sie gleich wieder davon wegzureißen, und setzten uns für eine Weile neben sie ins Gras.

Am nächsten Morgen wartete eine Überraschung auf uns, die

mich bis heute noch mit dem Kopf schütteln lässt. Wir waren gerade dabei, die Pferde aufzusatteln, als unser Wächter auf Lloyd zukam und seine Bezahlung für die Nacht verlangte. Lloyd wirkte keineswegs überrascht und fragte den Mann, warum er glaubte, dass er eine Bezahlung verdiente. Der Mann sagte, dass er, obwohl er geschlafen war, trotzdem bis Mitternacht anwesend gewesen wäre und deshalb bezahlt werden musste. Ich traute meinen Ohren nicht und starrte den Mann mit verblüfftem Gesicht an. »Das kann er doch wohl nicht ernst meinen?« Lloyd atmete einmal tief ein und dann folgte eine Reihe kurzer, scharfer Sätze halb auf Englisch und halb auf AmaXhosa. Ich konnte nur Bruchstücke verstehen, aber grob zusammengefasst sagte er zu dem Mann, dass er nur für erbrachte Leistung bezahlen würde und dass er seine Leistung nicht erbracht hatte. Er sagte auch, dass es eine Unverschämtheit wäre, dass er überhaupt auf uns zugekommen wäre und nach Geld gefragt hätte.

Nach dem Zwischenfall schwirrte mir vor lauter Fragen der Kopf und Lloyd erklärte geduldig, dass es mit kulturellen und traditionellen Dingen zu tun hätte. In der AmaXhosakultur arbeitete der Mann nicht, sondern nur die Frauen, und die tun alles, von der Hausarbeit über Holz sammeln, Nahrung anbauen und vorbereiten bis zur Kindererziehung. Traditionell sitzt der Mann nur herum, schaut den Kühen beim Wachsen zu und trinkt das Bier, das seine Frau für ihn gebraut hat. Männer haben deshalb kaum eine Arbeitsmoral und tun sich schwer Leistungen zu erbringen. Daraufhin erwiderte ich, dass das aber nicht erklärte, warum er am nächsten Morgen trotzdem nach seiner Bezahlung gefragt hatte. »Genau weiß ich das auch nicht und das ist auch nicht das erste Mal, dass mir so was passiert ist. Ich habe mir den Kopf darüber schon viele Male zerbrochen und ich habe noch keine plausible Erklärung dafür gefunden. Leider lasten auf Südafrika tiefe Wunden der Rassentrennung und vielleicht hängt es damit zusammen, dass die Weißen aus Mitgefühl und zum Teil auch schlechtem Gewissen vieles ohne Gegenleistung aushändigen. Genauso wenig wie Nazismus deine Schuld ist, ist Apartheid meine, und trotzdem fühlen wir beide Schuld und Reue darüber. Du warst noch nicht einmal geboren, als es passierte, und ich bin in ein existierendes System hin-

eingeboren worden. Ich glaube, dass unsere Vergangenheit eine große Rolle in unserer Gegenwart spielt, größer als wir oft glauben.«

Nach drei weiteren herausfordernden Flussüberquerungen kamen wir letztendlich beim Havenhotel an und unser Timing hätte nicht besser sein können, da die Regenzeit gekommen war. Über Weihnachten und Neujahr fiel der Regen wochenlang in Strömen und die Flüsse zwischen dem Havenhotel und Durban waren überflutet und eine Überquerung hätte lebensgefährlich werden können.

Pferdehilfsprojekt in der Transkei (Isabel)

In der ehemaligen Transkei sind Pferde, Esel und Maultiere ein wesentlicher Teil des Lebens des AmaXhosavolkes. Für die AmaXhosa sind diese Tiere Arbeitstiere und haben gewisse Aufgaben zu vollführen und unser Projekt konzentrierte sich darauf, das Leben der Arbeitstiere und des AmaXhosastammes zu verbessern. AmaXhosas leben noch sehr traditionell und benötigen Pferde, Esel und Maultiere als unerlässliche Unterstützung ihres alltäglichen Lebens. Sie werden als Transportmittel für Personen, Wasser und Brennholz genutzt, Land wird mit ihrer Hilfe gepflügt und manche AmaXhosas haben eine Anstellung, um Bundesstraßen zu Pferd zu patrouillieren. Pferde sind ein ökonomisch-freundliches Transportmittel, eine Qualität, die heutzutage von Nutzen ist und unterstützt werden sollte.

Wir hatten das Projekt in 2008 gegründet und einer der Hauptgründe war die Tatsache gewesen, dass wir jedes Mal, wenn wir durch die Transkei zum Havenhotel fuhren, wortwörtlich von Tieren in Not überrannt wurden. Leider waren die Besitzer verarmt und ihnen fehlten die notwendigen Kenntnisse und Ressourcen, um artgerecht für ihre Tiere zu sorgen. Das Resultat war die Vernachlässigung und der Missbrauch der Tiere und wir konnten das einfach nicht mehr mit ansehen und beschlossen etwas dagegen zu unternehmen. Die ehemalige Transkei war sehr schwer von der Afrikanischen Pferdepest betroffen, und nachdem zwei von Lloyds Safaripferden an der Pest erkrankt waren, begannen wir uns mehr mit der Pferdepest und der vorhandenen Impfung zu befassen. Lloyd hatte seine Pferde immer schon geimpft, aber trotzdem waren wir zu der Zeit komplett hilflos und hatten keine Ahnung, was wir tun konnten.

Unser Projekt bildet die Pferdebesitzer über die Grundlagen der korrekten Pferdepflege und -behandlung aus. Wir zeigen ihnen, wie Hufe korrekt bearbeitet werden, wie Wunden gereinigt und verbunden werden und wie Sattel- und Zaumzeug angepasst und gepflegt werden können. Zusätzlich geben wir Wurmkuren, Parasiten- und Zeckenkontrollmittel und Impfungen kostenlos aus, und wenn nötig behandeln wir kranke oder verletzte Tiere mit Antibiotika oder anderen Medikamenten. Im Moment kümmern wir uns um knapp dreihundert Tiere, aber um die Anzahl beibehalten zu können oder sie zu vergrößern, brauchen wir ständig mehr finanzielle Unterstützung und Produktsponsoren. Die Sponsorensuche ist schwierig und mehr als einmal standen wir kurz vor dem Aus. Im September 2012 hatten wir einen Tierarzt aus Kapstadt zu Besuch, der seine Zeit hergegeben hatte, um kostenlos Kastrationen durchzuführen.

Eine unserer größten Hürden, die wir überwinden müssen, ist das fehlende Mitgefühl im Besitzer oder Reiter für Tiere, die wie wir auch emotionale Wesen sind und Schmerzen spüren. Das allererste Mal, als ich mit Lloyd durch die Transkei fuhr, war ich geschockt, entsetzt und wütend auf die Menschen, die dort leben! »Wie können diese Menschen diese armen Tiere so schlecht behandeln? Warum kümmern die sich denn nicht um sie?« Aber ich hatte keine Vorstellung davon, wie komplex und schwierig die Situation wirklich ist. Die Herausforderungen, die unserem Projekt entgegentreten, sind endlos und fangen mit einer massiven Kommunikations- und Sprachbarriere an. Danach folgen kulturelle Unterschiede, die Abgeschiedenheit des Gebietes, die Armut und diverse soziale Versammlungen und Verpflichtungen der Gemeinschaft und des Volkes. Es ist schwer, sich vorzustellen, dass die Gemeinschaft jedes Wochenende eine Versammlung oder eine Festigkeit abhält, die mit unseren Behandlungstagen zusammenstößt. Um das Gebiet so gut wie möglich abzudecken und den Pferden eine lange Anreise zu ersparen, arrangieren wir immer drei verschiedene Treffpunkte, so gut verteilt wie möglich. Zur Behandlung müssen die Tiere zu den Treffpunkten gebracht werden, was meistens von den jungen Buben übernommen wird, aber wenn an dem Tag eine Hochzeit stattfindet, dann kommt fast niemand. Unsere Ankunft ist immer ein Ereignis und von überall her kommen Kinder und Erwachsene angerannt, um dem *Mlungu* (Weißer) und seiner Frau zuzusehen, wie sie zu den Pferden flüstern. Die Familien sind oft durch Väter, die trinken, zerrüttet und Kinder wachsen unter harschen und ungerechten Umständen auf.

Die kulturellen Unterschiede und Traditionen der AmaXhosas faszinierten mich und einmal, als Lloyd und ich mit unseren Pferden durch ein Dorf ritten, wurde ich persönlich Beispiel einer dieser Traditionen. Ein älterer AmaXhosamann hielt uns an und suchte eine Gespräch mit Lloyd. Lloyd sprach ihn mit der korrekten und respektvollen Anrede *Madalla* (Vater) an, die notwendig ist, wenn man einen älteren Mann adressiert. Kulturell bedingt ignorieren Männer das weibliche Geschlecht meistens und sprechen sie nur an, wenn es absolut notwendig ist, und der Madalla tat sein Bestes, mich zu ignorieren. Doch sein Blick huschte immer wieder zu mir und sehr bald wurde mir klar, warum ich seine Aufmerksamkeit erregt hatte. Schließlich hielt er es nicht mehr aus und zeigte mit einer eher abwertenden Geste auf mich. Auf Xhosa stellte er Lloyd die Frage, was mein Vater darüber dachte, dass ich auf Pferden ritt. Ich verstehe ein paar Worte auf Xhosa und hatte verstanden, was der Madalla wissen wollte. Verblüfft platzte ich heraus, dass mein Vater kein Problem damit hatte und dass er mich sogar unterstützte. Dem Madalla fiel beinahe die Kinnlade herunter, und als wir weiterritten konnte ich mir ein Schmunzeln nicht verkneifen. Amüsiert fragte ich mich, ob seine Reaktion damit zu tun hatte, was für eine schlechte Tochter ich doch war oder was für einen Vater ich hatte!

Pula / Mr. P. (Lloyd)

Der schwere Niederschlag hielt wochenlang an und wir nutzten die Zeit und verteilten Vorräte und Proviant für den nächsten Abschnitt nach Port St. Johns. Weihnachten verbrachten wir mit meiner Familie in Durban und endlich war es möglich, Pula abzuholen. Seit ich Pula als Welpen zu mir geholt hatte, war er immer an meiner Seite gewesen und zu Beginn hatten er und ich die Reise gemeinsam begonnen. Pula hatte mich in meinen Safarigeschäften auf mehrere Tausend Ritte begleitet und ich konnte ihn einfach nicht zurücklassen, doch der raue Sand an der Küste nördlich von Durban begann sehr bald, das weiche Fleisch zwischen seinen Pfoten wund zu reiben. Zuerst versuchte ich ihm Socken anzuziehen, die ich erfolglos mit einem Streifen Klebeband befestigte, dann nähte Isabel ihm zwei Paar Hundeschuhe aus starkem Baumwollstoff mit Ledersohlen. Diese waren super und schützten Pulas Pfoten, aber sobald er während des Tages ins Meer rannte, um sich abzukühlen, wurden sie nass und verloren ihre Anpassungsfähigkeit. Der Klettverschluss war voller Sand und hielt nach einer Weile nicht mehr und innerhalb der erste Woche wurde mir klar, dass es zu viel für Pula war und es nicht fair war, ihn weiter mitzunehmen. Der Tag, an dem mein Vater Pula abholte, war sehr hart und ich wusste, dass mein Vater täglich auf lange Spaziergänge mit ihm gehen würde, aber es war einfach nicht dasselbe. Pula war an ein Leben draußen voller Aktivitäten und Spaß gewöhnt und nicht an einen Vorort und die Einschränkungen, die damit einhergehen. Als wir während des Ritts nach Durban zurückkamen, um die Pferde auszutauschen, und ich Pula wiedersah, brach mir die Tatsache, dass er wie eine Hülle seines alten Ichs war und ein leeres, langweiliges Leben lebte, fast das Herz. Während eines Telefongesprächs mit meinem Vater fragte ich nie, wie es Pula ging oder was er machte, er war ein Teil in meinem Herzen, den ich lieber unberührt ließ.

Pula war ein phänomenaler Buschhund und auf den Pferdesafaris im Tierreservat arbeiteten wir immer eng zusammen. Ich hatte ihm unterschiedliche Handsignale und Laute beigebracht, die wir benutzten, wenn Nashörner und Büffel nahe waren. Meine menschliche Stimme hätte die Wildtiere verscheucht, deshalb musste Pula auf meine Kommandos gehorchen, ohne dass der Gebrauch meiner Stimme notwendig war. Mehr als einmal hatte Pula Isabels und mein Leben gerettet und ein Vorfall sticht hervor und ist mir klar in Erinnerung geblieben. Wir waren mit einer Anfängerreitergruppe im Reservat unterwegs und plötzlich kam ein Büffelbulle aggressiv aus dem Gebüsch gerannt und attackierte mich und Isabel. Büffelbullen, die alleinstehend umherziehen, sind sehr aggressiv und gefährlich, und wenn sie sich bedroht fühlen, zögern sie nicht lange. Mit dem Herzen eines Löwen sprang Pula dazwischen und zog die Attacke des Büffel auf sich. Diese Ablenkung gab uns und der Gruppe eine Möglichkeit, zu fliehen, und Pula trieb den Bullen schließlich in die Flucht.

Es gab nichts auf der Welt, das Pula mehr liebte, als gemeinsam mit den Pferden zu rennen, obwohl das Kühetreiben beim Havenhotel einen sehr engen zweiten Platz verdiente. Auf den Safaris in der Transkei schwammen wir viel mit unseren Pferden, aber als junger Hund konnte Pula nicht schwimmen und hatte Probleme damit, es zu lernen. Jedes Mal, wenn ich ihn mit ins Wasser nahm, strampelte er mit den Vorderbeinen in der Luft und sein Hinterteil sank ins Wasser. Einmal hatte ein Gast die brillante Idee, ihm als Beihilfe eine Überlebensweste um die Hüfte zu schnallen, um sein Hinterteil zu heben. Das funktionierte und heute schwimmt er wie ein Fisch! Als Pula bei meinem Vater lebte, war er ein treuer Kamerad, Freund und Zuhörer an seiner Seite, während mein Vater die Strapazen seiner Krebstherapie durchstand. Pula wurde zum Schatten meines Vaters, so, wie er zuvor meiner gewesen war, doch wann immer ich nach Durban zurückkehrte, egal wie flüchtig, kehrte mein Schatten an meine Seite zurück. Pulas Loyalität und Liebe hatten sehr schnell auf Isabel übergegriffen und er schloss sie tief in sein Herz. Manchmal fand er es schwer, sich zu entscheiden, wem er denn nun folgen sollte, und seine Lösung des Zwiespalts beinhaltete, dass er seine Aufmerksamkeit zwischen Isabel und mir gerecht verteilte und vom einen zum anderen rannte, während er gleichzeitig Ausschau nach Nachzüglern hielt.

Jetzt saß Pula mit uns im Auto, als wir nach Weihnachten zurück zum Havenhotel fuhren, und ich versprach ihm Abenteuer und Pferde, Pferde und noch mal Pferde! Obwohl wir einmal so eng verbunden gewesen waren, konnte ich Pulas Reaktion jetzt nicht einschätzen und war unsicher. Er schien unbeeindruckt, sein Verhalten war fast katatonisch und ich machte mir Sorgen, dass er zu lange unglücklich gewesen war. Nachdem wir angekommen waren, beschlossen Isabel und ich Pula auf einen Ausritt mitzunehmen, um ein paar Kühe, die illegal im Reservat grasten, zu vertreiben, und mit einem Knall war der alte Pula zurück und schien mit Lebensfreude zu explodieren! Pula rannte bis zur kompletten Erschöpfung und jagte jeder Kuh, die er finden konnte, hinterher! Immer schon schlief Pula im gleichen Zimmer wie ich, egal wohin ich auch ging, und wenn er nicht willkommen war, dann hatte ich kein Interesse. Während der ersten Nacht unserer Wiedervereinigung weckte Pula mich drei Mal und jedes Mal kam er zu meinem Bett und versuchte, um seine Freude auszudrücken, mit wedelndem Schwanz mein Gesicht abzulecken.

Cwebe/Dwesa-Reservat (Isabel)

In der AmaXhosakultur werden Hochzeiten meistens von den Vätern arrangiert und der zukünftige Ehemann muss dem Vater des Mädchens die sogenannte *Lobola* zahlen. Die Lobola ist ein Brauch, der die Familien zusammenbringen soll, es ist ein Zeichen des gegenseitigen Respekts und dass der Zukünftige in der finanziellen Lage ist, für die Frau zu sorgen. Traditionell erfolgt die Bezahlung in Kühen, da Kühe das vorrangige Reichtumssymbol der afrikanischen Gesellschaft und Kultur darstellen, und je mehr Kühe ein Mann besaß, desto reicher war er. Der Lobolaprozess zum Beispiel, wie hoch die Bezahlung ausfallen soll und warum, ist oft langwierig und kompliziert und wird unter vielen Familienmitgliedern besprochen. Als Geste wurde früher und oft heute noch eine Flasche Brandy auf den Tisch gestellt, um die Atmosphäre zu lockern und eventuelle Spannungen zu lösen.

Das Havenhotel liegt im Herzen der Transkei im Cwebe/Dwesa-Reservat und AmaXhosadörfer liegen außerhalb des Zaunes darum verteilt. Das Reservat wird von der Ostkap-Provinz-Parkbehörde von der Gemeinschaft zur Erhaltung des natürlichen Küstenwaldes für eine enorme Summe gepachtet. Obwohl ein Vertrag zwischen dem

Volk und der Parkbehörde existiert, der das Grasen von Kühen, das Abholzen des Waldes, die Ernte verschiedener Früchte, die Jagd auf Wildtiere und anderes im Reservat verbietet, finden diese Aktivitäten statt, so als ob es den Vertrag nicht gebe. Die Leute schneiden einfach ein Loch in den Zaun und treiben ihre Kühe ins Reservat, sie gehen mit Hunden auf die Jagd nach Böcken und anderen Wildtieren, hakken Holz und tragen es im Offenen zu ihren Hütten als Feuerholz. Ich wollte wissen, wie das den sein konnte, und fragte Lloyd danach. Das Volk hatte der Verpachtung des Landes und den Richtlinien und Regeln zugestimmt und doch ignorieren sie sie völlig. Lloyd sagte, dass es für meine westlichen Ohren und meinen westlichen Verstand dafür keine plausible Erklärung gäbe und dass die Menschen hier einfach nicht so gebildet und geschult seien wie wir. »Es ist, wie es ist«, meinte er unter einem Schulterzucken. »Das Ganze kann nur mit Bildung und Schulung geändert werden und leider kommt das hier draußen viel zu kurz.«

Mir war das selber schon aufgefallen, da an unseren Behandlungstagen die Kommunikationsbarriere manchmal fast unüberwindbar schien. Die Kinder oder besser gesagt die Buben bringen die Tiere zu uns und jedes Mal, wenn Lloyd fragt, ob denn einer von ihnen Englisch spricht, meldet sich niemand. Die meisten Kinder gehen zur Schule und ihnen wird angeblich Englisch beigebracht, doch wenn es auf die Probe gestellt wird, stellt es sich als unwahr dar. Die Lehrer unterrichten oft in Xhosa, da es einfacher für sie ist oder weil sie selbst kein gescheites Englisch sprechen. Diese Kinder bekommen durch Fälschungen und Tricks ihren Schulabschluss und werden danach in die Welt hinausgeworfen, um etwas aus sich zu machen. Die Welt aber spricht Englisch und nicht Xhosa und eine Ausbildung oder ein Studium zu erzielen, ohne Englisch zu sprechen, ist fast unmöglich. Südafrika ist wahrlich ein Land voller drastischer Unterschiede und Ungleichheiten. Städte wie Kapstadt, Durban oder Nationalparks wie der Krüger zeigen das Bild eines Erste-Welt-Landes, aber auf dem Land und in abgelegenen Gebieten ist Südafrika ein wahres Entwicklungsland mit den Problemen eines Entwicklungslandes.

Vom Havenhotel nach Port St. Johns

Der unbändige Regen hörte schließlich auf und ließ Flüsse zurück, die fast ihre Bänke mit schokoladenbraunem Wasser sprengten. Für uns wurde es jedoch Zeit, weiterzuziehen …

Die erste Flussüberquerung, die vor uns lag, war der Xorafluss keine 20 Kilometer vom Havenhotel. Wir kannte den Fluss recht gut, da wir ihn schon öfter durchschwommen hatten, aber dieses Mal war der Xora breiter, brauner und mit schnellerer Strömung als je zuvor. Der Fluss war bestimmt 65 Meter breit und die Pferde konnten vom Wasser aus das andere Ufer nicht sehen, aber zum Glück waren Courtney, Ballanytne, Roan und Himba alle selbstbewusste und starke Schwimmer. Zuerst brachten wir unsere Ausrüstung in einem kleinen Boot, das unbeaufsichtigt am Ufer gelegen hatte, auf die andere Seite. Die Sonne lag tief am Horizont und es wurde langsam dunkel und im schwindenden Licht sah der Fluss unheimlich und furchteinflößend aus. Courtney und Ballantyne schwammen mit kraftvollen Stößen durch das tiefe, braune Wasser, während wir uns an ihren Mähnen festhielten und sie in die Richtung des Ufers manövrierten. Roan und Himba waren uns ins Wasser gefolgt, aber als wir den Fluss etwa zur Hälfte überquert hatten, zogen sie ihre Führstricke aus unseren Händen und schwammen zum falschen Ufer zurück. Courtney und Ballantyne schwammen das letzte Stück selbstbewusst und ohne Probleme und wir stiegen tropfend und außer Atem aus dem Wasser. Uns blieb keine andere Wahl, als sie an einem Baum anzubinden und zu Himba und Roan zurück auf die andere Seite zu schwimmen.

(Isabel)

Nach einer ereignislosen Nacht im Bulungula Backpacker, einem Hostel, in dem wir schon mehrere Male zuvor übernachtet hatten, ritten wir wieder ins Ungewisse. Es war seltsam, wie ein altbekanntes Gefühl des Ungewissen darüber, was vor einem lag, einem Trost und Behaglichkeit spenden konnte. Die letzten Wochen von Kleinemonde zum Havenhotel waren ein Traum gewesen. Fevers Charakter und seine Persönlichkeit hatten viel von mir abverlangt. Seine Unberechenbarkeit hatte mich gezwungen immer auf der Hut zu sein und ich konnte in seiner Gegenwart nie loslassen und mich entspannen. Ohne dass es mir bewusst wurde, war ich hibbelig und für alles überempfindlich geworden. Mit meinen Nerven zum Zerreißen gespannt hatte ich mich in Kleinemonde von Fever verabschiedet und Ballantyne trat in seine Fußstapfen. Ballantyne war ein ruhiges, entspanntes Pferd und er zeigte mir geduldig, dass ich mich in seiner Gegenwart entspannen konnte. Mein Steißbein erinnerte mich tagtäglich daran, dass nicht immer alles so lief, wie man es sich vielleicht wünschte, aber um Ballantyne und Himba herum fühlte ich mich sicher und gut aufgehoben und dafür war ich unendlich dankbar.

Das Reiten durch bekanntes Territorium war um einiges einfacher, als durch unbekanntes zu reiten. Wir machten uns weniger Sorgen und Gedanken um die verschiedenen Routen oder die Logistik, denn normalerweise hatten wir ständig Bedenken, wie wir unser Auto von A nach B bringen konnten, wo wir übernachten würden, wo wir Wasser und Essen finden konnten oder ob die Gegend sicher für uns war. Auf dem zweiwöchigen Abschnitt, der hinter uns lag, waren diese Dinge einfach nie aufgekommen. Es ist komisch, aber genauso hätte sich die komplette Reise um Südafrika angefühlt, hätten wir jede einzelne Route, jeden Pfad und jede Unterkunft vorher gekannt. Die Aufregung über die Entdeckung eines neuen Gebietes zu Pferde und die täglichen Begegnungen mit unbekannten Leuten und Orten wäre nicht vorhanden gewesen und der Funke des Abenteuers hätte gefehlt! Aber trotzdem genoss ich die zwei Wochen »Urlaub«, in denen wir einfach nur die Wege entlangritten und uns kaum Sorgen machen mussten.

Wolken über Coffee Bay (Isabel)

Kurz vor Hole in the Wall sprang Pula von einem Felsen in ein Flussbett, das mit Schilfgras zugewachsen war, und bei der Landung hörten wir ihn kurz aufjaulen, aber nach einer gründlichen Untersuchung schien er unversehrt. Das Hole in the Wall (Loch in der Wand) ist ein im Wasser liegender Landblock mit steilen Wänden und einem Loch in der Mitte, das in Jahrtausenden von den Wellen geschaffen worden war. Der markante Felsblock mit dem Durchbruch in der Mitte wurde für die Xhosa zum Symbol einer großen historischen Tragödie, die als »Great Cattle Killing« überliefert ist.

»Im April oder Mai des Jahres 1856 ging ein junges Mädchen namens Nongqawuse mit ihrer Freundin Nombanda zm Gxarha zum Fluss, um Wasser zu holen. Als sie zurückkehrte, erzählte sie ihrem Onkel Mhlakaza, der ein Xhosa-Spiritualist und Heiler und gleichzeitig ihr Mentor war, dass sie drei Geister ihrer Vorfahren getroffen hätte. Die Geister hatten ihr gesagt, dass das Xhosavolk seine Ernte und seine Kühe als Opfergabe vernichten solle, und im Gegenzug würden die Geister die englischen Einsiedler ins Meer werfen und das Volk mit gesunden Kühen und reichlich Nahrung belohnen. Zu der Zeit erkrankten viele der Kühe an der Lungenkrankheit, die möglicherweise durch europäische Kühe nach Afrika gekommen war, und starben meistens daran. Das Massaker, das folgte, war fürchterlich und beeinträchtigte die ganze Xhosanation. Nongqawuse prophezeite, dass die Versprechung der Geister am 18. Februar 1857, wenn eine rote Sonne aufging, wahr werden würde, doch die Sonne, die an dem Tag aufging, war nicht rot und nichts geschah. Die Xhosabevölkerung verhungerte und sank von 105 000 auf weniger als 27 000. Der Hunger war so schlimm, dass sogar Fälle von Kannibalismus aufgezeichnet wurden. Zu Beginn beschuldigten Nongqawuses Gläubige die, die die Prophezeiung missachtet hatten, doch bald wendeten auch sie sich gegen sie. Nongqawuse wurde von den britischen Behörden verhaftet und nach Robben Island gebracht. Nach ihrer Entlassung lebte sie auf einer Farm, bis sie 1898 verstarb. Der Ort, an dem sie den Geistern begegnet war, ist heute noch als Nongqawuses Tal bekannt.«

Ein Xhosamann, der seine Kühe durch das Feld trieb, zeigte uns einen Weg über den Fluss, den die Xhosas mit ihren Kühen nutzten, und das Wasser war niedrig und deshalb wurde uns das Durchschwimmen eines weiteren Flusses erspart. Der Mann sagte auch, dass die Küste nördlich von Coffee Bay bis nach Mkambati sehr hügelig und anstrengend würde und dass ein harter Abschnitt vor uns liege. Wir erreichten Coffee Bay am späten Nachmittag und ein hiesiger Backpacker bot uns eine Unterkunft in einer typischen Xhosahütte für die Nacht an. Traditionell bauen Xhosas ihre Häuser aus Blöcken aus Lehm und Kuhdung und das Dach wird aus langem, strapazierfähigem Gras errichtet. Der Rauch des Feuers in der Hütte kann nur durch eine einzige Öffnung, nämlich die Tür, austreten und oft wird der Boden mit einer Mischung aus Ochsenblut und Dung beschmiert, welches ihm einen warmen, dunklen Schein gibt. Coffee Bay war ein ungewöhnlicher und ekelhafter Ort, in dem jegliche Art Drogen von Einheimischen offen auf der Straße gekauft werden konnte. Keine fünf Minuten nach unserer Ankunft kam ein Xhosamann auf uns zu und fragte, ob wir Pilze kaufen wollten, und in der Nacht, während wir in unseren Betten lagen, füllte sich das Tal mit dem süßlich, beißenden Geruch hunderter Marihuanapfeifen und selbst gerollter Zigaretten.

Pula war durch die Nacht hindurch unruhig und wachte oft auf, um seine Muskeln auszustrecken. Seine Pfoten schienen empfindlich und ungemütlich und am nächsten Morgen, als er aufwachte, konnte er kaum auf seiner rechten Pfote stehen. In dem Moment wussten wir, dass er so nicht weitermachen konnte, und entweder blieben wir in Coffee Bay, bis es ihm besser ging, oder wir fanden eine Mitfahrgelegenheit für ihn zurück nach Durban. Durch pures Glück trafen wir auf zwei junge Frauen, die am heutigen Tag in Richtung Durban fuhren. Sie hatten einen Aufenthalt eine knappe Stunde von Durban geplant und Lloyds Vater Dennis sagte, dass er Pula dort abholen würde. Schweren Herzens legten wir eine seiner Decken auf den Rücksitz des Autos und instinktiv wusste Pula, dass er nach Hause gehen würde. Er stieg ohne ein Wort von uns ins Auto, legte sich hin und schlief ein. Dennis rief uns, nachdem er ihn abgeholt hatte, an und sagte, dass Pula seit seiner Ankunft nur geschlafen hätte. Wir hatten uns wieder so sehr an Pulas Gegenwart gewöhnt, dass er eine Lücke hinterlassen hatte, und doch war es die richtige Entscheidung gewesen, da Pula nach ein paar Tagen Rast wieder ganz der Alte war. Er würde bald zu uns zurückkehren, da Dennis und Eulalie in ein paar Tagen zu Besuch kommen wollten.

Heikler Mthatafluss

Als wir durch die ehemalige Transkei, heute Teil der Ostkap-Provinz, ritten, dachten wir viel über die Menschen, die hier draußen leben, nach. Das Leben ist harsch und nicht einfach und die Menschen, die hier leben, müssen Selbtversorger sein, da es keine Wasser- oder Stromanschlüsse gibt. Zusätzlich müssen sie weite Entfernungen zurücklegen, um ein Krankenhaus, eine Klinik oder Geschäfte zu erreichen. Es wird angenommen, dass sie arm sind, aber wenn man genau darüber nachdenkt, liegt ihnen freies, unbegrenztes Land zum Grasenlassen ihrer Tiere und zum Anbau unterschiedlicher Feldfrüchte zur Verfügung. So viele Leute werden von den strahlenden Lichtern und dem falschen Schein der Großstädte angezogen und dort führen sie eine Existenz in Armut und Dreck in illegalen Lagern mit Häusern, die aus Blech, Schrott und dem, was sie sonst noch finden können, errichtet sind. In ihren Heimatgebieten konnten sie Nahrung anbauen und überleben und jetzt sind sie in einem System gefangen, dass es notwendig macht, Geld zu verdienen, um Nahrung kaufen zu können. Als wir durch die ländlichen Gebiete ritten, atmeten wir die Schönheit und Freiheit tief ein und ein Gefühl unendlicher Möglichkeiten erfüllte uns. Die simple Gastfreundschaft, die Freundlichkeit und Offenheit der Menschen und die Freiheit des Landes ließen uns nicht begreifen, wie jemand das für ein Leben in der Stadt eintauschen konnte.

(Isabel)

Der Mthatafluss war ein Monster und wir hatten drei verschiedene Meinungen über eine Überquerung gehört, ja, nein und vielleicht! Durch das ganze Land hatten wir Einheimische nach Wegbeschreibungen und Rat gefragt und mussten die Antworten mehrere Male von anderen bestätigen lassen, um herauszufinden, welche letztendlich die richtige war. Oft fanden wir heraus, dass die gegebene Antwort entweder total inkorrekt war oder zum größten Teil unzuverlässig und vage. Das passierte so oft, dass ich schließlich, wenn Lloyd anhielt, um jemanden um Rat zu fragen, einfach nur auf Durchzug schaltete. Ich konnte einfach nicht verstehen, warum er sich die Mühe machte, da jedes Mal, wenn wir jemanden fragten, der uns falsche Anweisungen oder Distanzen gab und wir am Ende irgendwo im Nirgendwo festsaßen, ohne eine Ahnung, wohin wir als Nächstes gehen sollten. Lloyd aber blieb dabei, er fragte trotzdem und ich glaube, er genoss einfach nur die Unterhaltung mit den Einheimischen, denen die geschenkte Aufmerksamkeit offensichtlich auch gefiel. Ich jedoch war weniger und weniger davon angetan, und wenn es um Richtungsanweisungen und Ratschläge ging, war ich eher skeptisch. Es war mir ein Rätsel, warum sie uns gewisse Informationen gaben, aber die Antwort nicht wirklich wussten. Es schien, als ob sie sich lieber eine Antwort ausdachten, anstatt zuzugeben, dass sie es nicht wussten. Lloyd versuchte mir das Ganze zu erklären und sagte, dass es ein paar Gründe dafür geben könnte. Erstens: Die Person, die wir um Rat fragten, wollte uns nicht enttäuschen, da er nicht helfen konnte. Zweitens: Die Person wollte nicht als unwissender Ignorant dastehen. Und drittens: Irgendein Ratschlag ist besser als kein Ratschlag! Diese Logik machte für mich überhaupt keinen Sinn und in meinen Augen erzählten sie uns wissend eine Lüge, egal wie gut gemeint die Lüge war! Eine Tatsache, die ein müdes Lächeln auf meine Wangen zauberte, war, dass die Angabe links und rechts davon abhing, in welche Richtung die Person, die uns die Anweisungen gab, in dem Moment schaute, und bis wir das herausgefunden hatten, mussten wir viele extra Kilometer zurücklegen.

In einem weiteren Backpacker an der Küste entlang trafen wir auf eine Lehrerin aus Neuseeland. Sie war nach Südafrika gekommen, um Kinder in ländlichen Schulen zu unterrichten, und sie hatte die ländliche Art und Weise der Xhosaleute in einem einzelnen Satz recht gut beschrieben: »Da sind zu viel Kultur und Tradition und nicht genug

Wissenschaft.« Ich fand diese Beschreibung recht passend, da ich vieles an der Lebensweise einfach nicht verstand, aber gleichzeitig liebte ich das Xhosavolk und egal, wohin wir gingen, wir wurden immer mit einem freundlichen Lächeln begrüßt und willkommen geheißen.

(Lloyd)

Der zutreffendste Rat, der uns über den Mthatafluss gegeben wurde, war ein schallendes »Nein«! Als wir das Ufer des Flusses erreichten, sagte eine weitere Person, dass es besser wäre, den Fluss zu umrunden, aber das bedeutete zwanzig extra Kilometer, die zum heutigen Tag dazugerechnet werden müssten. Der Fluss war bei Weitem der breiteste Fluss, den wir je durchschwimmen mussten, aber erst die Tatsache, dass er direkt durch die schmutzige Stadt Mthata floss, ließ uns erschauern. Beim Gedanken daran, was alles in diesem Gewässer schwamm, stellten sich uns die Haare zu Berge und laut eines Anglers waren Haie zahlreich, doch diese machten uns weniger Sorgen als die Bakterien im Wasser. Der Angler bot an unsere Ausrüstung mit seinem Boot auf die andere Seite zu bringen und wir waren ihm endlos dankbar, da wenigstens unsere Kleidung und Ausrüstung so nicht verseucht werden würden.

Zur Überquerung des Flusses wählten wir den breitesten Punkt des Flusses, aber wenigstens raste die Strömung dort nicht so schnell wie durch den Kanal. Ohne weitere Hintergedanken waren wir mit einer fließenden Bewegung im Wasser und schwammen durch das schokobraune Wasser. Als wir es etwa zur Hälfte über den Fluss geschafft hatten, zog Himba ohne wirklichen Grund seinen Strick aus Isabels Hand und kehrte um. Der Rest unseres Trupps schaffte es sicher und froh auf die andere Seite und Gott sei Dank war der Angler mit seinem Boot noch da und brachte mich schnell zu Himba auf die andere Seite. Das Ganze begann noch mal von vorn, gemeinsam traten wir ins Wasser und schwammen auf die andere Seite. Flüsse wie diese verursachten bei uns wirklich eine Gänsehaut und diesen wollte ich nicht noch einmal überqueren, zweimal an einem

Tag waren genug … Jeder Haifischfilm, den ich je angeschaut hatte, kam mir jedes Mal, wenn ich solche Flüsse überquerte, wieder in Erinnerung.

Vom Hluleka-Naturreservat zu den Umngazifluss-Bungalows (Isabel)

Es war ein weiterer heißer Tag und wir verbrachten die meiste Zeit damit, die Pferde zu Fuß zu führen, da die Neigung des Strandes einfach zu steil war und es nicht fair gewesen wäre, die Pferde zu reiten. Mein Knie war nicht allzu schmerzhaft, wenn ich ritt oder auf flachen Ebenen lief, aber mehrere Tage lang über steile Hügel reizten es und der Schmerz wurde zu meinem kontinuierlichen stillen Wegbegleiter. Wenn ich bergab ging, rutschte das Knorpelstück zwischen das Gelenk und blieb stecken, was starken Schmerz zur Folge hatte, bis das Stück sich wieder befreit hatte.

Wir hatten eine Genehmigung erhalten, um durch das Naturreservat Hluleka zu reiten, und der Eintritt in das Reservat stellte kein Problem dar, aber der Ausgang auf der nördlichen Seite wurde zu einer Herausforderung. Das Reservat war von einem Zaun begrenzt und hatte nur eine Art Leiter als Ausgang für Fußgänger und leider können Pferde keine Leitern hochsteigen. Parallel zum Meer war kein Zaun errichtet worden, da der Abhang steil genug war, um Tiere davon abzuhalten, dort hinabzuklettern, aber wir hatten keine andere Möglichkeit und machten unseren Weg diesen Abhang hinab bis zum Meeresgrund. Dort stießen wir wieder auf den Zaun, der das Ende des Reservates markierte und dann in der Brandung im Gestein verschwand, doch um den Zaun zu umrunden, mussten wir einen Pfad mit Felsen errichten, der flach genug war, um die Pferde darüberzuführen. Über drei Stunden lang trugen wir Steine und Felsen zusammen, um einen Pfad zu bauen, der kein Verletzungsrisiko für die wertvollen Beine der Pferde darstellte. Einen nach dem anderen führten wir Courtney, Ballantyne, Roan und Himba über den Pfad und wurden währenddessen von den Wellen des Meeres durchnässt.

Von dort war der einzige Ausweg wieder den Abhang hinauf, den wir uns vor ein paar Stunden hinabgequält hatten, und die Seite war voll von langem pieksenden Gras, undurchdringlichem Gebüsch und rutschigem Schlamm. Es war teilweise so steil, dass wir es auf unseren zwei Beinen kaum hinaufschafften, aber die Pferde schienen mit ihren vier Beinen einen Vorteil zu haben und powerten kraftvoll hinauf! Ich kraxelte auf allen Vieren hinter ihnen her, während ihre Führstricke durch meine Hände zogen und meine Haut verbrannten. Oft rutschte ich aus und fiel hin und mein Knie wurde schmerzhafter und gereizter, je länger sich diese Tortur hinzog. Manchmal musste ich mich sogar an einem Busch oder an Himbas Mähne festhalten, sodass ich nicht rückwärts den Abhang hinunterfiel, und als ich etwa zur Hälfte oben war, schrie ich Lloyd wütend entgegen: »Auf der ganzen Welt wirst du niemals wieder eine Frau finden, die so etwas mit dir durchmacht!« Lloyd entglitt ein Kichern und er sagte, dass ich wohl recht hätte, und ausnahmsweise einmal kamen von seiner Seite keine Gegenargumente. Aber seine Reaktion war wie ein Schuss Benzin auf heiße Kohlen und fachte meine Wut nur noch mehr an!

Port St. Johns – der Anfang der Hügel (Lloyd)

Nach der kurzen und schmerzlosen Überquerung des kristallblauen Mngazanaflusss erreichten wir endlich die Bungalows am Fluss Umngazi. Umngazis Büfett war in ganz Südafrika bekannt und wir verbrachten die Nacht in einem Fünfsternezimmer vom Feinsten. Meine Eltern waren mit Pula angekommen, da sie uns auf dem finalen Abschnitt nach Durban unterstützen wollten. Der Umzimvubufluss in Port St. Johns war sehr breit und das Wasser schokoladenbraun und wir waren unglaublich dankbar dafür, dass die Brücke nur einen Kilometer von der Küste entfernt war. Keine zwei Kilometer vom Umzimvubuflussmund war vor ein paar Jahren eine Person von einem Hai getötet worden und die Überquerung dieses Flusses war deshalb einfach zu risikoreich.

In der folgenden Nacht in einem Lager, das Mtafufu genannt wurde, begann Courtney sich auf einmal untypisch zu verhalten. Er schien wackelig auf den Beinen und verweigerte jegliche Art Futter. In dieser Gegend wuchs im Küstenwald eine Pflanze, die unglaublich giftig für Pferde war, und es war durchaus möglich, dass er etwas davon gefressen hatte. Wir kannten die Pflanze durch das Safarigeschäft beim Havenhotel und Courtneys Symptome stimmten mit einer Vergiftung überein. Seine Hinterhand war wackelig und kraftlos, er hatte starke Magenkrämpfe und in schlimmen Fällen konnten Pferde sogar Krampfattacken und -anfälle erleiden. Alles, was wir tun konnten, war die Gabe eines Entgiftungsmittels und eine Magen- und Darmspülung mit Kochsalzlösung, den Rest musste er selber bewältigen. Um seinen Zustand zu kontrollieren, überwachten wir ihn die ganze Nacht hindurch und am Morgen schien er heiterer, und als er sein Frühstück munter verschlang, waren wir sicher, dass er das Schlimmste überstanden hatte. In sehr schlimmen Vergiftungsfällen dauert die Genesung manchmal Monate oder das Pferd muss wegen chronischer Lebervergiftung oder einem Leberschaden eingeschläfert werden.

Mit meinen Eltern als Unterstützung mit dabei wurden die Dinge wieder einmal viel einfacher und jeden Abend trafen sie uns bei unserem nächsten Übernachtungsplatz. Während wir in Mbotyi übernachteten, stieß mein Vater sich seinen Kopf an einem niedrigen Türrahmen an. Der Schlag war so hart gewesen, dass sein Nacken und sogar Rücken steif wurden und er regelmäßig Schmerzen hatte. Mein Vater sagte immer wieder, dass er glaube, das diese Schmerzen und auch die in seinem Arm mit seinem Prostatakrebs zu tun hätten. »Papa, du bist der fitteste 69-Jährige, den ich kenne. Mach dir keine Sorgen, du hast den Krebs besiegt und das Ganze ist eine Sache der Vergangenheit!« Ich wollte nicht, dass er so etwas sagte, es war einfach zu schmerzhaft für mich. Mein Vater war durch mein ganzes Leben hindurch immer für mich da gewesen und hatte mich unterstützt. Ich konnte mir einfach nicht vorstellen, dass er wieder krank werden würde und mehr Schmerzen und Therapie ertragen musste. Später ließen wir meine Eltern für den Tag zurück und sie beobachteten, wie wir den 20 Zentimeter tiefen Mboytifluss überquerten. Ich warf einen letzten Blick über meine Schulter zurück und beobachtete, wie meine Mutter wie wild mit den Armen fuchtelte, aber wir waren schon zu weit weg, um umzudrehen, und nach kurzer Zeit ließ sie ihre Arme fallen und die beiden verließen den Strand. Später beim Wiedertreffen erzählten uns meine Eltern, dass sie gerade, als wir den Fluss überquerten, einen riesigen Hai in der Nähe des Flussmundes gesehen hätten, aber um ganz ehrlich zu sein, war ich erleichtert, dass sie uns das erst jetzt erzählten und nicht während der Überquerung!

Waterfall Bluff (Isabel)

Waterfall Bluff ist eines der wenigen Gebiete auf der Welt, in dem ein Wasserfall direkt ins Meer fällt. Waterfall Bluff selber ist eine Klippe, die etwa 100 Meter über dem Meer liegt, und wir hatten zur Rast angehalten, um uns in einem natürlichen Pool abzukühlen. Wir saßen auf einem Felsen Schulter an Schulter und schauten aufs Meer hinaus, um uns herum war kein einziges menschliches Gebäude oder eine menschliche Struktur und mir wurde klar, dass sich hier nichts verändert hatte. Die Zeit war hier stehen geblieben und dieser Ort war seit Jahrhunderten von dem Stress und der Eile der Welt verschont geblieben. Unsere Reise war wahrlich etwas Besonderes, da sie uns ermöglichte, solche Orte zu besuchen. Wir hatten die Möglichkeit, durch Teile Südafrikas zu reiten, die sich nicht verändert hatten und die von den Augen unserer Vorfahren und der frühen Pioniere genauso vorgefunden worden waren. Nichts hatte sich seit ihren Reisen zu Pferd verändert. Wir hatten Gespräche gehört, in denen von einer neuen Autobahn durch das Herz der Transkei die Rede war, und ohne Zweifel würde das das, was jetzt vor uns lag, für immer verändern.

Eulalie und Dennis hatten geplant uns am Mthentufluss zu treffen, aber die Straße nördlich des Flusses war vom Regen weggewaschen worden, und sie hatten die Idee, uns dort zu treffen, verworfen. Stattdessen waren sie direkt zum Familienstrandhaus in Port Edward gefahren und hatten seither versucht uns telefonisch zu erreichen.

Der Handyempfang war schlecht bis gar nicht vorhanden und wir hatten noch keine Ahnung, dass sie ihre Pläne geändert hatten. In der Zwischenzeit genossen wir ein erfrischendes Bad bei der Überquerung des Mthentuflusses und saßen für eine Stunde auf den warmen Felsen in der Sonne, um wieder trocken zu werden. Der Mthentu ist ein Juwel der Wilden Küste und kann nur als magisch bezeichnet werden. Es gab nur einen Weg aus dem Flusstal heraus und der war über massive Treppenstufen, die jemand von Hand in steile Felsen gehämmert hatte. Die Stufen waren einfach zu groß und es stellte sich als eher gefährlich für die Pferde dar, also bauten wir in der Nachmittagshitze mit umliegenden kleineren Felsen ein paar Zwischenstufen und ein weiteres Bad im kühlen Fluss wäre wünschenswert gewesen. Doch wir hatten wenig Zeit und ritten bis auf den höchsten Hügel, den wir finden konnten, um einen Balken Handyempfang zu bekommen. Unter viel Knirschen und abgebrochenen Worten fanden wir schließlich heraus, dass Eulalie und Dennis beim Strandhaus waren, und Lloyd kalkulierte das noch verbleibende Tageslicht mit der sich nähernden Flut und entschied, dass wir es bis zum Wild Coast Casino schaffen würden. Das Casino lag am Umtanvunafluss, welcher die Grenze zu Kwazulu Natal markierte, und war knappe zehn Kilometer vom Strandhaus der Gillespies entfernt. Die Frau, die am Casino Reitsafaris anbot, war damit einverstanden, den Pferden für die Nacht ein Quartier zu geben, und wir konnten die Nacht im Strandhaus verbringen, was ein Grund zum Feiern war. Jetzt waren wir wirklich nicht mehr weit von Durban und hatten die Reise fast vollendet! Vorher aber hatten wir noch knappe 15 Kilometer vor uns, mit zwei recht großen Flussüberquerungen dazwischen, und wir wollten keine weitere Zeit mehr verschwenden. Die Pferde spürten unsere Aufregung und in guter Stimmung vergingen die Kilometer wie im Flug, als wir am Strand entlang zum Casino trabten!

Kapitel 8

ZULULAND

KWAZULU-NATAL-PROVINZ
Das Endstück
8. Februar 2011 – 18. Februar 2011
Gereiste Entfernung: 7411 Kilometer
Pferde: Courtney und Ballantyne
Himba und Roan

Zurück in meiner Heimatprovinz (Lloyd)

Mein Bruder wollte uns seit dem Beginn des Ritts mit dem Pick-up besuchen und unterstützen oder für ein paar Tage an unserer Seite reiten, aber Byrne hatte eine Frau, drei junge Kinder und führte ein großes Unternehmen daheim und schaffte es nur, uns während einer Geschäftsreise in Kapstadt zu treffen. Byrne war der Klebestreifen, der unsere Familie zusammenhielt, er war immer derjenige, der anrief, um herauszufinden, wie es mir ging und wo wir waren. Oft sagte er am Telefon: »Lloyd, ich kann es immer noch nicht glauben, aber du reitest tatsächlich mit Pferden um Südafrika.« Byrne war ein Fahrradfahrer und begleitete uns mit seinem Mountainbike über die Umtanvunabrücke, während meine Eltern mit ihrem Auto hinter uns den Verkehr abbremsten. Mein Bruder kannte eine Fahrradtour bis zum Strandhaus und wir konnten dadurch jeglichen Verkehr und alle Teerstraßen vermeiden. Ich war sehr stolz auf meinen Bruder Byrne und darauf, was er in seinem Leben erzielt hatte, und es war eine Ehre, mit ihm an meiner Seite zu unserem Familienstrandhaus zu reiten.

Seit Port St. Johns war Pula mit meinen Eltern im Auto mitgereist, da wir keine weitere Verletzung riskieren wollten, aber für den letzten Abschnitt kam er mit uns und eskortierte uns stolz durch die Bucht zu meinen applaudierenden Eltern. Isabel, mein Vater und ich hatten besondere Zeiten zusammen erlebt und wir waren seitdem

253

durch ein außergewöhnliches Band tief miteinander verbunden. Meine Familie kommt seit 28 Jahren zu diesem Strandhaus und ich habe viele besondere Erinnerungen mit meiner Familie und meinen Freunden an diesen Ort. Zum jetzigen Zeitpunkt war mir noch nicht klar, dass es das letzte Mal sein würde, dass ich mit meinem Vater beim Strandhaus sein würde. Wie er erwartet hatte, waren die Schmerzen seinem Krebs zu verdanken und der Prostatakrebs meines Vaters war in seine Knochen metastasiert und vier Monate nach der Vollendung des Ritts verstarb er schnell und ohne zu viel Leid. Es fühlt sich richtig an, es jetzt zu erwähnen, da dieser Ort der besondere Ort meines Vaters war, und hier verbrachte ich die meiste Zeit ohne den Stress seines Alltags mit ihm. Ich bin unendlich dankbar, dass mir diese gemeinsame Zeit um Südafrika mit meinem Vater geschenkt worden war. Es war eine Zeit des Zusammenseins und des Abschlusses gewesen, bevor er so unerwartet und rasch verstarb ...

Von Port Edward zur Strandpromenade in Durban

Die letzten 180 Kilometer um Südafrika stellten sich eher unerwartet als die schwersten der ganzen Reise dar. Die Natalküstenlinie südlich von Durban ist steil und eng und felsige Ausbuchtungen und Gebäude, die direkt an der Küste gebaut wurden, zwangen uns oft durch Küstendörfer und Orte zu reiten. Das nahm viel Zeit in Anspruch und war gleichzeitig ermüdend, da wir ständigem Verkehr ausweichen mussten, und sobald es ging, ritten wir wieder am Strand oder führten die Pferde durch den tiefen Sand. In Shelly Beach wurde es Zeit, nach einem Übernachtungsplatz zu suchen, und nach einem Gespräch mit einem Angler wurden wir über die Bundesstraße N2 ins Landesinnere zu den Farmen geschickt.

(Lloyd)

Keine zwei Tage hintereinander waren gleich und heute bestätigte sich das Ganze wieder einmal. Die Straße war ein absolutes Chaos und wir führten die Pferde auf dem grasigen Seitenstreifen, als Courtney ohne Vorwarnung auf einem Schild, das im Gras versteckt gewesen war, ausrutschte. Das Schild hatte es geschafft, zwei saubere Schnitte in Courtneys Hufballen zu schneiden und das Blut strömte heraus! So schnell wie möglich führte ich ihn aus dem Gras, um die Situation besser beurteilen zu können, und bei genauerer Inspektion sah ich, dass die Schnitte nicht ganz so schlimm waren wie zuerst angenommen. Die Wunden waren sauber und nicht allzu tief, aber wären sie nur ein bisschen tiefer gewesen, hätten wir ihn nähen lassen müssen. Dies war die erste ernste Verletzung in über 7200 Kilometern und es geschah jetzt mit nur noch knapp 150 Kilometern vor uns und es war durchaus möglich, dass wir ein paar Tage Rast einlegen mussten. So kurz vor dem Ziel war das ein unwillkommener Gedanke und ich ärgerte mich über mich selbst und darüber, dass ich das Schild nicht gesehen hatte.

Etwas weiter an der Straße entlang fanden wir bald eine kleine Farm und ich ging hinein, um den Besitzer zu suchen. Der Mann, der aus dem Haus trat, kam mir sofort bekannt vor, aber ich konnte beim besten Willen nicht sagen, woher. Als ich seine Stimme vernahm, kam es mir plötzlich: Wir hatten ihn mit einer Reisegruppe in Storms River im Tsistikama-Nationalpark getroffen und er hatte damals gesagt, dass wir bei der Durchreise bei ihm bleiben könnten. Ohne einen Plan waren wir jetzt durch Zufall bei ihm gelandet und er erkannte uns natürlich sofort und bot ohne Zögern seine Hilfe an. Wir wuschen Courtneys Wunden gründlich mit Wasser und Desinfektionsmittel aus, und nachdem die Blutung gestillt war, konnten wir die Schnitte gründlich untersuchen und Isabel sagte, dass es nicht allzu schlimm aussah. »Pferde heilen sehr schnell, schneller als Menschen, und die Schnitte sind nicht allzu tief und werden bald verheilen.« Ob wir weiterreiten konnten oder nicht, war schwer zu sagen, und wir beschlossen die endgültige Entscheidung am nächsten

Morgen zu fällen. Am nächsten Morgen traute ich meinen Augen kaum, denn die Schnitte waren trocken und hatten schon eine Kruste gebildet und Courtney schien munter und zeigte keine Lähmungserscheinungen. Also ritten wir weiter unter der Bedingung, dass, wenn Courtney an der Reihe war, geritten zu werden, wir zu Fuß gehen würden.

Die nächsten Stunden bis nach Hibberdene zogen sich unglaublich in die Länge. In Port Shepstone winkten wir eine Polizeieskorte rüber, um uns über die Shepstone-Flussbrücke zu helfen, da wir uns die lange Vorbereitung einer Flussüberquerung ersparen wollten. Zusätzlich war der Fluss mit schokoladenbraunem, verschmutztem Wasser gefüllt und sah nicht sehr einladend aus. Plastikbeutel, Kartons und allerlei Packungen wurden von den umliegenden Dörfern flussabwärts ins Meer gespült. Es war ein trauriger Anblick, an den wir uns leider gewöhnen mussten, seit wir durch das besiedelte Küstengebiet der Natal-Provinz ritten. Im Grunde hatte das ganze Land ein Problem mit Abfall, der ohne Bedenken in wunderschöne Naturgebiete geworfen wurde.

In Hibberdene gab es einen Zeltplatz, den uns jemand als Übernachtungsplatz empfohlen hatte, aber wir konnten ihn einfach nicht finden. Frustriert liefen wir in Kreisen durch Hibberdene und wussten nicht, wohin! An einer Kreuzung hielten wir das erstbeste Fahrzeug, das uns entgegenkam, an und fragten den jungen Fahrer, ob er wüsste, wo der Hibberdene-Zeltplatz wäre. Mit einem freundlichen Grinsen sagte der Mann: »Ja, klar weiß ich, wo das ist, meine Eltern sind die Besitzer! Folgt mir einfach!« Damit waren unsere Müdigkeit und unser Frust wie weggeblasen und wir folgten ihm zum Zeltplatz und quartierten uns für die Nacht ein.

Bazley Bay (Isabel)

Der folgende Tag wurde zur Geduldsprobe und testete unsere Willenskraft so kurz vorm Ziel noch einmal zum Vollen. Wir hatten keine andere Wahl, als die Pferde kilometerlang auf und neben einem

Zuggleis entlangzuführen, da der Winkel des Strandes zu steil war und unsere Gelenke und die der Pferde schmerzten. Über Stunden kämpften wir uns zu Fuß über weichen Sand, bis wir schließlich am späten Nachmittag Bazley Bay erreichten. Wir hatten gehofft, dass wir es am heutigen Tag noch bis nach Scottburgh schaffen würden, aber Bazley Bay lag auf einer Klippe und es war unmöglich, mit den Pferden die Klippe hinabzuklettern. Es war wie verhext, aber wir konnten einfach keinen Weg aus dem Ort finden, jede Straße, die wir versuchten, führte entweder zu der Klippe oder endete in einer Sackgasse.

In Bazley Bay waren ein paar Hundert Strandhäuser an der Küstenlinie entlang verteilt, und nachdem wir verschiedene Straßen nach einem Ausgang abgetrabt hatten, erspähten wir im Garten eines der Strandhäuser endlich einen Gärtner. Ich hatte genug von dieser sinnlosen Suche und sagte zu Lloyd, dass wir den jetzt um Hilfe fragen würden und ob der Hausbesitzer zu Hause wäre. Der Gärtner nickte in Zustimmung und nuschelte, dass er ihn rufen würde. Ein paar Minuten vergingen und der Besitzer trat aus dem Haus und rief mit lauter Stimme: »Ah, da seid ihr ja!« Uns beiden fiel gleichzeitig die Kinnlade herunter, als wir den Mann wiedererkannten, und für einen Moment waren wir sprachlos! Vor ein paar Monaten hatten wir ihn beim Havenhotel getroffen und er hatte unverbindlich gesagt, dass wir mehr als willkommen seien, auf der Durchreise bei ihm in Bazley Bay zu übernachten. Wir hatten Nummern ausgetauscht, aber keine Straße oder Hausnummer, und Lloyd und ich hatten auch sonst keinen weiteren Kontakt mit dem Mann gehabt, da Bazley Bay nicht als Übernachtungsplatz geplant war. Nachdem wir unsere Sprache wiedergefunden hatten, erklärten wir dem Mann, dass Lloyds Eltern in Scottburgh auf uns warteten und wir heute Nachmittag noch dorthin reiten wollten. Etwas peinlich berührt gestanden wir ihm, dass wir aber irgendwie hier festsaßen, da wir einfach keine Straße finden konnten, die uns aus dem Ort herausführte. Mit einem Kichern sagte er, dass wir nicht die Ersten wären und das überhaupt kein Problem wäre. Er stieg in sein Auto und machte eine Geste, die bedeutete, dass wir ihm folgen sollten. Er zeigte uns eine Abkürzung durch ein

Zuckerrohrfeld und kurz darauf waren wir schon wieder am Strand auf dem Weg nach Scottburgh.

Es war dunkel, als wir in den Ort Scottburgh hineinritten, und Lloyds Eltern warteten schon ungeduldig auf uns. Die letzten fünf Kilometer verliefen an der Seite einer befahrenen Teerstraße und wir wollten kein Risiko eingehen, also führten wir die Pferde zu Fuß. Doch fünf Kilometer in dem Tempo hätten noch eine weitere Stunde gedauert, deshalb begannen wir zu joggen. Es war ein seltsames Gefühl, mit zwei Pferden an meiner Seite zu joggen. Nach einer Weile fielen wir in einen gemeinsamen Rhythmus und meine Atmung und Schritte passten sich denen von Himba und Ballantyne neben mir an. Die Lichter der Warnblinker blinkten und erleuchteten für einen Moment die Straße vor uns und erzeugten eine surreale Atmosphäre, bevor sie wieder erloschen und die Straße in Dunkelheit tauchten. Die Nacht, die wir auf einer Krokodilfarm außerhalb Scottburghs verbrachten, war kurz und brachte wenig Schlaf. Die Tatsache, dass Tausende lebender Krokodile verschiedener Größen in ihren Gehegen keine fünfzig Meter von uns entfernt waren, machte uns nervös und wir hofften, dass es für die heutige Nacht keine Ausbrecher geben würde. Die dunklen Stunden blieben ohne Zwischenfälle und bei Sonnenaufgang machten wir uns erleichtert wieder auf den Weg. Courtneys Schnitte sahen am Morgen besser aus, da das Meerwasser, durch das wir oft ritten, die Wunden sauber und reingewaschen hatte.

Je näher wir der Großstadt Durban kamen, desto bebauter war die Küstenlinie und desto mehr Verkehr war auf den Straßen in den Orten. In Amanzimtoti hatten wir für eine kurze Weile keine andere Wahl, als wie ein Fahrzeug auf der Straße neben Autos, Bussen, Motorrädern und Lkws her zu reiten. Die Blicke, die wir ernteten, als wir an einer Ampel bei Rot anhielten, zauberten ein Lächeln auf unsere gestressten Gesichter. Die Pferde waren einfach nur unglaublich, sie scheuten vor nichts, nicht einmal, als wir in der Fußgängerzone an Geschäften vorbeiritten und unser Spiegelbild klar im Schaufenster zu erkennen war. Sie vertrauten uns genauso, wie wir ihnen vertrauten, und wir ritten sie wie sonst auch in ihren Halftern ohne Gebiss und ihr solides und ruhiges Verhalten erfüllte uns mit Stolz.

Die vier waren wirklich außergewöhnlich und etwas Besonderes und nahmen alles, was auf sie zukam, locker und gelassen.

Unsere Gastgeberfamilie für die Nacht besaß einen Reitstall in Amanzimtoti und konnte einfach nicht glauben, dass wir in Halftern durch »Toti« geritten waren. Doch von hier aus lag der Hafen von Durban als eine unüberwindbare Hürde vor uns! Die Snymans boten uns ohne Weiteres ihren Pferdeanhänger an, um die Pferde um den Hafen herumzutransportieren, und Lloyds Vater hatte zugestimmt, den Anhänger mit ihrer Hilfe zu dem Ort zu bringen, an welchem wir nicht mehr weiterreiten konnten. Wir ließen Amanzimtoti hinter uns und führten unsere Reise am Strand fort, bis die Sicherheitszäune des Hafens in Sicht kamen. Wir verluden die Pferde und fuhren sie zum Haus von Lloyds Bruder Byrne, damit sie dort die Nacht in seinem Garten verbringen konnten.

Der letzte Tag – die Vollendung des Ritts um Südafrika (Lloyd)

Am selben Abend kontaktierten wir die Küstenpferdehilfseinheit, um ihre Hilfe für den nächsten Tag zu erbeten. Die Einheit hatte einen Pferdeanhänger und wir hofften, dass sie Roan und Himba für uns an die Strandpromenade auf der Nordseite des Hafens bringen konnten. Megan, die junge Frau, die am nächsten Morgen das Auto in Byrnes Einfahrt fuhr, war offensichtlich mit ihren Gedanken woanders. Wir bemerkten dunkle Ringe unter ihren Augen und wie nach langem Weinen waren ihre Augen gerötet. Himba und Roan gingen ohne Probleme in den Anhänger und wir machten uns direkt auf den Weg zur Strandpromenade.

Es war ein heißer Tag in Durban, und als wir ankamen, wollten wir nicht viel Zeit vertrödeln und nahmen Himba und Roan aus dem Anhänger und unter der Anwesenheit der Pferde sprudelte es plötzlich aus Megan heraus. Als wir gestern bei der Einheit angerufen hatten, war sie nicht sicher gewesen, ob sie in der Lage wäre, uns zu helfen. Sie wusste, dass wir ritten, um auf die Afrikanische Pferdepest aufmerksam zu machen, und sie sagte im selben Atemzug, dass ihre geliebte Stute gestern Morgen an der Pferdepest verstorben wäre. Ihre stillen Tränen berührten uns tief und es war eher unheimlich, dass wir am Tag unserer Vollendung auf jemanden treffen würden, der gerade sein geliebtes Pferd an diese furchtbare Krankheit verloren hatte.

Die letzten Momente dieser lebensverändernden Reise mussten ausgekostet werden und wir verbrachten den letzten Tag damit, mit Himba und Roan an der Promenade entlangzuschlendern und Gespräche mit Passanten zu führen. Unsere Familie und Freunde hatten sich am Strand versammelt, um uns, als wir über die Ziellinie traten, willkommen zu heißen und zu bejubeln. Das Ende einer 7411 Kilometer langen Reise kam mit einem plötzlichen Ruck, und wie das Ausrufezeichen am Ende eines Satzes erwarteten wir es, aber als wir das Ende schließlich erreichten, waren wir einfach nicht darauf vorbereitet. Das Ende war einfach nur das Ende … und das Ausmaß unserer Errungenschaft war uns jetzt noch nicht bewusst. Eine Sache jedoch war sicher, wir empfanden unbeschreiblichen Stolz auf die Pferde, die uns getragen hatten und die mit uns über jedes mögliche Terrain und durch jedes Wetter gelaufen waren. Sie waren die wahren Helden dieser Reise, einer Reise, die niemals vergessen sein wird!

Zum Schluss (Buchausklang)

Lloyd und Isabel fanden in einer Zeit ihres Lebens zusammen, in der beide auf der Suche nach etwas waren, sei es Klarheit, Einheit oder der Ruf des Abenteuers. Als sie sich auf diese Reise begaben, war ihnen das Ausmaß der Erfahrungen, die sie erleben würden, nicht wirklich klar. Sie hatten keine Ahnung, wie lange die Reise dauern, wohin sie gehen oder ob sie in der Lage sein würden, die Reise zu beenden. Oft blieben sie erstaunt und wie vor den Kopf geschlagen zurück. Und als sich der Ritt dem Ende näherte, erfüllte sie der Umfang ihres persönlichen Wachstums als Menschen mit Ehrfurcht, da sie doch bloß zwei normale Leute waren, die mit Pferden auf einer außergewöhnlichen Reise für einen guten, tiefempfundenen Zweck waren.

Vor der Abreise erwähnte eine Freundin, dass wir nach unserer Rückkehr nie mehr dieselben sein würden. Eine andere Freundin sagte, dass wir auf eine Pilgerreise gehen würden, aber zu dem Zeitpunkt dachten wir nicht weiter über diese Worte oder ihre Bedeutung nach. Im Nachhinein hatten beide zu 100 Prozent Recht gehabt. Veränderung und Wachstum waren unaufhaltsam, wenn man durch einen Ozean voller Erlebnisse und Erfahrungen reiste, unter den wachsamen Sinnen eines Tieres, das voller Geduld, Weisheit und Wahrheit steckte. Die unglaublich hohen Höhepunkte, die tiefer als tiefen Tiefpunkte, die unbeschreibliche Schönheit und Wildnis Südafrikas, die zahllosen Menschen jeglicher Kulturen und Sprachen trugen ihren stillen Teil zur Reflektion und zu unserem Wachstum bei. Zu Beginn konnten wir den Reichtum der Einflüsse, die auf uns einstürzten, kaum verarbeiten und hatten keine Erwartungen, wie sie uns verändern würden oder dass sie Schlüssel zu Türen unseres Ichs sein würden, die sonst vielleicht unentdeckt geblieben wären.

Wenn wir an die vergangene Zeit zurückdenken, erstaunt uns die Tatsache, dass wir nach 7411 Kilometern und 581 Tagen heil und in einem Stück an unserem Ziel angekommen sind. Wir glauben, dass das mit unserer Einstellung und unsere Hingabe zu tun hat. Wir versuchten immer voll und ganz auf das, was vor uns lag, konzentriert zu sein, und es gab die immer beschützende Hand unseres Schöpfers, die uns aus Situationen, aus denen wir kein Entkommen sahen, führte. Beide hatten wir das Konzept von Religion und Glauben oft infrage gestellt, aber auf dieser Reise konnte die Existenz und Kraft dessen nicht bezweifelt werden. Türen, die geschlossen waren, öffneten sich, holprige Pfade und Wege wurden geebnet, Hindernisse und Hürden wurden uns aus Gründen in den Weg gelegt, die wir nicht erfassen konnten ... sie waren aber am Ende nur zu unserem Besten.

Nach 24 Stunden pro Tag, sieben Tagen die Woche und insgesamt 581 Tagen an der Seite unserer Pferde kehrten wir nach Durban zurück. Wir hatten an ihrer Seite geschlafen, gegessen, waren Tausende Kilometer an ihrer Seite gelaufen, hatten sie die Nächte hindurch bewacht, sie geritten, gepflegt und geliebt, und je mehr Zeit verging, desto mehr wurden uns ihre Rückmeldungen bewusst. Die Pferde wurden zu unserem Barometer, das Entscheidungen beeinflusste und diese, falls sie sich als falsch herausstellten, aber nicht verurteilten. Je weiter wir reisten und je mehr Zeit wir in der Wildnis verbrachten, desto mehr öffneten sich unsere Augen für das Land, das wir durchritten, unsere Pferde und uns selbst. Im Nachhinein wurde klar, dass die Pferde mit ihren geschärften Sinnen eigentlich uns überwacht hatten. Ihre Sinne nahmen unsere Gefühle und innersten Gedanken wahr, und durch ihre geduldige, weise und faire Art lehrten sie uns Dinge über uns selbst, die wir nicht für möglich gehalten hätten. Das Resultat ihrer Lehren waren eine engere Verbindung mit uns selbst, unserem Planeten und unserem Schöpfer. Die Dankbarkeit und den Respekt, die wir empfanden, waren unbeschreiblich – dafür, dass sie uns selbstlos auf ihren Rücken getragen hatten, und für das Öffnen eines Fensters zu unseren Seelen auf unserer Entdeckungsreise zum wahren Ich.

Auf dem Rücken der Pferde wurde Geschichte geschrieben und der hektische Marsch der Menschheit durch die Gezeiten war durch ihre selbstlose Hingabe möglich gewesen. Im Herzen der Wildnis flüsterten unsere Pferde uns oft zeitlose Nachrichten zu, deren Wahrheit und Kern unsere Herzen trafen. Mit Ehrfurcht sehen wir die Eindrücke, die Pferde in der Vergangenheit in der Menschheit und unserer eigenen Vergangenheit hinterlassen haben. *Unser innigster Wunsch ist, dass die Pferde diese Reise genauso genossen haben wie wir, aber die Realität war, dass Pferde, Tiere im Allgemeinen, selber keine Entscheidungen treffen dürfen und dass wir als Händler, Besitzer, Reiter die besten Entscheidungen für sie treffen mussten. Sie hatten sich das ohne Zweifel verdient.*

Wir schauen auf die Reise zurück und erkennen die Herzensgüte, die die Regenbogennation Südafrika durchdringt. Nicht jeder in Südafrika ist mit Furcht, Misstrauen und Negativität erfüllt und die Hilfe, die uns um das ganze Land herum gegeben wurde, ist der Beweis dafür. Wir sahen die vielen komplexen Seiten des Regenbogens und wählten das Positive vor dem Negativen. Uns war klar, dass Probleme die Realität waren, aber wir glaubten daran, dass, was immer man ausstrahlt, zu einem zurückkommt. Ein Lächeln, ein Winken, eine freundliche Begrüßung gemeinsam mit der besonderen Art der Pferde öffneten Türen und warme Gastfreundschaft, wohin wir auch ritten. Das Schreiben dieses Buches war selbst eine aufregende und teilweise überwältigende Erfahrung und so oft hatten wir uns gewundert, wie wir die Geschichten einer Lebenszeit auf ein paar Seiten festhalten konnten. Wo sollten wir anfangen, was musste erwähnt werden und was konnte ausgelassen werden? Wie die Reise selbst nahmen wir das Buch einen Tag nach dem anderen in Angriff und nach der Vervollständigung haben wir das Gefühl, dass damit ein Abschnitt unseres Lebens zum Abschluss gekommen ist. Dass Teile unserer Erinnerungen auf einem Blatt Papier verewigt sind, gibt uns das Gefühl, dass wir der Reise, den Pferden und den Menschen, auf die wir getroffen waren und die uns geholfen hatten, gerecht geworden sind.

Unsere vierhufigen Reisebegleiter hatten uns bewiesen, dass sie wahrlich bemerkenswerte Kreaturen waren. Das Resultat der Reise und unserer Erfahrungen ist die Erweiterung unseres Non-Profit-Unternehmens zu einem Unternehmen, das unsere Erde und diejenigen, mit der wir sie teilen, unterstützt und beschützt. Nach der Vollendung des Ritts haben wir geheiratet und sind jetzt auf einem neuen, lebensverändernden Abschnitt unserer Reise durchs Leben und wir

führen das Träumen und die Suche nach Abenteuern und neuen auf-
regenden Projekten und Initiativen als Ehepaar fort.

Die Pferde konnten nicht gewusst haben, wie sie unser Leben mit
jedem beherzten, hingebungsvollen und vertrauenden Schritt nach
dem anderen für immer verändern würden. Oder vielleicht doch?

Die Afrikanische Pferdepest – Infoblatt

Südafrika hat seine eigene einheimische Pferdekrankheit, die Afrikanische Pferdepest. Während wir um Südafrika reisten, fanden wir
heraus, dass die Krankheit in sieben der neun Provinzen des Landes
eine Bedrohung für jeden Pferdebesitzer darstellt, und sogar in den
Wüstenregionen im Nordwesten Südafrikas stellt die Pferdepest
nach starkem Niederschlag ein Problem dar. Die meisten Besitzer,
die es sich leisten können, impfen ihre Pferde, aber in den armen
ländlichen Gebieten ist das nicht der Fall.

Die Afrikanische Pferdepest wurde zuerst im Jahre 1327 im Jemen
aufgezeichnet, aber die Krankheit stammt definitiv vom afrikani-
schen Kontinent. Sie wurde 1569 im Tagebuch eines Mönchs, Vater
Monclaro, auf seiner Reise mit indischen Pferden durch Zentral- und
Ostafrika erwähnt. In Südafrika tauchte die Krankheit als Erstes bei
Pferden auf, die im Jahre 1652 von der niederländischen Ostindien-
Kompanie zum Kap der guten Hoffnung gebracht worden waren.
Sechzig Jahre später, im Jahre 1719, wurde der erste offizielle Aus-
bruch im Kap aufgezeichnet, bei dem 1700 Pferde starben. Vierzig
Prozent der Pferdepopulation Südafrikas verstarb während der
schlimmsten Epidemie im Jahr 1854/55.

Hunderte Jahre später hat die Zerstörung durch die Krankheit
immer noch starken Einfluss auf uns. Die Frage ist, ob die Regierung
Südafrikas genug unternimmt, um die südafrikanische Pferdeindustrie zu beschützen, und ob ihnen der Wert der Pferdeindustrie
und der damit verbundenen Industrie bekannt ist. Auf diese Frage
haben wir keine Antwort …

Auf einer Handelshomepage einer südafrikanischen Sportpferderasse wurden in den letzten 18 Monaten (Stand Mitte 2012) über 7,2 Millionen ZAR und in den letzten fünf Jahren über 100 Millionen ZAR erwirtschaftet. Für das Jahr 2009 wurde ein Betrag von 2,3 Billionen ZAR, der durch die Rennsportindustrie und deren Kunden ins Land kam, ermittelt, welcher einen Beitrag von rund 2,71 Billionen ZAR zum Bruttoinlandsprodukt darstellt. Die Rennsportindustrie hält über 16 244 direkte und indirekte Arbeitsstellen und 694 Millionen ZAR werden in direkten und indirekten Steuern eingenommen.

Der Afrikanische Pferdepestvirus hat im Jahr 2010/11 über 1000 Pferde getötet, was eine zweijährige Suspendierung für direkte Pferdeexporte nach Europa zur Folge hatte. Der Verlust der lokalen Pferdeindustrie wurde auf etwa 150 Millionen US-Dollar geschätzt. Vom finanziellen Anteil ganz abgesehen, kann der wahre Wert eines Reiterkameraden und -freundes nicht mit Geld gemessen werden. Die Auswirkungen der Afrikanischen Pferdepest sind vernichtend und emotional gesehen kostet es das Leben eines geliebten Freundes.

Interessante Fakten

Anzahl der Pferde, mit denen wir ritten: 10
Anzahl der Reisetage: 581
Distanz: 7411 Kilometer
Anzahl der Fütterungen mit Trockenfutter: 1060
Versäumte Fütterungen: 2
Kilos pro Pferd pro Tag: 4
Gesamttrockenfutter: +/- 10 Tonnen
Tage ohne Wasser: 0
Nächte ohne Wasser: 1
Durchschnittsentfernung pro Pferd pro Tag: +/- 10 Kilometer
Gesamtentfernung pro Pferd: +/- 1482 Kilometer
Distanz zu Fuß: +/- 1 900 Kilometer
Heißester Tag: 47 Grad (Limpopo-Provinz)
Kälteste Nacht: –8 Grad (Molopofluss)

Längste Entfernung an einem Tag: 67 Kilometer (zwischen zwei
    Pferden und zu Fuß aufgeteilt, Dauer 14 Stunden)
Kürzester Tag: 7 Kilometer
Durchschnittsentfernung pro Tag: 12,75 Kilometer
Durchschnittsgeschwindigkeit im Schritt: +/- 6 km/h
Durchschnittsgeschwindigkeit im Trab: +/- 14 km/h
Längste gefahrene Entfernung mit Auto und Pferdeanhänger: +/- 1500
    Kilometer in drei Tagen
Kürzeste Entfernung mit Auto und Pferdeanhänger: +/- 1000 Kilo-
    meter in zwei Tagen
Längste Zeit, ohne auf einen anderen Menschen zu treffen: 4 Tage
Spätester Aufbruch im Sommer: 17 Uhr
Frühester Aufbruch: 3:45 Uhr
Späteste Ankunft bei Gastgebern: 0:15 Uhr in Kaapsehoop
Früheste Ankunft bei Gastgebern: 9:30 Uhr
Längster Halt in einem Ort: 6 Wochen in Mafikeng (Pferdepest bei
    Fever und Himba)
Gesamtdistanz, die der Pick-up zurücklegte: +/- 19500 Kilometer
Ältestes Pferd: Roan, 14 Jahre
Jüngstes Pferd: Djuma, 6 Jahre
Längster Abschnitt ohne Dusche: 7 Tage
Höchste Trinkwassermenge in einem Tag: 19 Liter
Längster Zeitabschnitt ohne Handyempfang: 11 Tage
Anzahl der Nächte bei Gastgebern: +/- 284
Anzahl der Grillabende: 235
Anzahl der Nächte im Zelt: 190
Anzahl der Nächte ohne Zelt: 95
Zerbrochene Stempelkannen: 3
Zerrissene Satteltaschen: 7
Längste Provinz: Nordkap-Provinz +/- 2100 Kilometer
Wenigste Stunden Schlaf: 1 Stunde
Durchschnittliche Dauer Schlaf: 4 bis 5 Stunden
Komischster Übernachtungsplatz: Doppeldeckerbus, öffentliche
    Toilette, Küchenboden
Streitgesamtanzahl: unbekannt (zu viele!)

Wunde Stellen am Gurt, Sattel oder Widerrist: 0

Anzahl der Stürze Isabel: 3

Anzahl der Stürze Lloyd: 3

Schlangen gesichtet: 5

Reifenplatten: 2 (am selben Tag)

Pferdekrankheiten: Pferdepest (Himba und Fever), Zeckenfieber (Fever, Roan und Ballantyne)

Flussüberquerungen: 31

Längste Flussüberquerung: 180 Meter (Mthata)

Gesichtete große Fünf zu Pferd: Elefanten, Büffel und Nashörner

Gesichtete Spuren der großen Fünf: Löwen, Elefanten, Büffel, Nashörner und Leoparden

Längste Distanz zu Fuß auf der Suche nach Pferden in der Nacht: 45 Kilometer

Längste Distanz auf der Suche nach den Pferden am Tag: 70 Kilometer

Größter Pferdebeitrag: Kaapsehoop Horse Trail für Fever und Tarwood

Größter finanzieller Beitrag: Trinity Asset Management (Quinton George)

Größte Gabe: Gert De Necker für das Reparieren unseres Autos in Mafikeng

Rekordnummer leerer Bierflaschen im Straßengraben: 14 im Umkreis einer Pferdelänge (Südafrika hat riesige Abfallprobleme!)

Die Familie, die uns als längstes zu Gast hatte: die Pietersefamilie in der Limpopo-Provinz

Todesanzahl Pferde im Anglo-Boer-Krieg: 300 000

Todesanzahl Pferde im ersten Weltkrieg: +/- 8 Millionen

Todesanzahl Pferde im zweiten Weltkrieg: +/- 5 Millionen

Gesamtpopulation in der Welt: +/- 58 Millionen Pferde

Isabel Wolf-Gillespie wurde 1987 in Isny im Allgäu geboren. Nach ihrer Schulausbildung zog sie zur Krankenschwesterausbildung nach Stuttgart. Nach der dreijährigen Ausbildung ist sie im Jahre 2008 dem Ruf ihrer Leidenschaften – Pferde und Reisen – gefolgt und hat dadurch Lloyd in Südafrika kennengelernt.

Gemeinsam hat das Paar das gemeinnützige Unternehmen Earth Awareness NPC ins Leben gerufen, das Tierschutz-, Umweltschutz und -bildung zu ihren Aufgaben gemacht hat. Isabel hat die Leitung des Unternehmens übernommen und arbeitet daran, die jetzigen Projekte zu erweitern und neue Projekte ins Leben zu rufen.

Lloyd Gillespie wurde 1981 in Südafrika geboren. Nach seiner Schulausbildung und einigen Jahren in der Pferdefutterindustrie hat er schließlich den Schritt gewagt und eine Ausbildung zum Game Ranger im Krüger National Park gemacht. Lloyd hat 15 Jahre Tourguideerfahrung in Tierreservaten Südafrikas und Botswanas erworben, wobei er Touren zu Fuß, mit dem Fahrzeug und zu Pferd geleitet hat. Als ehemaliger Besitzer zweier Pferdesafariunternehmen hat er sich in den letzten 8 Jahren auf außergewöhnliche und aufregende Ritte und Touren zu Pferd spezialisiert.